LECTURES ON CALVINISM

칼빈주의 강연

KB192241

LECTURES ON CALVINISM

칼빈주의 강연

아브라함 카이퍼 지음 | 김기찬 옮김

CH북스
크리스천
다이제스트

차례

아브라함 카이퍼의 생애　　　　　7

첫번째 강연
삶의 체계로서 칼빈주의　　　　17

두번째 강연
칼빈주의와 종교　　　　　　55

세번째 강연
칼빈주의와 정치　　　　　　97

네번째 강연
칼빈주의와 학문　　　　　134

다섯번째 강연
칼빈주의와 예술　　　　　172

여섯번째 강연
칼빈주의와 미래　　　　　208

아브라함 카이퍼의 생애

(1837-1920)

아브라함 카이퍼 박사는 1837년 10월 29일 네덜란드 마슬라이스 (Maasluis)에서 태어났다. 그의 부모는 목사 얀 헨드릭 카이퍼 (Jan Hendrik Kuyper)와 헨리트 후버 카이퍼(Henriette Huber Kuyper)였다. 카이퍼는 마슬라이스에서 학교를 다니다가 아버지가 1849년 청빙을 받아 미델부르크로 가자 거기서 학업을 계속했다. 카이퍼의 선생님들은 처음에 그를 멍청한 학생으로 보았다고 한다. 하지만 12살 때 레이덴 대학에 입학 허가를 받자 선생님들은 생각을 바꾸지 않을 수 없었을 것이다. 카이퍼는 레이덴을 최우등으로 졸업했다. 또한 1863년 신학박사 학위를 받기도 했다. 그때 그의 나이는 26살이었다.

일년 뒤 카이퍼는 베이스트(Beesd)에서 목회를 시작했고, 그런 다음에는 위트레히트(Utrecht)로 청빙을 받아 갔고, 1870년에는 암스테르담으로 갔다. 1872년 카이퍼는 반혁명당 공식 일간 기관지였던 「데 슈탄다르트」(*De Standaard*, The Standard)의 편집 부장이 되었다. 반혁명당은 화란 개신교를 대표하는 정치 집단이다. 바로 이어서 카이퍼는 매주 금요일에 발행되는 기독교 주간 신문 「데 헤라우트」(*De Heraut*, *The Herald*)의 편집장직을 맡았다. 45년 넘도록 카이퍼는 비상한 정신력과 힘으로 이 고된 직위를 감당했다.

1874년 카이퍼는 하원 의원에 당선되어 1877년까지 봉사했다. 1880년에는 암스테르담 자유 대학교를 세웠다. 이 대학은 성경을 무조건적 토대로 삼고 그 위에 삶의 모든 부분에 걸친 인간 지식의 전체 구조를 세우고자 한다.

그후 카이퍼는 대학 활동과 그 밖의 활동에서 20년간 불굴의 노력을 쏟았다. 이 시기에 그의 위대한 저작 가운데 몇 권이 기록되었으므로, 이 시기를 일러 네덜란드 교회사와 정치사에 매우 중요한 영향력을 끼친 기간이라고 봐도 될 것이다. 그는 인격의 힘과 고상함은 물론이며 거의 초인적인 노력으로 지워지지 않을 정도로 선명하게 '시대의 모래밭에 족적'을 남겼으므로, 1907년 그의 생일이 국가 기념일로 정해지고 그에 대하여 이런 말이 있었다. "지난 40년 동안 네덜란드 교회와 국가와 사회와 언론과 학교와 학문의 역사는 매순간 그의 이름을 언급하지 않고서 기록될 수 없다. 이 기간 카이퍼 박사의 전기는 상당 부분 네덜란드의 역사이기 때문이다."

1898년 카이퍼는 미국을 방문하여, 프린스턴 신학교에서 '스톤 강연'을 했다. 그 기간 프린스턴 대학은 카이퍼에게 명예 법학 박사학위를 수여했다. (이 책은 바로 이 강연을 담았다.)

카이퍼는 네덜란드에 돌아오자 마자 반혁명당의 지도자로서 다시 수고했는데, 빌헬미나(Wilhelmina)여왕의 부르심을 받아 내각을 구성하던 1901년까지 계속했다 그는 1905년 수상으로 재임했다. 그런 다음 한두 해 여행을 떠났는데, 이 여행의 생생한 기록은 두 권의 저서 「고대 세계의 바다를 둘러보고」(Om de Oude Wereld-Zee)라는 제목으로 나왔으며, 이 책은 인쇄되기도 전에 완전 매진되었다.

그후 카이퍼 박사는 국가 평의회 장관으로 헤이그에 살았으니 그 나라 사람들 보기에 가장 중요한 인물이었으며 어떻게 보면 세계에 그와 견줄 사람이 없었다. 75세 때 카이퍼는 「데 헤라우트」 고정 기고란에 "세계의 종말에 관하여"(Van de Voleinding)라는 연속 기사를 쓰기 시작했다. 이는 모두 360개 기사로, 6년이 걸려 완성되었다. 네덜란드 로마 가톨릭 간행물 「데 마스보데」(*De Maasbode*)는 이 작품을 일러 "그 주제에 관하여 모든 문학에서 가장 독특하고 비류(比類)가 없는 것"이라 했다. 성경의 모든 책에서 종말에 관한 구절을 찾아 상세히 주해하되, 요한계시록은 단락별로 다루었다. 82세 때 카이퍼 박사는 메시야에 관한 또 하나의 위대한 작품을 구상하고 있었다. 그러나 1920년 11월 8일 마지막 순간이 찾아오고 말았다.

이 모든 세월 동안, 그의 활동은 경악할 정도로 다각적이었다. 누가 말했듯이, "인간 지식의 어느 분야치고 그가 낯설었던 데가 하나도 없었다." 그리고 그를 연구자나 목회자나 설교자로 보든, 언어학자나 신학자나 대학 교수로 보든, 정당 당수나 조직가나 정치가로 보든, 철학자나 학자나 평론가나 비판가나 박애주의자로 보든 상관없이, 언제나 "이 지치지 않는 씨름꾼의 정열적인 노력에는 이해할 수 없는 어떤 것, 천재처럼 불가해한 것"이 있다. 그와 의견을 달리했던 많은 사람들까지 그를 "10개의 머리와 100개의 손을 가진 반대자"로 존경했다. 그와 동일한 비전과 이상을 품었던 사람들은 그를 "하나님이 우리 시대에 주신 선물"로 높이고 사랑했다.

거의 초인적인 힘의 비밀은 무엇이었는가?

1897년 「데 슈탄다르트」편집장 재직 25주년에 카이퍼 박사는 이렇게 말했다. "저의 평생 열망하던 소원이 하나 있습니다. 저의 마음과 영혼에 박차 같은 높은 동기가 하나 있습니다. 제게 지워진 거룩한 필연성으로부터 벗어나려 하자마자 생명의 호흡은 내게서 멀어지게 됩니다. 그것은 바로, 세상의 온갖 반대가 있어도 사람들의 유익을 위하여 하나님의 거룩한 규례가 가정과 학교와 국가에 다시 세워져야 한다는 것입니다. 즉 성경과 창조계가 증거하는 주님의 규례가 이 백성의 양심에 아로새겨져 백성들이 다시금 하나님께 충성하게 되어야 한다는 것입니다."

이런 이상을 품었던 사람은 거의 없다. 카이퍼처럼 인생의 그런 목적이 요구하는 바에 순종했던 사람은 거의 없다. 그는 말 그대로 이 높은 소명에 몸과 마음과 영혼을 바쳤다. 손에 시계를 쥐고 살았다. 밤낮 하늘이 명한 사명을 품고 있었다. 그의 저작은 200권이 넘으며, 그 가운데 많은 책이 두세 권으로 되어 있으며, 엄청나게 많은 분야를 다룬다.

한 인간으로서 그는 다른 사람의 말이나 친절한 행위를 유난히 감사했다. 필자는 개인적인 경험에서 이 말을 쓴다. 카이퍼 박사는 고상한 사랑의 기술을 알고 있었다. 그는 사람들 가운데 한 사람인 것을 자랑으로 여겼다. 많은 사람은, 그가 잡다한 일로 짓눌려 있어도 충고와 도움을 청하는 사람의 말을 거절한 적이 없다는 사실을 찬탄하고 감사하는 마음을 기억한다.

카이퍼 박사는 독창성을 결코 내세우지 않았다. 그의 생애와 수고는 카이퍼 자신만으로 설명할 수 없다. 여기서 그의 생애에 깊이 흐르는 영적 흐름만을, 그의 엄청난 능력의 비밀로서 살피자.

일찍이 네덜란드의 종교 생활은 쇠퇴해 있었다. "교회 생활은 냉랭하고 형식적이었다. 종교는 죽은 거나 다름 없었다. 학교에는 성경이 없었다. 나라에는 생명이 없었다."

그러나 장차 형편이 나아지리라는 전조가 적지 않았다. 거슬러 1830년 국회의원이던 흐룬 반 프린스터러(Groen van Prinsterer)는 시대의 정신에 맞서 싸우기 시작했다. "이리하여 본질상 모든 인간은 그리스도의 대속의 피가 필요한 죄인이라는 복음 전파의 부흥이 일어났다. 사람들은 이 복음을 크게 싫어했다. 오래지 않아 복음주의자들을 관대하게 대할 수 없었다. 정작 필요했던 것은 불신앙이 아니라 유대인을 포함한 모든 사람을 즐겁게 할 그런 종교였다."

그러므로 한 대학생이 이런 줄거리의 글을 썼을 때 복음 사역을 향하여 마음이 끌리지 않았다는 것은 이상한 일이 아니었다. 그는 스스로의 명예를 짓밟은 교회에, 그런 교회가 대표하는 종교에 공감이 가지 않았다고 했다. 그는 현대 사조에 마냥 휩쓸려 다녔으며, 예수의 육체적 부활을 내놓고 부인한 라우벤호프(Rauwenhoff) 교수에게 온정의 찬동을 보냈다.

하지만 젊은 학자는 잇딴 경험에 깊은 인상을 받았다.

호로닝엔 대학은 위대한 폴란드 개혁가 요한 아 라스코(John a Lasco)에 관한 최고 논문을 현상 모집했다. 카이퍼는 선생들의 조언을 받아 현상 모집에 응모하기로 했다. 조국과 유럽 모든 나라의 큰 도서관을 죄다 열심히 뒤졌지만 논문에 필요한 자료를 얻지 못했을 때의 실망을 상상해 보라. 마지막으로, 앞날이 창창한 젊은 학자에게 깊은 관심을 갖고 있던 레이덴 대학 교수인 드 프리스(de Vries) 박사는 하를렘에 계신 (드 프리스 교수의) 부친을 찾아가 보라고 권했다. 그의 부친은 훌륭한 역사 연구가이며 방대한 서재를 소장하고 있었던 것이다. 그리하여 카이퍼는 그곳을 찾아갔지만, 덕망 높은 설교자는 찾아 보기는 하겠지만 소장 서적 가운데 아 라스코의 작품을 본 적이 없노라고 말할 뿐이었다. 1주일 뒤에 카이퍼는 약속대로 다시 찾아갔다. 그때의 경험에 관한 그의 말을 들어보자.

"덕망 높은 설교자를 찾아 뵈었더니 그분이 매우 사무적으로 사이드 테이블에 쌓아 놓은 12절판 책들을 가리키며 '이게 내가 찾은 것이네' 하고 말했을 때 나의 감정을 여러분에게 어떻게 설명할 수 있을지. 내 눈을 의심하지 않을 수 없었습니다. 네덜란드의 모든 도서관을 찾았으나 헛수고하고, 온 유럽의 가장 큰 도서관 목록을 세심히 찾고, 명문집과 희귀서적 기록에서 아 라스코의 작품명만 기록되었을 뿐 작품 자체는 전혀 보이지 않으며 있다 해도 지극히 드물 것이며 작품의 대부분이 분실된 거와 다름 없으며 200년 동안 소장한 사람이 없다는 내용을 읽고 또 읽었는데, 유럽의 그 어떤 도서관보다 더 풍부한 라스코 작품집을 기적처럼 직접 대면하게 되었던 것입니다. 현상 논문의 '사느냐 죽느냐'의 문제였던 이 보화를, 신실한 친구의 소개를 받아 찾아 갔지만 소장하고 있는지도 몰랐고 일 주일 전만 해도 라스코의 이름도 기억하지 못하던 사람에게서 발견했으니, 제 아무리 신중한 사람이라도 길 가다가 하나님의 기적을 만나는 것이 어떤 것인지 안다면 이런 체험에 이렇게 놀라지 않을 수 없었을 것입니다."

그가 수상한 사실은 언급할 필요가 없다. 그러나 그 체험은 그 이상이었다. "그 일 때문에 그는 하나님을 기억하게 되었다." 이 체험 때문에 그의 합리주의에 의심의 구름이 드리웠다. 그는 '하나님의 손'과 같은 것이 있음을 더 이상 부인할 수 없었다.

이즈음 샤를롯 욘지(Charlotte Yonge)가 쓴 유명한 영국 소설 「래드클리프의 상속인」(*The Heir of Redclyffe*)을 읽고 그는 또 한 번 중대한 체험을 겪었다. 그는 이 책을 탐독했다. 이 책을 통하여 그는 당시 네덜란드 교회에는 전혀 없다시피한 영국 교회 생활에 대하여 깊은 인상을 받았다.

그리하여 성례의 중요성과 전례적 예배의 인상적인 특징과 훗날 그가 말하곤 했던 '기름부음 받은 기도서'에 접하게 되었다. 그러나 그보다 카이퍼는 이 책의 주인공 필립 드 노르빌이 겪은 온갖 영적 체험의 사실성을 인정하지 않고는 배길 수 없음을 영혼으로 느꼈다. 상한 심령을 가진 사람의 전적인 자기 부정, 전적인 자기 혐오를 이 영민한 젊은 학도는 느꼈던 것이다. 이것이 카이퍼에게 구원에 이르는 하나님의 능력이 되었다.

그는 이 체험을 회고하면서 이렇게 쓴다. "그 시절 내 영혼이 체험했던 것을 훗날에 가서야 충분히 깨달았다. 그러나 그 시절에도 아니 바로 그 순간에도 나는 전에 감탄하던 것을 경멸하고 전에 거절하던 것을 구하게 되었다. 그러나 충분했다. 그런 체험에서 받는 인상은 오래 지속되는 법이다. 그런 갈등 가운데서 영혼이 맞닥뜨리는 것은 저 영원한 것에 속한다. 세월이 지나서도 강력하고 뚜렷하게 되어 불과 어제 일어난 것인양 영혼에게 모습을 드러내는 영원한 것 말이다."

그러나 하나님의 인도하에, 이 경험이 보여 준 영적 생활의 충만함 가운데로 카이퍼를 인도하는 데 쓰임을 받은 것은 카이퍼의 첫 교구에 살던 순박한 시골 사람들이었다. 카이퍼가 그들에게 목회했을 때, 이들은 그의 재능에 감탄했다. 그리고 곧 그들은 그의 인품을 보고 그를 사랑하게 되었다.

하지만 그들은 그가 그리스도께로 완전히 돌아가도록 전심으로 모여서 기도하고 개인적으로 기도했다. 카이퍼가 훗날 기록하듯이, "그들의 신실한 성실은 내 마음에 복이 되었고 내 생애의 새벽별이 되었다.

나는 사로잡혔지만, 화목의 말씀을 여전히 발견하지 못했다. 그들은 순박한 말로 내 영혼이 쉴 수 있는 이 말씀을 절대적인 형태로 내게 전달했다. 나는 성경이 믿음으로 의롭다 함을 발견하게 할 뿐만 아니라 모든 인간 생활의 토대를 드러낸다는 것을 발견했다. 그리고 그 거룩한 규례가 사회와 국가에 나타나는 모든 인간 실존을 다스려야 한다는 것을 발견했다."

그래서 그리스도인으로서 그의 생활이 시작되었다. 십자가에서 그는 구주에게 자신을 드리고 그를 섬기게 되었다. "그리스도를 위하여 증거함"이 그의 생애의 열정이 되었다. 그리스도는 인간 생활과 활동의 모든 부분에서 왕이시라는 것이, 그가 신학자로서든 정치가로서든 정치 지도자로서든 기독교 노동조합 조합장으로든 기독교 교육 후원자로서든 자신의 모든 저술과 연설과 활동에서 줄곧 퍼뜨렸던 생각이었다.

그는 타오르는 확신으로 이 모든 일을 행했다. "그리스도는 전에 보이시고 말씀하시고 인정하셨던 전통으로 다스리실 뿐만 아니라 지금도 하나님 우편에 앉아 계시면서 땅과 열국과 세대와 가정과 개인을 살아 있는 능력으로 다스리신다."

그래서 분실되었던 책의 발견과 한 소설의 독서와 배우지 못한 사람들의 가르침은 카이퍼 박사의 위대한 활동을 부분적으로 설명하는 체험들이었다.

이 위대한 인물의 다양하고 방대한 범위의 활동을 알면 알수록 그의 펜에서 나온 신앙적이고 신비적인 작품들에 더욱 감동을 받게 된다. 심오한 신학, 위대한 정치 활동, 비상한 지적 예민함은 어디로 보나 신앙의 순박한 단순성과 신비적 통찰과 영혼의 아름다움과 양립할 수 없다고 생각된다.

그러나 그가 쓴 신앙 대작 「하나님께 가까이」(*To be Near Unto God*)의 서평자의 말처럼, "이 명상집을 읽으면 심오한 신학자는 가슴 더운 그리스도인이 될 수 없다는 생각을 접어버리게 된다." 저자는 이 이야기를 들려준다. "하나님께 가까이 하는 교제는 생활을 충만하고 힘있게 영위하면서 현실이 되어야 한다. 이는 우리의 감정과 지각과 감각과 사유와 상상과 의지와 활동과 말에 스며 물들어야 한다. 우리 생활에서 낯선 사실이 아니라 전실존에서 숨쉬는 열정이어야 한다."

카이퍼 박사는 이런 이상을 추구하여 엄청난 활동을 펼치는 가운데서도 매주일 신앙 명상록을 쓰는 데 시간을 썼다. 2천 편 넘게 썼다. 이 명상록은 독특한 성격을 갖고 있다. 그 자체로 하나의 문학을 형성한다고 해도 된다. 또 요하네스 라이스브룩(Johannes Ruysbroek), 코르넬리우스 얀시니우스(Cornelius Jansinius), 토마스 아 켐피스(Thomas a Kempis) 등 화란 신비주의자들의 최고 작품과 성격이 비슷하다.

카이퍼 박사는 줄어들지 않는 힘으로 임종 직전까지 계속 일했다. 친구였던 동료 교수는 죽음의 침상 곁에서 그에게 물었다. "하나님이 끝까지 자네의 피난처이시며 능력이셨음을 사람들에게 알릴까?" 곧 바로 약한 대답이 꺼져가듯 울렸다. "그럼, 그렇고 말고."

— 존 헨드릭 드 프리스 박사가 카이퍼 박사의 신앙 고전
「하나님께 가까이」에 쓴 번역자 서문에서 발췌한 글.

첫번째 강연

삶의 체계로서 칼빈주의

오래된 유럽 대륙에서 와서 이 신세계의 해안에 당도한 한 여행자는 "그 생각이 많은 무리처럼 그에게 몰려오니" 하고 말하는 시편 기자와 같은 심경이다. 여러분의 치솟아 오르는 새로운 인생 물결에 비할 때 이 여행자가 타고 흐르는 오래된 물결은 거의 얼어붙고 탁해 보인다. 이곳 미국 땅에서 여행자는 창조 때부터 인류의 가슴 속에 숨겨 있었으나 우리의 구세계가 개발하지 못했던 그 많은 하나님의 잠재력이 이제 그 내면의 광채를 드러내어 장차 놀랄 만큼 훨씬 풍요하게 될 것임을 처음으로 발견한다.

하지만 많은 점에서 구세계가 본인이나 여러분 보기에 여전히 내세울 만한 우월성이 있음을 잊지 말 것을 당부하고자 한다. 오래된 유럽은 지금도 오랜 역사적 과거를 가지고 있으며 따라서 깊이 뿌리를 내리고 잎사귀 사이에 인생의 잘 익은 열매를 숨기고 있는 큰 나무처럼 우리 앞에 서 있다. 반면 여러분은 아직 한창때라서―우리는 몰락을 겪고 있다―가을 추수때 매력적인 열매를 따는 건 아니지 않는가?

그러나 반면에 본인은 (다른 직유를 사용해서) 여러분이 탄 인생의 기차가 우리보다 헤아릴 수 없을 정도로 빨리 달려 우리를 멀리 멀리 떼어놓고 앞서 가는 사실에서 취하는 유익을 충분히 인정한다. 여러분과 나는 오래된 유럽의 생활이 이곳의 생활과 별개의 것이 아님을 공히 느낀다. 인간 실존의 동일한 흐름이 두 대륙을 관통한다.

우리의 공통된 기원 덕택에 여러분은 우리를 뼈 중의 뼈라고 부를 것이다. 우리는 여러분을 살 중의 살이라고 느낀다. 그리고 여러분이 우리를 앞질러 가서 아무리 낙심시킨다 한들, 여러분은 자신의 놀라운 청년기가 오래된 유럽의 역사적 요람에서 비롯했고 이 요람이 한때 막강했던 아버지 나라에서 아주 조용히 흔들리고 있었음을 결코 잊지 않을 것이다.

게다가 이처럼 같은 조상을 둔 것말고도, 겉보기에는 매우 다르지만 여러분의 관심사와 우리의 관심사를 여전히 통일시키는 또 하나의 요소가 있다. 인간 생활의 발전보다도 우리에게 훨씬 고귀한 것이 있으니, 인간 생활을 고상하게 하는 왕관이 그것이다. 여러분과 나를 위한 인생의 이 고귀한 왕관은 기독교의 이름에 있다. 그 왕관은 우리의 공동 유산이다. 인간 생활의 중생은 그리스나 로마에서 나오지 않았다. 저 강력한 변화는 베들레헴과 골고다에서 시작된다. 그리고 좀더 구체적인 의미에서 종교개혁을 우리 마음이 사랑한다면, 이는 종교개혁이 사제주의의 구름을 흩어 없애고 십자가의 영광을 다시금 아주 풍성하게 드러내 보였기 때문이다. 그러나 이 기독교적 요소에 지독히 반대하여, 바로 기독교라는 이름을 거스려, 기독교가 인생의 모든 영역에 끼친 유익한 영향을 거스려, 현대주의의 폭풍우가 사나운 기세로 이제 일어나고 있다.

1789년이 전환점이었다.

"악당을 타도하라"는 볼테르의 미친 외침은 바로 그리스도를 겨냥한 것이었다. 하지만 이 외침은 프랑스 혁명을 탄생시킨 가장 깊이 숨어 있는 사상의 표현에 불과했다. "우리에게는 하나님이 더 이상 필요 없다"는 또 한 명의 철학자의 광적인 부르짖음과 "하나님도 없고 주인

도 없다"는 국민의회의 혐오스러운 표어는 그 당시 인간 해방을 모든
신적 권위로부터의 해방으로 선전했던 신성 모독의 슬로건이었다. 그
리고 하나님이 헤아릴 수 없는 지혜로 이 혁명을 부르봉 왕조의 독재
를 전복하여 하나님의 국가들을 자신의 발등상으로 남용했던 군주들을
심판하는 수단으로 쓰신다 해도, 혁명의 원리는 여전히 철저히 반기독
교적인 것으로 남아 있으며 그 이후 암처럼 퍼져 우리의기독교 신앙
앞에 굳건하고 일관되게 서 있던 모든 것을 해체하고 손상해 왔다.

의심할 나위 없이 기독교는 크고 심각한 위험 때문에 위태롭게 되
었다. 두 삶의 체계[1]가 목숨을 걸고 서로 싸우고 있다. 현대주의는 자
연인의 자료로 자신의 세계를 세우고 자연의 자료로 인간 자신을 세우
고자 한다. 반면에 그리스도께 경건히 무릎을 꿇고 그를 살아 계신 하
나님의 아들로 하나님으로 경배하는 모든 사람은 '기독교 유산'을 건
지는 데 열심이다. 이는 유럽에서 일어나고 있는 투쟁이며, 미국에서
일어나고 있는 투쟁이며, 또한 나의 조국이 연루되고 내가 근 40년 동
안 온 힘을 쏟아 부은 원리를 위한 투쟁이다.

이 투쟁에서 우리는 변증학을 통해서는 한 걸음도 전진하지 못했
다. 변증학자들은 언제나 공격 당한 흉벽을 버리고 비겁하게 뒤쪽 보

---

1) 제임스 오르(James Orr) 박사가 *The Christian View of God and the world*(Edinb., 1897, p.3)에 관한 귀한 강연에서 지적하듯이, 독일어 전문
용어 Weltanschauung(세계관)에 딱 들어맞는 말이 영어에는 없다. 그래서
그는 the view of world라는 문자적 번역어가 영어의 표현상 연상되는 내용
이 제한되긴 해도 그대로 사용했다. 이 말은 주로 물리적 자연을 연상시킨다.
이런 이유로 좀더 명시적인 표현 life and world view(인생관 및 세계관)이
더욱 나아 보인다. 그러나 미국인 친구는 life system(삶의 체계)이라는 좀더
짧은 표현이 미대륙에서 동일한 의미로 자주 사용된다고 일러 주었다. 그래서
미국 공중에게 강연하는 나로서는 적어도 첫번째 강연의 제목에 짧은 표현을
택하게 되었다. 이는 가장 짧은 표현이 귀 대학이 정해준 주제를 지적하는 데
더 유리하기 때문이다. 하지만 강연에서 전개되는 주장에서 독특한 의미가 두
드러지는 경우에 따라 life-system과 life and world view라는 표현을 번갈
아 썼다. 또한 365쪽에 나오는 오르 박사의 각주를 참조하라.

루에 숨기를 마지 않았다.

그러므로 처음부터 나는 마음으로 생각했다. "만일 명예롭게 그리고 승리의 소망을 가지고 이 전쟁을 싸우려면, **원리**에 **원리**로 맞서야 한다. 그러므로 현대주의라는 전포괄적인 **삶**의 **체계**가 엄청난 힘으로 우리를 공격한다는 사실을 느껴야 하며, 따라서 역시 포괄적이고 광범위한 힘을 가진 삶의 체계를 취해야 한다는 사실을 깨달아야 한다. 그리고 이 강력한 삶의 체계는 우리 자신이 창안하거나 고안하는 것이 아니라 그것이 역사에서 모습을 드러내는 대로 취해서 응용해야 한다."그 삶의 체계를 그렇게 취했을 때, 나는 기독교 원리가 칼빈주의로서 나타나서 우리에게 있음을 발견하고 고백하며 지금도 그 생각은 확고하다.

칼빈주의에서 내 마음은 안식을 발견했다. 칼빈주의에서 이 원리들의 거대한 충돌이 치열하게 펼쳐지는 곳에서 굳건하고 단호하게 취할 수 있는 영감을 얻었다. 그러므로 내가 금년에 귀 대학으로부터 이곳에서 스톤 강연을 할 수 있는 매우 명예로운 초빙을 받았을 때, 주제를 선택하는 데 조금도 주저하지 않았다. 현대주의가 침략하고 압도하는 데서 개신교 국가를 유일하게 결정적이고 합법적이고 일관된 보호하는 칼빈주의, 이것이 나의 주제가 되지 않을 수 없었다.

그러므로 칼빈주의에 관하여 다음 여섯 주제로 여러분에게 강연하고자 한다.

1. 삶의 체계로서 칼빈주의
2. 칼빈주의와 종교
3. 칼빈주의와 정치
4. 칼빈주의와 학문
5. 칼빈주의와 예술
6. 칼빈주의와 미래

강의 내용을 분명하게 제시하려면, 이 첫 강연에서 먼저 칼빈주의의 개념을 역사적으로 규정해야 한다. 오해를 막기 위해 먼저 칼빈주의라는 말에 포함시켜야 할 것과 포함시키지 말아야 할 것을 알아야한다. 그러므로 요즘의 용례에서 시작할 때, 이 말이 여러 나라와 인생의 여러 분야에서 동일한 뜻이 결코 아님을 발견한다. 우리 시대에칼빈주의자라는 말은 먼저 分派의 이름으로 사용된다. 이는 개신교에서 그러는 게 아니라 로마 가톨릭에서 특별히 헝가리와 프랑스에서 그렇다. 헝가리에서 개혁 교회는 250만 명의 교인이 있는데, 그 나라의가톨릭 언론이나 유대교 언론은 개혁 교회의 교인들을 '칼빈주의자'라는 비공식적 이름으로 늘상 비난한다.

심지어 조상의 신앙과 공감되는 자취를 죄다 벗어던진 사람에게도이런 조소어린 이름을 사용한다. 동일한 현상이 프랑스, 특별히 남부에서 나타난다. 이곳에서 '칼빈주의자'는 분파적 오명과 동등하며 사실 훨씬 강한 어조를 담고 있는데, 이 말은 오명을 쓴 사람의 신앙이나 고백을 가리키는 게 아니라 간단히 개혁 교회의 모든 교인 심지어무신론자에게까지 사용된다.

반유대주의 선전으로 유명한 조르쥬 티보(George Thi baud)는반칼빈주의적 정신도 프랑스에서 부활시켰다. 그리고 드레퓌스 사건에서도 그는 '유대인과 칼빈주의자'를 '프랑스 정신'에 편견을 갖는 반민족적 세력으로 규탄했다. 이 용례와 정반대되는 칼빈주의의 두번째용법은 있는데, 나는 이를 고백적 용법이라고 부르겠다. 이런 의미에서 칼빈주의자는 오직 예정 교리를 노골적으로 지지하는 자로 표현된다. 예정 교리에 대한 이런 강력한 애정에 찬동하지 않는 사람들은 로마 논쟁가와 협력한다. 왜냐하면 그들은 '칼빈주의자'라 할 때 교의적편협성의 희생자라는 뜻으로, 더 심하게는 도덕적 생활의 참된 진지성을 위태롭게 하는 자라는 뜻으로 말하기 때문이다. 이것이 얼마나 불쾌한 것인지 전적으로 확신하여 예정의 소신어린 옹호자가 되고 예정을 칼빈주의자의 영예로 여기는 하지(Hodge)와 같은 신학자들은 '칼빈주의의 이름'에 붙어 있는 냉대에 아주 강렬한 인상을 받아 자신들의 신념을 호감 있게 보이게 하려고 칼빈주의보다 아우구스티누스주의에 관하여 말하기를 선호했다.

몇몇 침례교와 감리교의 교단 명칭은 칼빈주의의 **세번째** 용법을 보여 준다. 스펄전 같은 인물은 영국에서 '칼빈주의 침례교'라고 하는 침례교에 소속했다. 그리고 웨일즈의 휘트필드[2] 감리교는 현재 '칼빈주의 감리교'라는 이름을 갖고 있다. 그러므로 여기서 이 말은 다소간 신앙 고백적 차이점을 보여 주지만, 특별한 교단의 이름으로 쓰인 것이다. 의심할 나위 없이 칼빈은 이 관행을 가장 신랄하게 비판했을 것이다.

칼빈의 생애 동안, 개혁교회는 어떤 사람의 이름을 따서 그리스도의 교회의 이름을 지으려고 꿈도 꾸지 않았다. 루터파는 그렇게 했지만, 개혁 교회는 결코 그렇게 하지 않았다. 그러나 '칼빈주의'라는 이름의 이러한 분파주의적, 고백적, 교단적 용법을 넘어서서, 이 말은 **네번째**로 역사적 철학적 정치적 의미에서 **학문적** 이름으로 쓰인다. 역사적으로 칼빈주의라는 이름은 종교개혁이 루터파나 재세례파나 소키누스파가 아닌 방향으로 움직인 경로를 가리킨다. 철학적 의미에서 이 말은 칼빈의 지도에 영향을 받아 인생의 몇몇 분야를 지배하게 된 개념 체계로 이해된다.

그리고 정치적 의미에서 칼빈주의는 첫째는 화란에서, 그 다음에는 영국에서, 그리고 지난 세기를 마감할 무렵 미국에서 입헌적 정치로 국민의 자유를 보장했던 정치적 운동을 가리킨다. 이 학문적 의미에서 칼빈주의라는 이름은 특별히 독일 학자들 가운데 널리 쓰이고 있

---

2) 조지 휘트필드는 1714년 영국 글로스터에서 태어나 1770년 미국에서 별세했다. 유난히 유창했던 설교자였다.

다. 이것이 칼빈주의에 찬동하는 사람들의 견해일 뿐만 아니라 기독교의 모든 신앙 고백적 표준을 거부한 학자의 견해이기도 하다는 사실은 칼빈주의에 이런 중대한 의의를 돌린다. 이는 화란의 최고 학자 세 사람이 제시하는 증언에도 나타난다. 그 가운데 먼저 로버트 프라인 (Robert Fruin) 박사는 이렇게 천명한다. "칼빈주의는 논리적 신학 체계와 자신의 민주주의적 교회 질서를 형성하며 네덜란드에 등장했는데, 매우 도덕적 감정에 의하여 추진되고 인류의 종교적 개혁뿐만 아니라 도덕적 개혁에도 열정적이었다."[3]

합리주의에 찬동한다는 뜻을 매우 솔직하게 표하는 또 한 사람의 역사가는 이렇게 기록한다. "칼빈주의는 16세기 종교적 정치적 원리가 도달한 최고 발전 형태이다."[4] 그리고 세번째 권위자는 칼빈주의가 스위스와 네덜란드와 영국을 해방시켰고 필그림 파더즈를 통해서 미국의 번영에 추진력을 제공했다고 인정한다.[5] 그처럼 여러분 가운데 밴크로프트(Bancroft)는 칼빈주의가 "존재론과 윤리학과 사회 행복과 인간 자유에 관한 이론을 갖고 있으며 모두가 하나님께로부터 나왔다"[6]고

---

3) R. Fruin, *Tien Jaren uit den Tachtig-jarigen Oorlog*, p. 151.

4) R. C. Bakhuizen Van den Brink, *Het Huwelijk van Willem van Orange met Anna van Saxen*, 1853, p. 123. "세계질서에 있어서 최종적인 것처럼, 칼빈주의는 16세기의 종교 정치 원리 중 가장 높이 발전된 형태였다. 이 세기의 정치학 조차도, 우리 시대의 한 국가가 사회주의를 원리로 받아들이려고 할 때마다, 사람이 할 수 있는 한 제네바 정치형태에 대해서 적지 않은 무시와 증오를 가지고 경멸하였다. 종교개혁 발생 이후 우리나라와 프랑스, 스코틀랜드에서처럼 그렇게 늦게 일어났던 종교개혁 싸움은 다만 칼빈주의적인 것일 수 있고 칼빈주의를 위한 것일 수 있다."

5) Cd. Busken Huet, *Het Land van Rembrandt*, 2de durk, II, p. 223. P. 159: "문제의 성격상 종교는 칼빈주의 국가의 뇌신경 가운데 하나였다." 그리고 p. 10 각주 3번: "우리의 자유의 기원에 관한 역사는 우리의 종교개혁사의 중요한 부분이며, 우리의 종교개혁사는 칼빈주의의 확산에 관한 중요한 역사이다." Bakhuizen Van den Brink, *Studien en Schetsen*, IV, 68, v. g.

6) *History of the United States of America*, Ed. New York, II, p.

인정한다. 오직 이 마지막에 언급한 엄밀한 학문적 의미에서 나는 나름대로 모태의 원리로부터서구와 북미의 나라에서 그리고 현재 남아프리카에서 우리의 인생과 사유에 독립적 형태를 발전시킨 독립적인 전체 경향으로서 칼빈주의를 여러분에게 말하고자 한다.

칼빈주의의 영역은 협소한 신앙 고백적 해석을 통하여 가정하는 것보다 훨씬 광범위하다. 사람의 이름으로 교회의 이름을 짓는 것을

405. 참조. Von Polenz, *Geschichte des Frazoischen Protestantismus*, 1857, I, p. viii: "어떤 역사, … 그 안에서 루터가 프랑스에서 일깨웠던 그 정신, 이 정신으로 그가 자국인과 외국인들에게 접근하고 그 정신을 요구하였으나, 칼빈이 정화하고 규범화하고 지키고 강화하고 고정시켰으며, 활동하는 효소처럼 공간과 관계들이 한계를 뛰어넘어 작용하였고, 그 정신이 다양한 빛으로 역사의 모든 순간마다 다소 만나는 논쟁점과 초점을 형성하고 있다. 우리는 이 정신을 실로 비본래적인 것이라, 무정부적인 것이라 부르나, 칼빈없이는 사라지는 것이 되기 때문에 참으로 칼빈주의적이라 부른다. 엄밀하고 본래적 의미에서 프랑스 칼빈주의의 역사 외에 나의 역사는 종교, 교회, 관습, 사회, 기타 프랑스의 다른 관계에 끼친 그의 영향의 역사이다."

C. G. McCrie, *The Public Worship of Presbyterian Scotland*, 1892, p. 95.: 이리하여 몇 사람은 학식과 통찰력을 가지고 있어서 그런 문제에 관하여 발언할 권리를 갖고 있는 한 영국 국교회 교인이 칼빈의 영향과 칼빈의 이름을 가진 체계를 어떤 시각에서 보았는지 안다면, 칼빈의 이런 감정을 가치있게 보게 된다. 마크 패티슨(Mark Pattison)은 이렇게 썼다. "개신교 운동은 주로 제네바에서 획득한 새로운 도덕적 방향에 의하여 교리적 논쟁의 유사(流砂)에 빠지지 않게 되었다. '칼빈주의가 유럽을 건졌다.'"

P. Hume Brown, *John Knox*, 1895, p. 252: 기독교의 모든 발전 가운데 칼빈주의와 로마 교회만이 절대적 종교의 표시를 갖고 있다. 257쪽: 칼빈과 카스탈리오, 녹스와 재세례파의 차이는 단순히 교리와 교의에 관한 것이 아니었다. 그들의 본질적 차이는 인간 사회에 관하여 그들 각자가 갖고 있던 정신에 있었다.

R. Willis, *Servetus and Calvin*, 1877, p. 514, 5: 사실상 칼빈주의 혹은 그 본질적 원리에서 다소 변한 원리가 오늘날 세계에서 가장 지적이고 도덕적이고 근면하고 자유로운 사람들이 고백했던 종교적 신앙의 형태라는 사실에는 의문이 있을 수 없다.

Chambers, *Encyclopedia*, Philadelphia, 1888, 칼빈주의 항목: "금세기 말에 복음주의 진영의 부흥과 더불어 칼빈주의는 다시 살아났으며, 여전히 절대적 지배권은 아니지만 강력한 영향력을 영국 사회에 주장하고 있다. 이는

싫어하여, 프랑스에서는 개신교도를 '위그노'라고 부르고, 네덜란드에
서는 '가난한 자'(beggars), 영국에서는 '청교도', '장로교도', 북미
에서는 '필그림 파더즈'라고 부르긴 해도, 북미 대륙과 유럽 대륙에서
특별한 개혁주의적 형태를 취한 종교개혁의 이 모든 산물은 칼빈주의
에서 나왔다. 그러나 칼빈주의 영역의 범위를 이들 좀더 순수한 형태
로 제한해서는 안 된다. 누구도 기독교에 그런 절대적 규칙을 적용하
지 못한다. 기독교의 영역 안에는 서구뿐만 아니라 러시아와 발칸 반
도 국가들과 아르메니아인과 에티오피아 메넬릭 제국도 포함된다. 그
러므로 동일한 방식으로 우리는 칼빈주의의 우리 안에 순수한 형태의
칼빈주의에서 다소 이탈한 이들 교회들도 포함시켜야만 한다.

영국 교회는 자신의 34개조에서 엄격히 칼빈주의적이다. 물론 교
직제와 전례에서 똑바른 길을 버리고 이런 이탈로 퓨지주의와 의식주
의라는 심각한 결과를 당했다. 독립교회주의자의 고백은 역시 칼빈주
의적이었다. 물론 그들의 교회관에서 개인주의 때문에 교회의 유기적
구조가 부서졌지만 말이다. 그리고 웨슬리의 인도를 받아 대부분의 감
리교도가 칼빈주의의 신학 해석에 반대하게 되었다 해도, 당시 돌처럼
굳어가던 교회 생활에 반대하는 이 영적 반응을 일으킨 것은 칼빈주의
정신이었다. 그러므로 어떤 의미에서 결국 종교개혁이 포괄하는 전체
분야는 루터교나 소키누스파가 아닌 한 원칙적으로 칼빈주의의 지배를
받았다고 할 수 있다. 침례교도 칼빈주의의 장막에서 은신처를 찾았
다. 이와 같은 몇몇 음영과 차이점이 그리고 그들의 극단에 대한 반작

종교개혁 신조 가운데 가장 생생하고 강력한 것 가운데 하나이다.
    Dr. C. Sylvester Horne, *Evangelical Magazine*, August, 1898.
New Calvinism, p.375ff., and Dr. W. Hastie, *Theology as
Science*, Glasgow, 1899, pp. 100-106: 오늘날 시대의 다른 신학적 경향
이 있지만 개혁 신학에 대한 나의 변증과 변명은 채택 가능한 두 가지 가장 일
반적이고 근본적인 신조 조항에 근거를 두었다: 그 방법의 조건으로서 인간 본
성에서 그 기초가 갖는 보편성과 그 절대 진리의 근거로서 하나님의 보편성.

용이 일어난 것은 칼빈주의의 자유로운 특성으로 설명된다.

　로마주의는 교직제에 의하여 획일적이다. 루터주의는 군주의 패권 덕택에 비슷한 통일성과 획일성을 갖고 있다. 군주와 교회의 관계는 '최고 감독'(summus episcopus)와 '가르치는 교회'(ecclesia docens)의 관계였다. 반면에 교직제와 행정적 간섭을 인정하지 않는 칼빈주의는 많은 다양한 형식과 일탈로 전개될 수밖에 없었으며, 그리하여 타락의 위험을 초래하기도 하고 온갖 편협적 반작용을 불러일으키기도 했다. 칼빈주의가 의도했던 삶의 자유로운 발전과 더불어, 충만하고 순수한 활력과 능력을 가진 **중심**과 위협적이리만큼 변화가 심한 **주변**은 구별할 수 없어 보였다. 그러나 좀더 순수한 **중심**과 좀 덜 순수한 **주변** 간의 갈등 속에 그 정신의 한결같은 활동이 칼빈주의에 보장되어 있었다.

　그렇게 이해할 때 칼빈주의는 독특하게 자신만의 종교 형식에 뿌리를 내리고 있으며, 이 특별한 종교적 의식에서 먼저 독특한 신학이 발전되었고, 그 다음에 특별한 교회 질서, 그 다음에 도덕적 세계 질서를 위한 관한 정치적 사회적 생활, 자연과 은혜, 기독교와 세계, 교회와 국가, 마지막으로 예술과 학문의 관계에 관한 특정한 형식이 발전되었다. 이 모든 삶의 표현 가운데, 가장 깊은 인생 원리에서 이 모든 발전이 동시적이고 자발적으로 나온 한에서 동일한 칼빈주의는 언제나 있었다. 그래서 이런 범위에서 칼빈주의는 이교, 이슬람교, 로마교 등 인간 생활의 다른 위대한 체계와 나란히 서 있다.

　이로써 우리는 인간 생활의 하나의 집합적 세계 안에 네 개의 전혀 다른 세계를 구별한다. 그리고 정확하게 말해서 칼빈주의가 아니라 기독교를 이교주의나 이슬람교와 대등하게 만들어야 할 경우라도, 칼빈주의를 그것들과 나란히 놓는 편이 더 낫다. 왜냐하면 칼빈주의는 기독교 이념을 로마교나 루터교보다 훨씬 순수하고 정확하게 구현한다고 주장하기 때문이다. 러시아와 발칸 반도 국가들의 정교(政敎) 세계

에서는 국가적 요소가 여전히 지배적이며 따라서 이들 나라에서 기독
교 신앙은 여전히 신비적 정통주의의 뿌리에서 자신의 삶의 양식을 산
출할 수 없었다. 루터교의 나라에서는 행정관의 간섭 때문에 영적 원
리의 자유로운 활동이 방해 받았다. 그러므로 오직 로마교에 관해서는
전적으로 자신의 개념과 표현의 세계에서 삶과 사유를 구현했다고 말
할 수 있다.

그러나 칼빈주의는 로마교의 옆에서 로마교에 반대하면서 자신의
모습을 드러내어 다른 교회 양식을 창출할 뿐만 아니라 인간 생활에
전혀 다른 형식도 창출하고 상이한 실존 방법을 인간 사회에 제공하며
인간의 마음 세계에 상이한 이상과 개념을 심어 놓았다.

이것이 우리 시대까지 실현되지 않았으며 이제 역사의 좀더 나은
연구 결과로 동지뿐만 아니라 원수에게도 인정받는다는 사실 때문에
우리는 놀라지 않는다. 칼빈주의가 잘 구축된 체계로서 삶에 들어와
연구 결과로서 제시되었다면 사정은 이렇지 않았을 것이다. 그러나 칼
빈주의는 전혀 다른 방식으로 생겼다. 그리고 칼빈주의의 활동가에게
삶 자체는 언제나 첫번째 대상이었다. 할 일이 너무 많고 연구를 위하
여 많은 시간을 겨우 내었다. 화형주에서 그리고 전쟁터에서 칼빈주의
의 관행은 두드러지게 나타났다. 게다가 스위스나 화란이나 영국이나
스코틀랜드처럼 칼빈주의가 석권했던 나라들은 본래 그다지 철학적으
로 기울어지지 않았다. 특별히 그 당시 이들 나라의 생활은 자연적이
며 숙고하는 일이 없었다.

그러니 훗날에야 역사가와 신학자는 칼빈주의를 특별한 연구의 주
제로 삼아 칼빈주의 현상과 그 원리의 전포괄적 통일성 사이의 관계를
여러 부분에 걸쳐 추적했다. 심지어 칼빈주의가 최초의 활력을 소진했
을 때, 그리고 장차 유지되기 위하여 자신의 경계선을 좀더 정확하게
긋지 않으면 안 되게 되었을 때, 그런 예민하고 포괄적인 인생 현상에
대한 이론적 체계적 연구에 대한 필요가 생긴다고 말할 수도 있다. 그

리고 여기에다 우리의 실존을 통일체로 의식(意識)의 거울에 비추고자 하는 강조점이 그 어느 때보다 오늘날 철학의 시대에 훨씬 강하다는 사실이 추가되면, 목전의 필요와 미래에 대한 염려 때문에 우리가 칼빈주의에 대한 좀더 깊은 연구에 접어들지 않을 수 없다는 사실이 곧바로 드러난다.

로마 가톨릭 교회에서는 모든 사람이 무엇을 위하여 사는지 안다. 왜냐하면 그는 분명한 의식을 갖고 로마의 통일된 인생 체계의 열매를 즐기기 때문이다. 심지어 이슬람교에서도 하나의 원리가 지배하는 삶의 확신에서 동일한 능력이 나타난다. 개신교만은 목적이나 방향이 없이 이리저리 돌아다니며 아무런 진보 없이 황야에서 배회한다. 이는 개신교 국가 가운데 새로운 독일 철학에서 생기고 다윈 덕택에 구체적인 진화 형태를 갖는 범신론이 인간 생활의 모든 영역에 심지어 신학 분야에서도 더욱 주권을 내세우고 있고, 온갖 이름 아래 기독교 전통을 전복하려 하고, 조상의 유산을 소망 없는 현대 불교와 바꾸는 데로 기우는 사실을 설명해 준다.

지난 세기 말의 프랑스 혁명에서 그리고 금세기의 독일 철학에서 생긴 주도적인 사상들은 조상의 삶의 체계와 정면으로 대립하는 체계를 형성한다. 그들(조상)의 투쟁은 하나님의 영광과 순수한 기독교를 위한 것이었다. 현재 운동은 골고다의 겸손한 마음이 아니라 영웅 숭배의 교만에 영감을 받아 인간의 영광을 위하여 전쟁을 벌인다. 그런데 어찌하여 우리 그리스도인은 이 현대주의 앞에 그렇게 연약하게 서 있었는가? 어찌하여 우리는 토대를 계속 잃었는가? 그것은 우리가 전선에서 원수를 내쫓을 수 있는 불가항력적인 힘을 우리에게 유일하게 공급할 수 있는, 동일한 통일적 인생 개념이 없기 때문이다.

하지만 이 인생 개념의 통일체는 온갖 우여 곡절로 뒤흔들리는 개신교의 모호한 개념에서는 발견할 수 없고, 칼빈주의로서 인생의 강력한 물줄기를 바라고 자신의 수로를 파는 저 강력한 역사적 과정에서 발견한다. 칼빈주의에 있는 이 개념 통일체에 의하여 미국의 여러분과 유럽의 우리는 로마주의와 나란히 현대 범신론에 맞서 다시 한번 확고한 태도를 취할 수 있을 것이다. 출발점과 삶의 체계에 대한 이런 통일성이 없이 우리는 독립된 위치를 유지할 능력을 잃어버리며 저항할 힘은 퇴조하고 말 것이다.

───────────

하지만 여기 문제가 되고 있는 최고의 관심사 때문에 우리는 칼빈주의가 그와 같은 통일된 삶의 체계를 우리에게 제공한다는 사실을 좀 더 적극적인 증거 없이는 받아들이지 못하게 되며, 칼빈주의가 편파적이지 않으며 단순히 일시적 현상이 아니었고 과거에 뿌리박고 현재의 우리에게 힘을 주고 미래의 확신을 충만케 할 수 있는 그런 전포괄적인 원리 체계라는 확언에 대한 증거를 요구한다. 여기서 우리는 먼저 이교, 이슬람교, 로마교, 현대주의와 같은 일반적인 삶의 체계에 요구되는 조건이 무엇인지를 묻고 칼빈주의가 이런 조건을 참으로 충족시키는 것을 보여야 한다.

이런 조건은 먼저 하나의 특별한 원리로부터 모든 인간 생활의 세 가지 근본 관계에 관한 독특한 통찰력을 얻을 것을 요구한다. 즉 (1) 하나님과의 관계 (2) 인간과의 관계 (3) 세계와의 관계.

그러므로 그런 삶의 체계가 하나님과 우리의 관계에 대한 하나의 특별한 해석에서 출발점을 발견해야 할 것이라는 첫번째 요구가 있다. 이는 우연적인 것이 아니라 필연적인 것이다. 그런 행위로 우리의 모든 삶에 영향을 미치려 하면, 먼저 우리의 삶이 뻗어나가는 포도 덩굴이 아닌, 포도 덩굴이 나오는 뿌리에서 여전히 나누어지지 않았고 통일성 가운데 포괄되어 있다는 사실에서 출발해야 한다. 물론 그 점은 인간 생활 안의 유한한 모든 것과 그 생활 뒤의 무한자 사이의 대립에 놓여 있다. 오직 여기서 우리는 인간 생활의 다양한 흐름이 구별되어

솟아 나오는 공통의 원천을 발견한다.

개인적으로 그것은 우리 마음의 깊은 곳에서, 우리가 영원한 분에게 자신을 드러내 놓는 점에서 삶의 모든 광선이 한 초점에 모이며 오직 거기서 우리가 일상의 의무에 짓눌려 자주 그리고 고통스럽게 놓쳐버리는 조화를 획득한다. 기도에는 우리와 하나님의 통일이 있을 뿐만 아니라 우리 개인 생활의 통일도 있다. 그러므로 역사에서 이런 가장 깊은 원천에서 나오지 않는 운동은 언제나 편파적이고 일시적이며, 인간 개인 실존의 이런 가장 깊은 곳에서 우러나온 역사적 행위들만이 삶의 전체를 포괄하며 요구되는 영속성을 갖는다.

이는 이교에도 마찬가지였다. 이교는 대개 피조물 안에서 하나님을 추측하고 가정하고 경배하는 사실을 보아 안다. 이는 가장 고도한 불교는 물론이고 가장 저급한 정령 신앙에도 적용된다. 이교는 피조물을 넘어선 하나님의 독립적 존재라는 개념으로 오르지 못한다. 그러나 이 불완전한 형태에서도 이교는 무한자와 유한자의 관계에 대한 명확한 해석을 출발점으로 갖고 있고, 이 해석 덕분에 인간 사회에 대한 완성된 형식을 산출할 능력을 갖는다. 이교는 간단히 말해 이런 중요한 출발점을 갖고 있었기에 전체 인간 생활에 대한 자신의 형식을 가질 수 있었다.

이슬람교도 마찬가지다. 이슬람교는 피조물과 하나님의 모든 접촉을 끊어버리며 순전히 반이교적인 이상(理想)을 특징으로 한다. 마호메트와 코란이 역사적 이름이지만, 본질적으로 이슬람교는 이교에 대한 유일하게 절대적 대립이다. 이슬람은 하나님을 피조물과 분리시키는데 이는 피조물과 모든 혼합을 피하기 위함이다. 이슬람은 대척점으로서 역시 광범위한 경향을 갖고 있었으며 전적으로 특이한 인간 생활

---

7) 원래는 페르시아의 머리 장식. 교황제의 삼중관은 삼중 권력을 가리킨다. 현세적 권력과 영적 권력과 연옥의 권력.

세계를 창출할 수 있었다.

로마교도 마찬가지다. 여기서도 교황의 삼중관[7], 교직제, 미사 등은 하나의 근본 사상에서 나온 산물에 불과하다. 즉 하나님이 신비적 중간 고리를 매개로 피조물과 교제를 나누신다는 것이다. 이 중간 고리는 곧 교회인데, 이 교회는 신비적 유기체가 아니라 눈에 보이고 손으로 만질 수 있는 유형적 제도이다. 여기서 교회는 하나님과 세계 사이에 서 있다. 그리고 로마교는 세계를 택하여 영감을 불어넣을 수 있는 한에서 인간 사회에 대한 자신의 형식을 창출했다.

그리고 이제 이 셋과 정반대로 **칼빈주의**가 역시 심오한 근본 사상을 취한다. 이는 이교처럼 피조물 안에서 하나님을 구하지 않으며, 이슬람교처럼 하나님을 피조물과 **분리시키지** 않으며, 로마교처럼 하나님과 피조물 사이에 **매개적 종교 단체**를 두지 않는다. 반대로 하나님이 피조물 위에 높은 위엄 가운데 계시지만 성령 하나님으로서 **피조물과 직접 교제를 맺으신다**는 숭고한 사상을 선포한다. 이는 심지어 칼빈주의의 예정 고백의 핵심이며 진수이다.

하나님과 교제가 있지만, 영원부터 하나님의 평화의 경륜과 전적으로 일치하는 한에서 그렇다. 그래서 하나님으로부터 직접 우리에게 오지 않는 은혜는 없다. 우리의 실존의 순간마다 전체 영적 생활은 하나님 자신 안에 거한다. '오직 하나님께 영광'은 출발점이 아니라 결과였으며, 예정은 인간과 인간을 구분하기 위함이 아니며 개인적 교만을 위함이 아니라 영원에서 영원부터 우리의 내적 자아에게 살아계신 하나님과 직접적인 교제를 보장하기 위하여 결단코 유지되었다. 그러므로 로마에 대한 칼빈주의자의 반대는 무엇보다도 영혼과 하나님 사이에 놓인 교회를 제거하는 데 목적이 있었다. 교회는 직분이나 독립적 제도에 있지 않았다. 신자 자신이 믿음으로 전능자와 교제하는 한 교회였다. 그러므로 이교와 이슬람과 로마교처럼, 칼빈주의에서는 참된 삶의 체계를 위한 첫번째 조건으로 요구되는 인간과 하나님의 근본 관계에 대한 고유하고 명확한 해석이 나타난다.

————————————

　　그런데 나는 두 가지 반대를 예상한다. 첫째는 일반적인 개신교에 속하는 명예를 칼빈주의의 것으로 내세우는게 아니냐는 질문이 있을 것이다. 이 질문에 대하여 나는 그렇지 않다고 대답한다. 나는 하나님과 직접적 교제를 다시 형성한 명예를 칼빈주의의 것으로 내세울 때 개신교의 일반적인 중요성을 평가 절하하지 않는다. 역사적으로 보아 개신교 진영에서, 루터교만 칼빈주의와 나란히 서 있다. 그런데 나는 루터의 영웅적 주도권을 칭찬함에 있어서 둘째 가라면 서러워 할 사람이다. 칼빈의 마음이 아니라 그의 마음에 세계 역사의 단절을 가져 오는 극심한 싸움이 있었다. 칼빈이 없이 루터를 해석할 수 있지만, 루터가 없이 칼빈을 해석할 수 없다. 칼빈은 상당 부분 비텐부르크의 영웅이 독일 내외에 뿌린 것을 추수했다.

　　그러나 누가 개혁주의 원리를 가장 분명히 통찰하고 그것을 가장 충분히 설명하고 가장 널리 적용했느냐는 질문이 던져질 때, 역사는 제네바의 사상가를 가리키지 비텐부르크의 영웅을 가리키지 않는다. 칼빈은 물론 루터도 하나님과의 직접적 교제를 위하여 싸웠지만, 루터는 주관적이며 인간학적 측면에서 그것을 택했지 칼빈처럼 객관적이며 우주론적 측면에서 채택하지 않았다. 루터의 출발점은 의롭게 하는 믿음이라는 특별 구원론적 원리였고, 반면에 칼빈의 출발점은 그보다 훨씬 더 넓게 하나님의 주권이라는 일반적 우주론적 원리에 있었다. 이런 결과로 자연스럽게 루터는 이어서 교회를 하나님과 신자 사이에 있는 대표적이며 권위적인 교사로 보았고, 칼빈은 처음으로 바로 신자 안에서 교회를 보았다. 루터는 할 수 있는 대로 여전히 로마교의 성례관과 로마의 의식에 의지했지만, 칼빈은 처음으로 하나님께로부터 인간에게 인간으로부터 하나님께로 직접 이어지는 선을 그었다.

　더욱이 모든 루터교 나라에서는 종교개혁이 백성이 아니라 교회에서 최고 감독으로서 자리를 차지한 군주로부터 시작되어 행정관의 권세 아래 진행되었고, 따라서 그 원리에 따라 사회적 혹은 정치적 생활을 변화시킬 수 없었다. 루터교는 오직 교회적 신학적 특성에 국한되었던 반면, 칼빈주의는 교회 안팎에서 인간 생활의 모든 부분에 그 영향을 끼쳤다. 그래서 루터교는 독특한 삶의 양식을 만든 종교라고 일컬어지지 않는다. '루터교'라는 이름조차 언급되기 힘들다. 반면에 역사학도들은 점점 의견이 일치하여 칼빈주의를 전적으로 나름대로의 인간 생활 세계 전체를 만든 종교라고 인정하는 추세이다.

　우리가 맞닥뜨리는 **두번째** 반대는 다음과 같다. 만일 삶의 모든 일반적 발전 형식이 우리와 하나님의 관계에 대한 독특한 해석에서 그 출발점을 발견해야 하는 것이 사실이라면, 현대주의가 원칙상 모든 종교와 결별했던 프랑스 혁명에서 생겼는데도 역시 그런 일반적 개념에 도달했다는 것을 어떻게 설명하겠는가? 만일 "하나님도 없고 주인도 없다"는 외침에 함축되어 있듯이 당신의 개념에서 살아계신 하나님과 관련된 것을 모두 배제한다면, 우리와 하나님의 관계에 관한 나름대로의 뚜렷하게 규정된 해석을 분명 전면에 내세우는 것이다.

　최근 스페인의 사건에서 경험했듯이 대사를 소환하고 다른 나라와 모든 정기적 교류를 끊어버리는 정부는 그런 행위를 통하여 그 나라 정부와의 관계가 대개는 전쟁으로 귀결되는 긴장 관계임을 선언하는 셈이다. 프랑스 혁명의 지도자들은 로마 교회의 매개를 통하여 존재했던 신과의 관계를 제외한 신과의 어떤 관계를 알지 못했기 때문에 신과의 모든 관계를 멸절했다. 왜냐하면 그들은 교회의 권력을 전멸시키려고 했기 때문이다. 그리고 그 결과, 그들은 모든 종교적 고백과 전쟁을 선포했다. 그러나 이는 참으로 우리와 하나님의 관계에 대한 근본적이고 특수한 해석을 함축했다.

　이는 앞으로 하나님을 **적대적** 세력으로, 심지어 인간 마음이 아니라면 국가와 사회와 학문에 대하여 죽은 세력으로 간주할 것이라는 선언이었다. 확실히 현대주의는 프랑스인의 손에서 독일인의 손으로 넘어오면서 그런 횅뎅그렁한 부정(否定)으로 만족하며 안주할 수 없었다. 그 결과는 어떻게 해서 현대주의가 그 순간부터 범신론이나 불가지론의 옷을 입었는지, 그리고 각각의 위장으로 실제 생활과 이론적 생활에서 하나님을 계속 추방했는지, 그리고 삼위 하나님에 대한 적의가 갈데까지 갔는지 보여 준다.

그러므로 나는, 모든 일반적인 삶의 체계를 지배하는 것이 우리와 하나님과의 관계에 대한 해석이며 우리에게 이 개념은 칼빈주의 안에 있고 그것은 하나님과 사람, 사람과 하나님의 직접적 교제라는 칼빈주의의 근본 해석 덕택이라고 주장한다. 여기에 칼빈주의가 이런 근본 해석을 창안하거나 생각해 내지 않았고 하나님께서 칼빈주의의 영웅들과 전령의 마음에 그 해석을 심어 주셨다고 나는 덧붙인다. 우리는 여기서 영민한 지성주의의 산물을 접하는 게 아니라 마음 속에 나타난 하나님의 활동 결과 혹은 역사의 영감을 접한다. 이 점은 반드시 강조되어야 한다. 칼빈주의는 천재의 제단에 그 향을 피우지 않았으며, 자기의 영웅을 위하여 기념비를 세우지 않았으며 그들의 이름을 부르는 일이 거의 없었다. 제네바의 오직 한 벽에 새겨진 하나의 이름이 남아 칼빈을 생각나게 한다. 그의 무덤조차 잊혀졌다. 이것이 배은망덕이었는가? 결코 그렇지 않다. 그러나 칼빈을 평가한다면, 16세기와 17세기에도 칼빈보다 위대한 분이 **자신의 일을** 이루셨다는 인상이 생생했다. 그래서 인생의 일반적 운동 가운데 이보다 의도적 계약과 무관하고 관례를 벗어난 일이 없었다.

동시에 칼빈주의는 서구의 모든 나라에서 일어났다. 그리고 대학이 그 선두에 있었다거나 학자들이 백성을 이끌었다거나 행정관이 우두머리 자리를 차지했기에 이들 나라에서 생긴 것이 아니었다. 오히려 그것은 백성들의 마음에서, 직공과 농부, 상인과 종, 여인과 젊은 하녀와 더불어 생겼다. 그리고 모든 경우에 칼빈주의는 동일한 특성을 드러냈다. 즉 교회의 간섭이 없었을 뿐만 아니라 심지어 교회와 대립하여 등장한 영원한 구원에 대한 강력한 확신이 그것이다. 인간 마음은 하나님과 영원한 평강에 들어갔다. 이 하나님과의 교제에 의하여 강해진 인간 마음은 삶의 모든 부분을 거룩히 바치라는 높고 거룩한 소명을 발견하고 하나님의 영광에 쓸 모든 힘을 발견했다.

그러므로 이 신적인 생명에 참여자가 된 이 남자들이나 여자들이 자신의 신앙을 버리라는 강요를 받았을 때, 자신의 주를 부인하는 일은 있을 수 없었다. 그리고 수많은 사람이 화형주에 달려 불에 타 죽었을 때 불평하지 않았고 오히려 마음으로 감사하고 그 입으로 찬송하며 기뻐했다. 칼빈은 이런 일을 일으키지 않았다. 하나님이 그 사람들 안에서 이루셨던 일을 성령을 통하여 칼빈 안에서 이루셨던 것이다. 칼빈은 그들보다 높이 서 있지 않았다. 그들과 나란히 형제로서 하나님의 복을 함께 받는 자로 서 있었다. 이리하여 칼빈주의는 하나님과의 **직접적 교제**라는 근본적 해석에 도달했다.

이는 칼빈이 그것을 창안했기 때문이 아니라 하나님과의 이런 직접적 교제 안에서 하나의 특권이 우리 조상에게 부여되었기 때문이다. 그리고 칼빈은 그것을 명확하게 의식하게 된 최초의 사람에 불과했다. 이는 역사 안에 나타나는 성령의 위대한 일이다. 칼빈주의는 이 일에 의하여 귀중히 바쳐졌고 또 이 일은 우리에게 그 놀라운 힘을 해석하여 알려 준다.

역사에는 종교 생활의 맥박이 끊어질 듯 약해지는 때가 있다. 그러나 맥박이 우렁차게 뛰는 때도 있다. 16세기 서구 나라 가운데 후자의 경우가 있었다. 그 당시 신앙의 문제는 공적 생활의 모든 활동을 지배했다. 새로운 역사가 이 신앙에서 시작되었는데, 이는 우리 시대의 역사가 프랑스 혁명의 불신앙에서 시작된 것과 같다. 맥박처럼 움직이는 종교 생활의 운동이 어떤 법칙을 따르는지 우리는 말할 수 없지만, 그런 법칙이 있으며 종교적 긴장이 고조되는 때에 성령께서 마음 안으로 미치시는 역사가 불가항력적이라는 것은 명백하다. 그리고 성령의 이런 강력한 역사는 우리 칼빈주의자와 청교도와 필그림 파더즈의 체험이었다.

모든 개인이 동일한 수준의 체험을 한 것은 아니었다. 왜냐하면 어떤 위대한 운동에서도 그런 일을 결코 일어나지 않기 때문이다. 그러나 그 당시 삶의 중심을 형성했고 그 강력한 변화를 뒷받침했던 사람들은 이 고상한 힘을 매우 충만하게 체험했다. 그리고 그들은 하나님이 자신의 영원한 존재의 위엄과 교제하도록 허용하신, 사회와 나라의 모든 계층에서 나온 사람들이었다. 마음에 일어나는 하나님의 이런 역사 덕택에 한 사람의 전체 생활을 하나님 앞에서 살아야 한다는 확신이 칼빈주의의 근본 사상이 되었다. 이 결정적인 사상, 좀더 정확하게 말해서 이 강력한 사실이 인간의 전체 생활을 전체 영역의 모든 부분에서 통제하게 되었다. 이 모태적 사상에서 칼빈주의의 전포괄적인 삶의 체계가 생겼다.

———————

이리하여 우리는 모든 근본적 운동이 삶의 체계를 창출하기 위하여 이 조건을 따라야 하는 두번째 조건에 도달한다. 즉 인간과 인간의 관계에 대한 자신의 근본적 해석이다. 우리가 하나님을 향하여 어떻게 서 있는가 하는 것이 우리 삶의 경향과 구성을 결정하는 첫번째 질문이고, 우리가 인간을 향하여 어떻게 서 있는가는 두번째 질문이다. 인간 가운데는 통일성이 없고, 끝간데 없는 다양성이 있다. 피조계 자체에 남자와 여자 사이의 차이가 수립되어 있었다. 물리적 영적 은사와 재능 때문에 사람은 서로 다르다. 지난 세대와 우리 세대의 개인 생활은 차이를 만들어 낸다. 부자와 가난한 자의 사회적 지위는 너무 다르다. 그런데 이런 차이점은 모든 일관된 삶의 체계에 의하여 특정한 방식으로 약화되거나 두드러진다.

　그리고 현대주의뿐만 아니라 이교와 이슬람교와 로마교, 그리고 칼빈주의도 자신의 시원적 원리와 일치하여 이 문제에 대하여 자신의 입장을 갖는다. 이교가 주장하듯 하나님이 피조물 안에 거하면, 신적 우월성은 인간 가운데 높은 모든 것으로 나타난다. 이런 식으로 신적 우월성은 반신(半神), 영웅 숭배, 궁극적으로 디부스 아우구스투스의 제단에 바쳐진 제사로 나타난다. 반면, 낮은 것은 불경건한 것으로 간주되고 따라서 인도와 이집트에서는 카스트 제도가 생기고 다른 곳에서는 노예제가 생겨 한 사람이 다른 사람에게 비천한 예속 상태에 빠진다. 하우리[8]의 낙원을 꿈꾸는 이슬람교에서는 관능이 공적 권위를 장악하고 여자는 남자의 노예가 된다. 카피르[9]가 회교도의 노예가 되는 것과 같다. 기독교의 토양에 뿌리를 내린 로마교는 구별의 절대적 특성을 극복하고 그것을 상대적인 것으로 만든다. 이는 인간과 인간의 모든 관계를 위계적으로 해석하기 위함이다. 하나님의 천사 가운데도 위계가 있고 하나님의 교회에도 위계가 있고 사람들 사이에도 위계가 있어서, 삶을 이상(理想)의 구현으로 보는 전적으로 귀족주의적인 해석에 도달한다.

　마지막으로, 모든 차이를 부인하고 폐지하는 현대주의는 결국 여자를 남자로 남자를 여자로 만들고, 모든 구별을 공통의 수준에 놓으면서 삶을 통일성의 금지령에 따르게 하여 말살시킨다. 하나의 유형이 모든 것의 해답이 되어야 한다. 삶의 획일성, 하나의 위치, 하나의 동일한 발전이 있어야 한다. 그리고 그것을 넘어서는 것은 무엇이든지 공통의 의식(意識)에 대한 모욕으로 본다. 그처럼 칼빈주의는 나름대로 하나님과의 근본적 관계에서 인간과 인간의 관계에 대한 독특한 해

---

8) '검은 눈을 가진'이란 뜻의 페르시아말에서 나옴.
9) 카피르는 '불신자'를 뜻하는 아랍어.

석을 이끌어 내었다. 그리고 16세기 이래로 사회 생활을 고상하게 만들었던 것은 바로 이 유일하게 참된 관계이다.

칼빈주의가 전체 인간 생활을 바로 하나님 앞에 놓는다면, 그 결과 남자든 여자든, 부자든 가난한 자든, 약한 자든 강한 자든, 멍청한 자든 재능 많은 자든 하나님의 피조물이며 길잃은 죄인으로서 다른 사람을 지배할 수 있는 근거로 아무 것도 내세울 만한 것이 없으며 우리가 동등한 자로서 하나님 앞에 있으며 따라서 사람으로서 서로 동등하다. 그래서 우리는 하나님이 주신 것말고 사람 사이에 무슨 차별을 인정할 수 없다. 이는 하나님이 한 사람에게 다른 사람을 다스릴 권위를 주셨거나, 다른 사람보다 더 많은 재능을 한 사람에게 주어 부요롭게 하신 것은, 더 많은 재능을 가진 사람이 재능이 덜 한 사람을 섬기고 그 안에서 자신의 하나님을 섬기도록 하셨기 때문이다. 그래서 칼빈주의는 모든 노골적인 노예제와 카스트 제도를 비난할 뿐만 아니라 여자와 가난한 자를 예속하는 모든 은밀한 노예제도 비난한다. 칼빈주의는 사람들 가운데 있는 모든 위계 질서를 반대한다.

칼빈주의는 하나님의 은혜로 개인이나 가정이 성품이나 재능의 우월함을 보이되 자기 확대나 야심찬 교만을 위하여 이 우월성을 내세우지 않고, 하나님을 섬기는 데 그것을 쓰기 위함임을 보이는 것을 제외한 모든 귀족주의를 용인하지 않는다. 그래서 칼빈주의는 삶에 대한 민주주의적 해석을 말하고 나라들의 자유를 선포하지 않을 수 없었다. 그리고 정치적으로나 사회적으로 모든 사람이 단지 사람이라는 이유로 하나님의 형상을 따라 지음받은 피조물로서 인정받고 존중받고 대접받아야 할 때까지 활동하지 않을 수 없었다.

이는 시기(猜忌)의 산물이 아니었다. 더 높은 자리를 찬탈하려고 상관을 자기 자리로 끌어내리는 지위 낮은 사람의 경우가 아니었다. 그것은 모든 사람을 이스라엘의 거룩한 자의 발 앞에 다 같이 무릎꿇게 하는 것이었다. 이는 칼빈주의가 과거와 급작스럽게 단절하지 않았던 사실을 설명해 준다. 기독교가 초창기에도 노예제를 폐지하지 않았고 도덕적 판단으로 그것을 허물어뜨렸던 것처럼, 칼빈주의는 위계 질서와 귀족주의의 조건을 중세에 속하는 전통으로서 얼마간 계속되는 것을 인정했다. 오렌지 가(家)의 윌리엄이 왕통을 이은 군주였던 것이 비난 거리가 아니었다. 그는 그것 때문에 더욱 존귀하게 되었다.

그러나 내면적으로 칼빈주의는 사회의 구조를 수정했는데, 계급을 시기해서가 아니라 부자의 소유를 부당하게 평가해서가 아니라 삶에 대한 좀더 진지한 해석에 따랐기 때문이다. 더 나은 노동과 더 높은 성품 계발로 중산 계급과 노동 계급은 귀족과 부유한 시민의 질투를 받았다. 먼저 하나님을 바라고 그런 다음 이웃을 살피는 것이 칼빈주의가 보여준 동기와 마음과 영적 관행이었다.

그리고 하나님에 대한 이런 거룩한 경외와 하나님 앞에 통일된 태도로부터 좀더 거룩한 민주주의적 이념이 발전했고 계속 토대를 다졌다. 이런 결과는 무엇보다 고난 가운데 이루어지는 교제에 의하여 이루어졌다. 에그몬트 공작과 호른 공작은 로마의 신앙에 충실했지만 좀더 고상한 신앙을 위하여 노동자와 직공과 마찬가지로 처형대에 올랐을 때, 저 비통한 죽음에서 계급간의 화목이 입증되었다. 귀족 알바는 피흘린 핍박으로 민주주의 정신의 융성한 발전을 진보시켰다. 사람과 사람을 평등한 자리에 놓은 일은 순전히 인간적 이해와 관련하여 볼 때, 의심할 나위 없이 칼빈주의에 속하는 불멸의 영광이다. 칼빈주의의 평등 이념과 프랑스 혁명의 허황되게 꿈꾸었던 평등관의 차이는, 파리에서는 하나님을 거역하는 데 통일을 이룬 하나의 행동이었고, 여기서는 부자나 가난한 자가 모두 하나님의 영광을 향한 통일된 열정에 불타서 하나님 앞에 무릎을 꿇었다는 것이다.

───────────

삶의 해석을 결정하는 세번째 근본 관계는 여러분이 세계와 맺는 관계이다. 앞에서 언급했듯이, 여러분이 관계하는 주된 요소가 세 가지 있다. 즉 하나님, 인간, 세계이다. 칼빈주의에 따라서 여러분이 맺는 하나님과 인간과의 관계를 그렇게 살폈으므로, 세번째 마지막 근본 관계를 살필 차례이다. **세계를 향한 태도**이다. 일반적으로 이교는 세계를 너무 높게 평가하여 상당 부분 세계를 두려워하여 세계 안에서 길을 잃는다고 말할 수 있다. 반면에 이슬람교는 세계를 너무 낮게 평가하여 세상을 무시하고 감각적 낙원이라는 공상적 세계를 찾으려고 세상을 억누른다. 우리의 목적을 염두에 둘 때 두 종교에 대해서는 더 이상 말할 필요가 없다.

왜냐하면 기독교적인 유럽과 미국에게 인간과 세계의 대립은 세계와 기독교 진영의 좀더 협소한 대립 형태를 취했기 때문이다. 중세의 전통 때문에 이런 대립이 생겼다. 로마의 교직제 아래 교회와 세계는 서로 대립하여 하나는 성화되고 다른 하나는 여전히 저주 아래 있다. 교회 바깥의 모든 것은 마귀의 영향을 받았으며, 축신술은 교회의 보호와 영향과 영감 아래 있는 모든 것에서 이 마귀의 세력을 추방했다. 그래서 기독교에서는 전체 사회 생활이 교회의 날개 아래 덮여 있었다. 행정관은 기름 부음을 받고 신앙 고백적으로 매여 있어야 했다. 예술과 학문은 교회의 격려와 책망을 받아야 했다. 무역과 상업은 길드의 유대에 의하여 교회에 매여 있었다. 그리고 요람에서 무덤까지 가정 생활은 교회의 수호를 받아야 했다. 이는 온 세상을 그리스도의 것으로 내세우는 거대한 활동이었다.

그러나 필연적으로 이교적인 혹은 마귀적인 것으로 교회의 복에서 물러난 모든 생활 경향에 대해서는 매우 혹심한 비판을 가하는 활동이었다. 그래서 마녀와 이단자에게는 화형주가 제격이었다. 왜냐하면 원칙적으로 둘은 동일한 금제 하에 있었기 때문이다. 그리고 이 죽음의 이론은 철칙으로 시행되되, 잔인함이나 무슨 저급한 야심에서가 아니라 기독교 세계를 구원하려는 고상한 목적에서 세상이 교회에 의하여

보호를 받게 하려는 목적에서 시행되었다. 그런 것과 대조적으로 수도
원과 부분적으로는 사제 종단에서 세상으로부터의 도피가 있었다. 종
단은 바깥의 세상적 과도함을 좀더 가볍게 여기기 위하여 교회의 중심
에서 거룩함을 강조했다. 자연스러운 결과로, 세상은 교회를 부패시켰
고, 교회는 세상에 대한 지배력에 의하여 세상 생활의 온갖 자유로운
발전을 가로막는 방해물이 되었다.

　　그래서 칼빈주의는 이원론적 사회 상태에서 출현하여 사상과 개념
의 세상에 일대 변화를 이루었다. 칼빈주의는 하나님 앞에서 그런 일
을 하면서 **사람**이 하나님의 형상을 닮았다고 해서 존중했을 뿐만 아니
라 **세상**도 하나님의 피조물로 존중하여, 동시에 구원을 이루는 **특별**
은혜와 하나님이 세상 생활을 유지하시면서 세상에 임한 저주를 완화
하고 부패 과정을 붙들고 그리하여 창조주로서 자신을 영화롭게 할 목
적으로 우리 생활의 자유로운 개발을 허용하려고 베푸시는 **일반 은혜**
가 있다는 위대한 원리를 전면에 내세웠다.[10] 그래서 교회는 신자의
회중이기 위하여 뒤로 물러섰다.

　　그리고 세상 생활은 모든 부분에서 하나님으로부터 해방된 것이
아니라 교회의 지배에서 해방되었다. 그래서 가정 생활은 독립성을 얻
었고, 무역과 상업은 자유롭게 자신의 힘을 실현했고, 예술과 학문은
교회의 모든 속박에서 해방되어 자신의 영감을 회복했고, 사람은 힘과
보화를 숨긴 모든 자연을 복종케 하는 일을 "땅을 정복하라"는 낙원의
원래 규례로 자신에게 짐지우신 거룩한 의무로서 이해하기 시작했다.
그래서 저주가 세상 자체에 더 이상 임하지 않고 세상에서 죄악된 것
에 내리며, 세상으로부터 피하는 수도원의 도피 대신에 세상 안에서
삶의 모든 지위에서 하나님을 섬기는 의무가 강조된다. 교회 안에서
하나님을 찬양하고 세상에서 하나님을 섬기는 일은 영감 넘치는 추진

---

10) p. 193 이하 참조.

력이 되었으며, 교회 안에서 세상의 유혹과 죄를 이기기 위한 힘이 결집될 수 있었다. 그래서 청교도의 맑은 정신은 자연스럽게 세상의 모든 생활을 다시 정복하는 일로 이어졌으며, 칼빈주의는 로마의 사상을 가진 세상을 맞서려는 새로운 발전에 추진력을 주었다: nil humanum a me alienum puto(나는 사람이 나로부터 멀다고 생각하지 않는다). 물론 독배에 취하지 않았다.

특별히 칼빈주의는 재세례파와 대립하여 분명한 차이를 보인다. 재세례파는 정반대의 방법을 택하여 세상을 회피하려는 노력으로 수도원적 출발점을 굳게 하여 그것을 모든 신자에 대한 규칙으로 삼았기 때문이다. 아코스미즘(Akosmism: 우주가 절대적 실재성을 갖고 있다거나 하나님과 독립된 실존을 갖고 있음을 부인하는 이론)이 서유럽 많은 개신교도 가운데 일어난 것은 칼빈주의 때문이 아니라 이 재세례파적 원리 때문이다. 사실상 재세례파는 다음의 차이점말고 로마교의 이론을 채택했다. 즉 재세례파는 하나님 나라를 교회의 영역 안에 두어 성직자를 위한 도덕과 평신도를 위한 도덕이라는 두 개의 도덕 기준 사이의 차별을 없앴다.

그 밖에 재세례파의 입장은 다음과 같았다. (1) 세례 받지 못한 세상은 저주 아래 있으며 그런 이유로 그들은 모든 시민적 제도에서 물러난다. (2) 세례 받은 신자들은 — 로마교의 경우는 교회이지만 재세례파의 경우는 하나님의 나라임 — 모든 시민 생활을 재세례파의 보호 아래 두어 다시 만들어야 할 의무가 있다. 그래서 레이덴의 요한은 뮌스터에서 새 시온의 왕으로서 파렴치하게 권력을 쥐었으며, 그의 신봉자들은 암스테르담 거리에서 벌거벗은 채로 달렸다.[11] 그러므로 칼빈주의는 로마의 세상관을 거부한 동일한 이유로 재세례파의 이론을 거부했고 교회가 영적 영역으로 물러나야 하며 세상에서 우리가 하나님의 일반 은혜의 잠재력을 실현해야 한다고 선언했다.

그래서 칼빈주의는 모든 인간 실존의 세 가지 근본 관계 즉 우리와 하나님과의 관계, 사람과의 관계, 세계와의 관계에 대하여 나름대로 뚜렷이 규정된 출발점을 갖고 있는 것으로 드러난다. 우리와 하나님과의 관계: 사제나 교회와 독립된 인간과 영원자의 직접적 교제. 인간과 인간의 관계: 모든 사람 안에 있는 인간적 가치를 인정함. 이 가치는 인간이 하나님의 형상대로 창조되어 유지하는 것이며 따라서 하나님과 행정관 앞에서 모든 인간은 평등함. 우리와 세상과의 관계: 온 세상 안에서 은혜로 저주가 억제되어 세상 생활이 독립적으로 존중되며 우리가 모든 영역에서 하나님이 자연과 인간 생활에 감추어 두신 보호를 발견하고 잠재력을 개발해야 한다는 인식.

이리하여 우리는 칼빈주의가 위에서 언급한 세 가지 조건에 정당하게 대답하며 쟁론할 여지 없이 이교와 이슬람교와 로마교와 현대주의와 나란히 자리를 차지하여 잘 규정된 원리와 전포괄적 삶의 체계를 소유하고 있다는 영광을 내세울 자격이 있다는 주장을 충분히 정당하게 내세우게 된다.

그러나 이것으로도 모두 끝나지 않는다. 어떤 진영에서 칼빈주의가 자신의 삶에 대한 해석을 철저하게 형성했고, 그 해석으로부터 영

11) 1510년 태어난 도시의 이름을 따서 레이덴의 요한이라고 이름을 붙인 요한 뵈켈존. 뮌스터 포위 때 재세례파의 광신적 화란인 지도자. 1536년에 사망. 위에 열거한 신봉자들 즉 일곱 명의 남자와 세 명의 여자는 1535년 2월 스테르담에서 야간 집회를 갖고 있었는데, 그들의 지도자 헨드릭 헨드릭스 스니더(Hendick Hendrickz Snyder)가 옷을 불에 던지고 추종자에게 똑같이 하라고 명령했다. 추종자들이 명령을 따라 그를 따라 거리로 달리며 "화로다, 화로다, 화로다, 하나님의 복수로다! 하나님의 복수로다!" 하고 외쳤다. 그들은 곧 체포되었고, 단 한 사람을 제외하고 남자는 참수형을 당하고 여자들은 물에 빠져 죽었다. 스니더는 자신이 하늘과 지옥과 하나님을 보았으며 심판날이 임박했다고 주장했다.

적 영역과 세속 영역에서 가정 생활과 사회 생활을 위한 특별한 체계가 생겼다는 사실로 미루어 볼 때, 칼빈주의는 자신을 독립적 구조로 내세울 권리가 있다.

그러나 이것으로 칼빈주의는 인류를 좀더 발전 단계로 이끌었다는 명예를 얻지 못한다. 그리고 우리가 살펴본 한에서, 이 삶의 체계는 우리 마음의 정력과 헌신을 자신의 것으로 내세울 권리를 스스로 차지할 수 있는 위치를 획득하지는 못했다.

중국에서는 유교가 어떤 집단에서 나름대로의 생활 양식을 역시 산출했다고 말할 수 있으며, 몽고족의 경우에도 나름대로의 이론에 근거한 그런 생활 양식이 있다. 그러나 중국은 인류 일반에게 그리고 인간의 꾸준한 발전을 위하여 무슨 일을 했는가? 중국에서 일어난 삶의 물결은 맑은 물이었던 동안에도 고립된 호수를 형성하는 것으로 그쳤다.

한때 인도의 자랑이었던 높은 발전 단계에 대해서도 그리고 몬테주마와 잉카의 시대에 멕시코와 페루에서 벌어진 사정에 대해서도 같은 말을 할 수 있다. 이 모든 종교에서 사람들은 높은 발전을 이루었지만, 거기서 멈추고 고립되어 전체 인류에 유익을 주지 못했다. 이는 아프리카 해안과 내지의 유색 인종의 생활에는 더욱 분명하게 해당된다. 이들은 훨씬 저급한 생활 양식을 갖고 있으므로, 호수는커녕 못이나 습지 정도로 생각된다.

넓고 신선하여 처음부터 미래에 대한 소망을 갖고 있는 세계적 흐름이 오직 하나 있었다. 그 흐름은 중앙 아시아와 레반트에서 일어나 동쪽에서 서쪽으로 꾸준히 전진했다. 서유럽에서 미국의 동부로 동부에서 캘리포니아로 옮겼다. 이 발전 흐름의 원천은 바벨론과 나일강 골짜기에서 발견된다. 이 물결은 그리스에서 로마 제국으로 옮겨갔다. 로마의 나라들에서 유럽의 북부로 계속 나아갔고, 네덜란드와 영국에, 마침내 여러분의 대륙에 도달했다. 현재 이 흐름은 정지 상태이다. 중국과 일본을 통하는 서쪽 길이 막혀 있다. 반면에 장차 어떤 세력이 지금까지 발전하지 못했던 슬라브족 가운데 잠자고 있는지 아무도 말할 수 없다. 그러나 이러한 미래의 비밀은 여전히 신비 속에 가려 있지만, 동쪽에서 서쪽으로 향하는 이 세계적 물결의 경로를 아무도 부인할 수 없다.

그러므로 나는 이교와 이슬람교와 로마교가 이런 발전에 도달한 세 가지 연속적 구조라고 정당하게 말한다. 이때 그 이후의 방향은 칼빈주의의 손에 넘어 왔다. 그런데 이제 칼빈주의는 프랑스 혁명의 딸인 현대주의에 의하여 이런 주도적 영향력이 부정되었다.

이런 네 가지 연속적인 발전 국면은 기계적으로 일어나지 않았으며 명확한 윤곽을 가진 부분을 갖고 있었다. 이런 삶의 발전은 유기적이며 따라서 각각의 새로운 시기는 과거에 뿌리를 박고 있다. 이미 아우구스티누스는 칼빈주의의 가장 깊은 논리를 파악하고 있었다. 아우구스티누스보다 아주 오래 전에 바울 사도는 로마서에서 일곱 언덕의 도시에 이를 선포했다. 그리고 바울로부터 이스라엘과 그 선지자로, 족장의 장막으로 거슬러 올라간다.

그처럼 로마교도 갑자기 나타나지 않았고 이스라엘의 제사장직과 갈보리의 십자가와 로마 제국의 세계 조직이라는 세 가지 잠재력이 연합하여 만든 산물이다. 그처럼 이슬람교는 이스라엘의 단신론과 나사렛의 선지자와 코란주의자(Koraishites)의 전통과 결합한다. 심지어 바벨론과 이집트의 이교와 그리스와 로마의 이교도 번영된 생활에 앞서서 이들 나라 배후에 놓인 것과 유기적으로 관련을 맺고 있다.

그러나 그렇더라도 인류의 핵심적 발전에 등장하는 최고의 힘이 바벨론과 이집트로부터 그리스와 로마로, 그런 다음에 교황권의 중요한 지역으로, 마지막으로 서유럽의 칼빈주의 국가로 연속하여 옮겨갔던 것은 낮과 같이 분명하다. 만일 이스라엘이 그 표준이 아무리 높고 바벨론과 이집트의 시대에 번성했다 해도, 인류의 방향과 발전은 아브

라함의 아들의 손에 있지 않고 벨사살과 바로의 아들들의 손에 있었
다. 또한 이 지도력은 바벨론과 이집트에서 이스라엘로 넘어가지 않고
그리스와 로마로 넘어간다. 이슬람교가 등장할 때 기독교의 물결이 아
무리 높이 솟았더라도, 8, 9세기 마호메트의 추종자들은 우리의 스승
이었고 그들에게 세상의 쟁점이 있었다.

　그리고 로마의 패권이 뮌스터의 평화 이후에 짧은 기간 유지되긴
했지만, 우리가 지금 누리고 있는 좀더 높은 발전은 스페인이나 오스
트리아나 심지어 그 당시 독일 덕분이 아니라 네덜란드의 칼빈주의 나
라와 16세기 영국 때문이라는 사실에 이의를 달 사람이 없다. 로마교
는 루이 14세의 통치하의 프랑스에서 이런 높은 발전을 이루었지만,
프랑스 혁명에서 칼빈주의의 무시무시한 캐리커처만 보일 뿐이었다.
그리고 이는 그 슬픈 결과로 국가로서 프랑스의 내적인 힘을 분쇄하고
프랑스의 국제적 중요성을 약화시켰다. 칼빈의 근본 사상은 네덜란드
와 영국에서 미국으로 이식되어, 우리의 발전을 자꾸 서쪽으로 옮겼
고, 이제 태평양 해변에서 하나님이 정하신 곳으로 가려고 경건히 기
다리고 있다.

　그러나 미래에 어떤 신비가 펼쳐질지라도, 인류 발전의 넓은 흐름
은 바벨론/이집트 문명과 그리스/로마 문명과 이슬람 문명과 로마 문
명과 칼빈주의 문명을 통하여 바벨론에서 샌프란시스코로 달리며, 미
국은 물론 유럽에 전개되는 현재의 싸움은 하나님의 보좌에서 나와 하
나님의 말씀에서 힘의 원천을 발견하고 인간 생활의 모든 영역에서 하
나님의 영광을 높였던 칼빈주의의 힘과, 프랑스 혁명에서 "하나님도
없고 주인도 없다"는 외침으로 그 불신앙을 선포하고 지금 독일 범신
론의 형태로 더욱이 현대의 이교로 축소되고 있는 칼빈주의의 캐리커
처 사이의 근본적 대립에 주된 이유가 있다.

　그러므로 내가 칼빈주의에 교회적 개념이나 신학적 개념이나 분파적 개념이 아닌 인류의 일반적 발전에서 중요한 한 단계이며, 그리고 이 중요한 단계 가운데 가장 젊은 단계이며, 그 높은 소명이 여전히 인간 생활의 더 깊은 진행에 영향을 주고 있다는 영예를 돌릴 때 담담했던 점을 주목하라. 하지만 이제 또 하나의 상황을 지적하고자 한다. 이 상황을 지적하면 나의 중요한 진술 즉 지금까지 모든 높은 인간 발전의 물리적 기초로서 혼혈이라는 개념이 힘을 얻게 된다. 아시아의 고지에서 인류는 여러 집단으로 내려왔고, 이 집단은 인종과 나라로 나뉘었다. 그리고 전적으로 노아의 예언적 복에 따라서 셈과 야벳의 자손은 인류 발전의 유일한 담당자가 되었다.

　세번째 집단에서는 좀더 고상한 생활에 대한 욕구가 나오지 않았다. 다른 두 집단과 더불어 이중적 현상이 나타난다. 서로 **분리된** 종족도 있고 서로 섞인 종족도 있었다. 그래서 한편으로 자신의 내재적 세력만 지배했던 집단이 있고, 혼합을 통하여 자신의 장점과 다른 종족의 장점이 교직되어 좀더 높은 완전에 도달한 집단도 있다. 인간 발전 과정이 고립이 아닌 혼혈이라는 역사적 특성을 가진 집단과 더불어 진보한다는 사실은 주목할 만하다.

　대체로 몽고족은 따로 떨어져 고립 가운데 있어서 대개 인류에게 유익을 주지 못했다. 히말라야 산맥 뒤에서 비슷한 생활을 고립 상태로 유지했고 그래서 외부 세계에 영속적인 추진력을 주지 못했다. 유럽에서도 스칸디나비아인들과 슬라브족은 피를 섞는 일이 거의 없었고 따라서 좀더 나은 유형으로 발전하지 못했고 인간 생활의 일반적 발전에 별로 참여하지 못한 것을 우리는 발견한다.

　반면에 우리의 위대한 박물관에 있는 바벨론의 서판은 두 언어로 된 비문을 통하여, 메소포타미아에서 아카드인[12]의 아리안적[13] 요소가

---

12) 바벨론의 옛 두 부분 수메르와 아카드 가운데 남쪽인 아카드에서 유래함. 어

초창기에 셈-바벨론적 요소와 더불어 섞였음을 여전히 보여 준다. 그리고 이집트학을 보면, 파라오의 땅에서 애시당초 두 개의 다른 종족이 섞여서 생긴 사람부터 시작되었다는 결론에 도달하게 된다. 그리스의 위장된 인종 통일을 믿는 사람은 더 이상 없다.

이탈리아뿐만 아니라 그리스에는 초기 펠라스기아인과 에트루스키아인 등과 섞인 후대의 종족들이 있었다. 이슬람교는 오직 아랍인으로 이루어져 있는 것처럼 보이지만, 무어인과 페르시아인과 그밖의 피정복 종족 가운데로 뻗어나가면서 일반적으로 연혼을 시행한 이슬람교의 확장을 연구해 보면, 특별히 이슬람교도들은 후손보다 훨씬 피를 섞는 일이 많았던 일이 즉시 나타난다.

세계의 지도력이 로마 제국의 손으로 넘어갔을 때, 동일한 현상이 이탈리아와 스페인과 포르투갈과 프랑스에 나타났다. 이런 경우 토착민은 일반적으로 바스크족이나 켈트족[14]이었으며, 켈트족은 독일 종족에 정복당했고, 심지어 이탈리아의 동고트족과 롬바르드족처럼 스페인에서 서고트족, 포르투갈에서 슈바벤족, 프랑스에서 프랑크족이 약해진 혈관으로 새로운 피를 넣었고, 이 놀라운 회춘 덕택에 로마의 나라들은 16세기까지 활력을 발휘했다.

그래서 국가들의 생활에는 군주의 가문 가운데 국제적 연혼의 결과라는 생각이 역사가들에게 들게 하는 동일한 현상이 반복된다. 가령 합스부르크가와 부르봉가, 오렌지가와 호헨촐레른가가 세기마다 매우

떤 사람은 셈족이 아니라고 함. 창세기 10:10를 참조할 것.
13) '고상한'이라는 뜻의 산스크리트어 아리야에서 나옴. 전에는 인도유럽 혹은 인도게르만족과 동일한 뜻으로 사용되었다. 이 용어는 때때로 느슨하게 야벳족이라는 뜻으로도 쓰인다.
14) 켈트족. 가델릭(Ghadelic) 족, 스코틀랜드의 갈리아 족, 아일랜드인, 어스족, 맨족, 웨일스족(웨일즈, 코르니쉬, 로우 브레튼[Low Bretons])을 포함하는 아리안계의 서유럽족에 속함. 그들은 분명히 튜톤족과 관계있었다. 켈트족이라는 말을 무분별하게 사용하여 많은 혼동이 초래되었다.

저명한 정치인과 영웅들을 배출한 것과 같다. 가축을 기르는 사람은 다른 품종을 교배하여 동일한 효과를 노리며, 식물학자는 식물에 나타나는 동일한 생명 법칙에 따라서 더 유익한 열매를 거둔다. 그리고 본래 여러 종족으로 나누어져 있는 자연력의 결합이 더 높은 발전을 틀림없이 낳는다는 것을 파악하기란 어렵지 않다. 여기에다 인류의 역사는 어떤 단일 종족의 향상을 꾀하지 않고 전체 인류의 발전을 꾀하며 따라서 그 목적을 달성하기 위하여 이러한 혼혈이 필요하다는 점을 언급하지 않을 수 없다.

그런데 사실상 역사를 보면, 칼빈주의가 가장 폭넓게 융성한 나라들이 온갖 방식으로 동일한 종족 교류를 보인다. 스위스에서 독일인이 이탈리아인과 프랑스인과 결합하고, 프랑스에서 고올족이 프랑크족과 부르군디족과 결합하고, 네덜란드에서 켈트족과 웨일즈인[15]이 독일인과 결합하고, 영국에서도 구 켈트족과 앵글로색슨족이 후에 노르만족의 침공에 의하여 좀더 높은 수준의 국민 생활로 격상되었다. 실로 서유럽의 세 가지 중요한 인종 즉 켈트족과 라틴족과 게르만족은 게르만족의 지도하에 칼빈주의 국가의 계보를 우리에게 제공한다고 말할 수 있겠다.

칼빈주의가 훨씬 높은 자유 가운데 모습을 드러낸 미국에서, 이런 혼혈은 그 어느 때보다 광범위하게 나타난다. 여기서 피는 고대 세계의 모든 종족으로 흘러가며, 다시 아일랜드 출신의 켈트족과 독일과 스칸디나비아 출신의 게르만족이 러시아와 폴란드 출신 슬라브족과 결합되어, 이미 활발하게 이루어지는 인종 교류를 더욱 장려한다. 바로 이런 과정은 이것이 인종과 인종의 연합일 뿐만 아니라 옛날의 역사적 국가들이 하나의 높은 통일 가운데 자신의 구성원을 재연합하기 위하

15) 영국의 일부인 웨일즈 거주민. Welsh(화란어. Waalsch)는 외국인을 뜻한다. 웨일즈족은 웨일즈어를 Cymric이라고 부른다. 바로 앞의 각주를 보라.

여 해체되고 있다는 좀더 나은 유형에 따라 일어난다. 이런 점에서도 칼빈주의는 인류 생활에 나타나는 모든 새로운 발전 단계에 부가된 조건을 완전히 만족시킨다. 칼빈주의는 로마교 통치하에서보다 훨씬 강력한 혼혈이 일어나는 영역에서 확장되며, 미국에서는 이를 생각할 수 있는 가장 높이 실현되었다.

그러므로 칼빈주의가 혼혈이라는 필수 조건을 만족시킬 뿐만 아니라 인간 발전 과정에서 이 점에 관하여 좀더 넓은 장(場)인 사실이 드러난다. 바벨론에서 이런 혼혈은 별로 중요하지 않았다. 반면에 그리스인과 로마인에게는 중요했다. 이슬람교에서는 더 중요했고 로마교에서는 지배적인 것이다. 그러나 오직 칼빈주의 국가 가운데에 혼혈은 최고의 완전 상태에 이른다. 여기 미국에서 혼혈은 구 세계의 모든 나라 간의 교류에 의하여 성취되고 있다. 이런 인류 발전 과정은, 오직 칼빈주의의 영향하에 공적 활동의 추진력이 백성들에게서 나온다는 사실에서 동일한 절정을 보인다. 국가의 생활도 미숙한 시절부터 성숙한 시절로 발전한다.

어린 시절에는 일의 방향이 가정 생활에서 부모의 손에 있는 것처럼, 국가 생활에서도 미숙한 시절에는 먼저 아시아의 독재가 있었고, 그 다음 저명한 통치자가 있었고, 후에 제사장 제도가 나오고, 마지막으로 사제와 행정관이 모든 운동의 머리를 차지한 일은 자연스럽다. 바벨론의 나라들과 파라오의 지배를 받던 나라들, 그리스와 로마의 나라들, 이슬람교와 교황 제도의 다스림을 받던 나라들의 역사는 이런 발전 과정을 충분히 입증한다. 그러나 이것이 영속적 사태일 수 없음은 자명하다. 국가들이 진보적 발전으로 결국 성숙하게 되기 때문에 마침내 백성들이 각성하여 자신의 권리를 위해 일어서고 미래의 사건 방향을 이끄는 운동을 일으켰던 그런 상태에 틀림없이 도달한다. 그리

고 칼빈주의가 일어났을 때 바로 이런 상태에 도달했던 것 같다. 지금
까지 모든 진보 운동은 국가나 교회나 과학의 권위자로부터 시작되었
으며, 그로부터 백성으로 내려갔다.

반면에 칼빈주의에서는 백성이 다양한 위치에서 일어섰고 나름대
로 자발성을 발휘하여 좀더 고상한 사회 생활과 조건을 향하여 매진한
다. 칼빈주의는 백성과 더불어 일어났다. 루터교 나라에서는 행정관이
여전히 공적 진보를 이끄는 지도자였다. 그러나 스위스에서, 위그노
가운데서, 벨기에에서, 네덜란드에서, 스코틀랜드에서 그리고 미국에
서 백성들이 스스로 추진력을 창출했다. 그들은 성숙했던 것 같다. 성
숙의 연령에 도달했던 것 같다. 네덜란드의 경우처럼 몇몇 경우에 잠
시 귀족이 압제당하는 자들을 용감하게 변호했을 때에도 그들의 활동
은 무위로 끝났고, 오직 백성들이 불굴의 힘으로 장벽을 무너뜨렸다.
그리고 이들 가운데 침묵공 윌리엄은 스스로 인정하듯이 바로 '일반
평민'의 영웅적인 주도권 덕택에 자신의 활동이 성공을 이루었다고 한
다.

그래서 칼빈주의는 인류 발전의 중심 현상으로서 이교와 이슬람과
로마교의 형식처럼 전체 생활을 지배하는 독특한 원리를 대변하므로
그들과 나란히 명예로운 위치를 차지할 자격이 있을 뿐만 아니라, 인
류 발전이 좀더 높은 단계로 진보하는 데 필요한 모든 조건을 만족시
킨다. 그러나 칼빈주의가 실제로 인간 생활의 흐름을 다른 수로로 흐
르도록 했고 국가들의 사회 생활을 고상하게 했다는 것을 역사가 입증
해 주지 않는다면, 이는 상응하는 현실이 없는 말짱 한 가지 가능성으
로 남을 것이다.

그러므로 이 강연을 마치면서 나는 칼빈주의가 이런 가능성을 실
현했을 뿐만 아니라 그것을 실현하는 방법을 이해했다고 확언한다. 이

를 입증하기 위해서, 16세기 칼빈주의의 스타가 서유럽의 수평선에 갑
자기 등장하지 않았더라면 유럽과 아메리카가 어떻게 되었을는지 자문
해 보라.

그런 경우 스페인은 네덜란드를 분쇄했을 것이다. 영국과 스코틀
랜드에서는 스튜어트가(家)가 치명적인 계획을 실행했을 것이다. 스위
스에서는 냉담함이 시대를 석권했을 것이다. 이 신세계에서 생활의 출
발은 전혀 다른 특성을 가졌을 것이다. 그리고 필연적인 순서에 따라,
유럽의 권력 균형은 이전의 상태로 돌아갔을 것이다. 개신교는 정치에
서 스스로를 유지하지 못했을 것이다. 합스부르크가와 부르봉가와 스
튜어트가의 로마교의 보수적 권력에 더 이상 저항할 수 없었을 것이
다. 그리고 유럽과 미국에 나타나는 나라들의 자유로운 발전은 방해받
았을 뿐이다. 전체 미대륙은 스페인에 종속되어 있었을 것이다. 두 대
륙의 역사는 가장 한탄스러운 역사로 남았을 것이며, 라이프치히 협정
[16]의 정신이 로마교화한 개신교에 의하여 북유럽을 다시 이전 위계질
서의 지배를 받게 만들 수 있었을는지의 문제는 여전히 남아 있다.

금세기(19세기) 후반기의 가장 훌륭한 역사가들이 네덜란드와 스
페인의 전쟁을 가장 멋진 탐구 주제로 삼아 열정적으로 살핀 것은, 오
직 그 당시 스페인의 권력이 칼빈주의 정신의 영웅주의에 분쇄되지 않
았다면, 네덜란드와 유럽과 세계의 역사가 칼빈주의 덕택에 지금 환하
고 힘을 얻는 것과 달리 고통스럽게도 슬프고 어둡게 되었을 것이라는
확신에 의해서 설명된다. 프라인 교수는 다음과 같이 옳게 지적한다.
"스위스와 프랑스와 네덜란드와 스코틀랜드와 영국에서 그리고 개신교

---

16) 이 협정은 1548년 멜란히톤과 다른 사람들이 작센의 모리스의 명령에 따라
맺은 것이다. 로마 교회의 예식을 해도 되고 안 해도 되는 것으로 선언했고
루터의 '오직'이라는 말을 기피했다. 이는 같은 해에 체결된 합스부르크 협
정에 대한 상당히 의도적인 수정 협정이었다. Interim은 '잠정적 합의'를
지칭한다. 이 경우에는 독일 로마 가톨릭과 독일 개신교 간에 이루어진 것이
다.

가 검으로 협박하여 서야 했던 곳마다, 그 시대를 석권했던 것은 칼빈
주의였다."

세계사에 나타난 이런 반전은 인간 마음에 다른 원리를 심는 일이
아니고서, 그리고 인간 지성에 다른 사상 세계를 드러내 보이는 일이
아니고서 일어날 수 없었다는 점을 기억하라. 그리고 오직 칼빈주의에
의하여 자유의 시편이 괴로운 양심에서 입으로 퍼져나오게 되었으며,
칼빈주의가 헌법상의 시민권을 획득해서 우리에게 보장해 주었으며,
동시에 이와 더불어 학문과 예술의 부흥을 후원하고 상업과 무역 그리
고 아름다운 가정 생활과 사회 생활을 향한 새로운 길을 열고, 중산층
을 고귀한 지위로 격상시키고, 박애가 충만하게 하였고, 무엇보다 청
교도적 진지함으로 도덕 생활을 고양하고 순수하게 하고 고상하게 한
저 강력한 운동이 서유럽에서 나왔음을 기억하라.

그런 다음 하나님이 주신 칼빈주의를 역사의 기록소에 영영 추방
하는 것이 가당한 일인지, 그리고 칼빈주의가 복을 가져다 주고 미래
를 위하여 밝은 소망을 열어 줄 것이라고 생각하는 것이 한낱 꿈에 불
과한지 판단하라.

트랜스발에서 보어인이 가장 힘센 열강 가운데 하나와 벌인 전쟁
을 생각하면 여러분의 과거가 생각나는 때가 틀림없이 많을 것이다.
마주바에서 이룩된 일에서, 그리고 최근에 제임슨의 급습 사건에서 옛
칼빈주의의 영웅주의는 다시금 찬연히 드러났다. 만일 칼빈주의가 우
리 조상에게서 아프리카 후손에게로 넘어가지 않았다면 검은 대륙 남
쪽에서 자유로운 공화국이 일어나지 못했을 것이다. 이는 칼빈주의가
죽지 않았고 이전 영광의 시절에 보였던 활력을 여전히 그 근원에 갖
고 있음을 입증해 준다.

그렇다. 파라오의 석관에 나온 밀알갱이가 다시 땅에 뿌려질 때
백 배의 결실을 맺듯이, 칼빈주의는 열방의 미래를 위하여 놀라운 능
력을 여전히 갖고 있다. 그러므로 우리 양 대륙의 그리스도인이 훨씬

거룩한 전쟁으로 영웅적인 행동을 이루어 시대의 정신에 맞서 십자가의 기치를 들고 행진해야 한다면, 오직 칼빈주의가 불굴의 원리를 우리에게 주며 그 원리의 힘으로 우리에게 결코 쉽지는 않지만 확실한 승리를 보장해 줄 것이다.

두번째 강연

칼빈주의와 종교

앞의 강연에서 도달한 결론은 첫째로, 학문적으로 말해서 칼빈주의란 개신교의 완성된 발전으로서 결국 인류 발전의 높고 풍성한 단계에 도달했다는 것이었다. 더 나아가 현대주의의 세계관은 프랑스 혁명에서 출발하여 칼빈주의가 선언한 찬란한 이상(理想)을 무신론적으로 모방한 것 이상의 권리를 내세울 수 없으며, 따라서 인류를 좀더 높이 인도한다는 영예를 취할 자격이 없다는 것이었다. 그리고 마지막으로 무신론을 자신의 근본 사상으로 받아들이지 않는 사람이라면 누구나 칼빈주의로 돌아가야지 무신론의 케케묵은 형식을 복구하지 말아야 하며, 다시 한번 칼빈주의의 원리를 굳게 잡아 금세기의 조건에 맞도록 개신교 사상에 필요한 통일성과 개신교적 실천 생활에 부족한 힘을 회복하도록 그 원리들을 구현해야 한다.

그러므로 칼빈주의와 종교를 다루는 이번 강연에서 무엇보다 나는 지극히 높으신 분을 경배하는 우리의 핵심적 영역에서 칼빈주의가 차지하는 두드러진 위치를 예시하려 한다. 종교 영역에서 칼빈주의가 처음부터 독특하고 인상적인 위치를 차지해 왔다는 사실을 아무도 부인하지 않을 것이다. 마치 요술 방망이질 한번에, 칼빈주의는 자신의 고백과 신학과 교회 조직과 교회 권징과 의식(儀式)과 도덕적 실천을 만들어 냈다. 그리고 계속된 역사 연구를 보면 이 모든 칼빈주의적 종교 생활 형식들이 칼빈주의 자신의 근본 사상의 논리적 산물이며 그 원리의 구현이었다는 사실이 점점 확실하게 입증된다.

현대주의가 절대적으로 부질없는 노력으로 나타내었던 전적인 무능력에 비추어 여기서 칼빈주의가 보여 준 힘을 비교해 보라. 현대주의는 '신비'의 시절에 접어든 이후로도 유럽과 미국에서 우리 시대의 종교 생활에 맞는 새로운 형식을 구현해 내어야 할 필요성을 인정했다. 합리주의가 한때 반짝한 지 1세기가 되지 못해서 이제 유물론이 학문 영역에서 퇴각 나팔을 울리고 있고, 일종의 공허한 경건이 다시금 유혹의 매력을 내뿜고 있으며 매일 신비주의의 따뜻한 물결 속으로 뛰어드는 것이 더욱 유행되고 있다.

거의 감각적인 희락과 더불어 이 현대적 신비주의는 어떤 만질 수 없는 무한의 감로잔에서 독주를 마신다. 심지어, 한때 매우 위엄 있던 청교도의 건물 폐허지에 새로운 제의를 갖춘 새로운 종교가 종교 생활의 좀더 높은 발전 단계로서 시작될 조짐이다. 이미 사반세기 넘도록 이 새로운 성소의 헌당과 엄숙한 시작이 우리에게 약속되었다. 그러나 그것은 무위로 끝났다. 손으로 만질 수 있는 결과가 전혀 나오지 않았다. 가설의 얽힌 실타래에서는 형성적 원리가 전혀 나오지 않았다. 그와 연합된 운동의 출발조차 감지되지 않는다. 오랫동안 관찰한 식물은 메마른 땅에서 고개조차 내밀지 않았다. 그런데 이와 대조적으로 칼빈의 위대한 정신을 보라. 16세기에 그는 뛰어난 솜씨로 놀란 세상 앞에 가장 순수한 성경적 형식으로 세운 전적으로 종교적인 건물을 세워 놓았다.

전체 건물이 어찌나 빨리 완성되었든지 대부분의 관람객은 놀라운 기초 구조에 관심을 기울일 생각을 하지 못했다. 그 모든 것 안에 종교적인 현대 사상이 거장의 손으로 하듯 창조된 것이 아니라 실패한 미숙련자의 솜씨처럼 쌓였다. 그런데 한 나라도 한 가정도 아니고 오직 한 영혼조차도 (아우구스티누스의 말을 빌리면) 자신의 '상한 심령'을 위한 안식을 얻지 못했던 반면, 제네바의 개혁자는 강력한 영적인 힘으로 다섯 나라를 안식하게 했고, 3세기가 지난 후까지 삶의 지침을 주고, 마음이 영들의 아버지께 오르게 하고, 거룩한 평안을 영영히 주었다. 그리므로 자연스럽게 이런 질문에 도달한다. 이 놀라운 힘의 비밀은 무엇이었는가? 이 질문에 대하여 첫째로 **종교 자체**로 답하고, 그 다음에는 **교회 생활**에 나타난 종교로 답하고, 마지막으로 **실제 생활**을 위한 종교의 열매로 답하겠다.

────────────────

그러면 첫째로 우리는 **종교 자체**를 고찰해야 한다. 여기서 네 가지 상호 관련된 근본 질문이 나온다. 1. 종교는 하나님을 위하여 존재하는가 아니면 사람을 위하여 존재하는가? 2. 종교는 직접적으로 작용해야 하는가 아니면 매개적으로 작용해야 하는가? 3. 종교는 우리 개인 존재와 실존의 일부분에서 작용하고 마는가 아니면 전체에서 작용할 수 있는가? 4. 종교는 정상적인 특성을 가질 수 있는가 아니면 비정상적인 즉 구원론적 특성을 가져야 하는가?

이 네 가지 질문에 대하여 칼빈주의는 이렇게 대답한다:

1. 사람의 종교는 이기주의적인 즉 사람을 위한 것이 아니라 이상적인 것 즉 **하나님**을 위한 것이어야 한다.

2. 종교는 **매개적으로** 즉 인간의 중재에 의하여 작용해서는 안 되고, 마음에서 **직접적으로** 작용해야 한다.

3. 종교는 삶과 나란히 달리는 부분적인 것으로 남아서는 안 되고, 우리의 전체 실존을 장악해야 한다.

4. 종교의 특징은 구원론적이어야 한다. 즉 종교는 우리의 타락한 본성에서 나와서는 안 되고, 중생으로 원래의 표준으로 회복된 새 사

람으로부터 나와야 한다.

그러면 이 네 가지 요점을 차례로 설명하도록 하겠다.

현대 종교 철학은 종교의 기원을 하나의 잠재력에 돌린다. 그러나 이 잠재력은 종교를 태어나게 할 수 있게 하지 못했고 단순히 종교의 지지자와 보존자로 활동했다. 이 철학은 살아 있는 새싹을 그것의 죽은 버팀대와 오인했다. 또 이 철학은 사람들간의 대조와 사람을 둘러싸는 우주의 압도적인 힘에 관심을 기울였는데, 이는 매우 적절한 일이다. 그리고 새로운 종교는 사람에게 그처럼 치명적인 공포를 불어넣는 우주의 이 엄청난 힘에 맞서도록 하는 신비적 힘으로 소개된다. 사람은 보지 못하는 영혼이 보이는 몸에 행사하는 영역을 의식하고 아주 자연스럽게 자연이 숨은 영적 능력의 추진력으로 움직임에 틀림없다고 추론한다. 그러므로 정령 숭배적으로 사람은 먼저 자연의 운동을 내주하는 영들의 군대의 결과로 설명하고 그것을 잡으려고 하고 그것을 주문으로 불러들여 자신에게 유리하게 한다.

그런 다음, 사람은 원자론적 착상에서 좀더 포괄적인 개념으로 올라가 인격신의 존재를 믿고 자연 위에 있는 이 신적 존재들로부터 자연의 적대적인 힘에 맞설 수 있는 유효한 도움을 기대한다.

마지막으로, 사람은 영적인 것과 물질적인 것의 대조를 파악하여 보이는 모든 것에 맞서 있는 최고 영에 충성하되, 결국 인격적 존재로서 물질계 바깥의 그런 영을 믿는 신앙을 버리고 자신의 인간 영혼의 고상함에 매료되어 어떤 비인격적 이상(ideal) 앞에 절한다. 인간은 자기 숭배의 행위로 이 인격적 이상을 예배적 화신으로 처신한다. 그러나 이 이기적 종교의 진보에 나오는 다양한 단계가 어떤 것이든 상관없이, 이 종교는 자신의 주관적 특성을 극복하지 못하고 언제나 인간을 위한 종교로 남는다.

사람은 자연의 베일 뒤에 배회하는 영들을 불러내기 위하여 우주의 압제적 세력으로부터 피하기 위하여 종교적인 존재가 된다. 라마의 제사장이 자신의 주전자에 악한 것들을 가두든지, 동양의 자연신들을 불러 자연력을 피하는 도피처를 얻든지, 그리스의 좀더 고상한 신들이 자연 위에 우월한 자리에서 경배를 받든지, 마지막으로 관념 철학이 인간의 정신을 경배의 참된 대상으로 제시하든지 상관없다.

이 모든 상이한 형식으로 그것은 인간을 위하여 인간의 안전과 자유와 격상을 목적으로 삼는, 또한 부분적으로 죽음을 누르는 인간의 승리를 목적으로 삼아 육성되는 종교로 남는다. 그리고 이런 유의 종교가 단신론으로 발전했을 때도 이 종교가 숭배하는 신은 언제나 사람을 돕거나, 국가를 위한 좋은 질서와 안정을 보장하거나, 궁핍한 때 도움과 구원을 제공하거나, 죄의 타락시키는 영향력에 맞서 끊임없이 싸울 때 인간 마음의 고상하고 고양된 충동을 강화시키기 위하여 존재하는 신이다. 그 결과, 그런 모든 종교는 기근과 역병의 때에 번성하며, 가난한 자와 압제당하는 자 가운데 번창하며, 비천하고 연약한 자 가운데 퍼진다. 그러나 이 종교는 번성한 때에 약하여지고, 잘사는 사람을 끌어들이지 못하고 계몽된 사람에게 버림받는다.

계몽된 계급은 고요와 안락을 얻고 학문의 진보로 우주의 압력에서 점점 구제받는다고 느끼자마자, 종교의 버팀목을 버리고 모든 거룩한 것을 조소하며 자신의 가련한 다리로 절뚝거리며 앞으로 나아간다. 이는 이기주의 종교의 치명적 최후이다. 이기적인 이해가 충족되자마자 이 종교는 필요없는 것이 되어 사라지게 된다. 이는 초기 모든 비기독교 국가 가운데 진행된 종교의 과정이었다. 그리고 동일한 현상이 금세기에도 고상하고 잘살고 계몽된 사회 계급에 속한 이름뿐인 그리스도인 가운데 반복되고 있다.

그런데 칼빈주의의 입장은 이 모든 것과 정반대이다. 칼빈주의는 종교가 인간적 주관적 측면을 갖고 있음을 부인하지 않는다. 궁핍한 때 도움을 구하고 관능적 열정 앞에 종교적 승화를 구하려는 우리의 경향에 의하여 종교가 신장되고 권장되고 강화된다는 사실을 논박하지 않는다. 그러나 칼빈주의는 종교의 이런 우연적 동기와 **본질**과 **목적**에서 마땅히 추구할 사물의 올바른 질서를 존중한다. 칼빈주의자는 이 모든 것을 종교가 산출한 열매로 혹은 종교가 제공하는 버팀목으로 귀하게 여기지만, 그것들을 종교가 존재할 이유로 높이기를 거절한다. 물론 종교 자체는 **또한** 사람을 위하여 복을 낳지만, 사람을 위하여 존재하지는 않는다. 하나님이 자신의 피조계를 위하여 존재하시는 게 아니라 피조물이 하나님을 위하여 존재한다. 성경이 말하듯이 하나님은 자신을 위하여 만물을 창조하셨다.

이런 이유로 하나님께서도 의식 없는 전체 피조물에, 즉 식물과 동물과 아이들에게도 종교적 표현을 새겨 두셨다. "온땅에 하나님의 영광이 충만하도다." "여호와여 주의 이름이 온 땅에 어찌 그리 아름다운지요." "하늘이 하나님의 영광을 선포하며 궁창이 그 손으로 하신 일을 나타내는도다." "어린아이와 젖먹이의 입으로 말미암아 권능을 세우심이여." 서리와 우박, 눈과 증기, 심연과 태풍 모든 것이 하나님을 찬양한다. 그러나 온 창조계가 사람 안에 그 절정에 도달하는 것처럼, 종교도 하나님의 형상으로 지음 받은 사람에서만 분명하게 표현된다. 이는 사람이 종교를 추구하기 때문이 아니라 칼빈이 규정하듯이 사람의 마음에 두신 '종교의 씨'(semen religionis)를 통하여 하나님이 사람의 본성 안에 참으로 본질적인 종교적 표현을 심어 놓으셨기 때문이다.[1]

하나님은 sensus divinitatis 즉 신적인 것에 대한 감각을 통하

---

1) Calvin, *Institutes*, Eng. Edinburgh translation, Vol. I, Book I, Chapter 3. "인간 마음에 참으로 자연적 본능으로 존재하는 것 즉 신성에 대한 감정을 우리는 논박할 수 없다 … " Chapter 4, 1. "그러나 경험은 종교의 씨가 모든 사람에게 신적으로 심어져 있다는 것을 증거하지만, 마음에 그 씨를 간직하고 있는 사람을 백 사람 가운데 한 사람 찾기 힘들며 그 씨가 성숙하게 자란 사람은 없으며 시절을 좇아 열매를 맺은 사람은 전혀 없다. 세상 어디서도 참된 경건을 발견할 수 없다."

여 인간을 종교적으로 만드신다. 그래서 하나님은 이 감각이 사람 영혼의 거문고를 울리게 하신다. 필요를 외치는 소리는 이 신적 가락의 순수한 조화를 방해하지만, 이는 오직 죄 때문이다. 종교는 원래의 형식에서 자연적 조건에서 오직 고양시키고 통일시키는 찬탄과 경배의 감정이지 불화하고 의기소침하게 만드는 의존의 느낌이 아니다. 보좌 주위의 천사들이 "거룩하다, 거룩하다, 거룩하다"고 쉬지 않고 찬송을 발하듯이, 이 땅 위에서 인간의 종교는 분명 창조주와 영감을 불어넣으시는 분으로서 하나님의 영광을 메아리치게 하는 데 있다. 종교에서 모든 동기의 출발점은 하나님이지 사람이 아니다.

사람은 수단과 방법이며 여기서는 하나님만이 목적이며 출발점이며 도착점이며, 물이 흘러나오는 근원인 동시에 물이 결국 돌아가는 대양이다. 종교적이지 않게 된다는 것은 우리 실존의 최고 목적을 거부하는 것이며, 반면에 하나님을 위하는 것말고 다른 존재를 탐하지 않는 것, 하나님의 뜻말고 아무것도 갈망하지 않는 것, 주의 이름의 영광에 전적으로 몰입하는 것, 그것이 모든 참된 종교의 중심과 핵심이다.

"이름이 거룩히 여김을 받으시며 나라이 임하옵시오며 뜻이 이루어지어다" — 이것은 모든 참된 종교를 말하는 삼중의 간구이다. 우리의 표어는 마땅히 "먼저 하나님 나라를 구하고" 그런 다음 자신의 필요를 생각하라는 것이다. 먼저 삼위 하나님의 절대 주권에 대한 고백이 있다. 왜냐하면 만물이 그에게서 나고 그로 말미암고 그리고 그에게 돌아가기 때문이다. 그러므로 우리의 기도는 모든 종교 생활의 가장 깊은 표현이다. 이는 칼빈주의가 주장하는 종교의 근본 개념이다. 여기보다 더 높은 개념을 찾은 사람은 없다. 왜냐하면 더 높은 개념을 발견할 수 없기 때문이다. 칼빈주의의 근본 사상은 동시에 성경의 근본 사상이며, 기독교의 근본 사상은 종교의 영역에서 최고 이상의 실현에 도달한다. 금세기 종교 철학은 아무리 대담하게 비상해도 더 나은 관점이나 더 이상적인 개념을 획득하지 못했다.

모든 종교의 두번째 중요한 질문은 종교가 **직접적이어야** 하는가 아니면 매개적이어야 하는가 이다. 하나님과 영혼 사이에 교회나 사제나 옛날처럼 마술가나 거룩한 신비의 시여자가 있어야 하는가? 아니면 모든 중간 고리를 내버리고 종교의 끈이 영혼을 하나님께 직접 매이도록 해야 하는가? 그런데 우리는 기독교 외의 모든 종교에서 예외 없이 인간 대언자가 필요한 듯이 보이며 기독교 영역에서도 성모 마리아나 천사나 성인과 순교자나 성직자로서 대언자가 다시금 등장했다. 루터가 모든 사제적 매개를 대항하여 싸웠지만, 그의 이름이 붙은 교회는 '가르치는 교회'라는 이름으로 중보자 직분과 신비의 청지기를 다시 도입했다. 이 시점에서 순수한 영적 종교의 이상을 완전히 실현한 것은 오직 칼빈뿐이었다.

그가 파악하듯이 종교는 "nullis mediis interpositis" 즉 피조물의 중재가 전혀 없이 하나님과 인간 마음의 직접적 교통을 실현해야 한다. 사제에 대한 무슨 미움 때문이나 순교자에 대한 무슨 평가 절하나 천사의 중요성에 대한 폄하 때문이 아니라, 칼빈은 오직 종교의 본질과 종교의 본질에서 하나님의 영광을 옹호해야 한다고 느끼고 항복이나 망설임이 전혀 없었기 때문에 영혼과 하나님 사이에 개재한 모든 것에 맞서서 거룩한 분노로 전쟁을 벌였다. 물론 칼빈은, 참된 종교에 따르면 타락한 사람에게 중보자가 필요하지만 그런 중보자가 다른 인간에게서는 발견할 수 없음을 분명히 깨달았다. 오직 신인(神人) 오직 하나님만이 그런 중보자가 되실 수 있었다. 그리고 이 중보자 되심은 우리가 확증하는 것이 아니라 오직 하나님 편에서 성령 하나님이 중생자의 마음에 내주하심에 의하여 확증될 수 있다.

모든 종교에서 하나님은 능동적 권세가 되셔야 한다. 우리를 종교적으로 만드시고, 우리에게 종교적 성향을 주셔서, 하나님 자신이 우리 마음의 깊은 곳에서 움직이는 깊은 종교감을 형성하고 표현할 수 있는 능력만을 우리에게 남기신다. 거기서 우리는 칼빈을 오직 다시 태어난 아우구스티누스(Augustinus redivivus)로만 간주했던 사람들의 실수를 본다. 아우구스티누스는 하나님의 거룩한 은혜에 대한 숭고한 고백에도 불고하고 여전히 감독으로 남았다. 그는 삼위일체 하나님과 평신도 사이에 중보 위치를 유지했다.

그는 그 당시 가장 경건한 사람들 가운데서도 특출했지만, 평신도를 위한 철저한 종교의 참된 주장을 그다지 꿰뚫어 보지 못하여, 교의학에서 교회를 신비적 조달자로 칭송한다. 즉 하나님께서 모든 은혜가 교회의 가슴에 흐르게 하고 교회의 보고로부터 모든 사람이 은혜를 받아야 했다는 것이다. 그러므로 피상적으로 예정에 관심을 국한하는 자는 아우구스티누스주의와 칼빈주의를 혼동할 수 있다.

사람을 위한 종교는 사람이 다른 사람의 중보자 노릇을 해야 한다는 입장을 갖고 있다. 하나님을 위한 종교는 모든 인간적 중보직을 철저히 배제한다. 사람을 돕는 일이 종교의 주된 목적으로 남는 한, 사람이 자신의 신앙으로 은혜를 받을 수 있는 것으로 이해되는 한, 신앙심이 열등한 사람이 더 거룩한 사람의 중보 활동을 구하는 일은 지극히 자연스럽다. 그가 스스로 구할 수 없는 것은 다른 사람이 그를 위하여 구해 주어야 한다. 가지의 열매가 너무 높이 달려 있으므로 좀더 높이 팔이 닿는 사람이 열매를 따서 할 수 없는 동료에게 건네주어야 한다.

반면에 종교의 요구가 모든 인간의 마음이 하나님께 영광을 돌리는 것이라면, 다른 사람을 위하여 하나님 앞에 나타날 수 있는 사람은 아무도 없다. 그러므로 모든 사람이 각자 자신을 위하여 나타나야 하며, 종교는 오직 신자의 일반적 제사장됨에서만 그 목적을 달성한다. 새로 태어난 아이라도 하나님으로부터 종교의 씨를 받았음에 틀림없다. 그리고 아이가 세례를 받지 않고 죽는 경우에, 무죄한 자의 림보 (limbus innocentium)에 보내어지는 것이 아니라 선택 받은 사람이라면 오래 산 사람처럼 영원히 하나님과 개인적으로 교제하는 데 들어간다.

종교의 문제에서, 개별적 선택의 고백에 이르러 절정에 도달하는 이 두번째 요점의 중요성은 헤아릴 수 없이 크다. 한편 모든 종교는 사람을 자유롭게 만들려는 경향을 갖고 있음에 틀림없다. 즉 사람은 일반적인 종교적 인상이 하나님에 의하여 의식 없는 자연에도 새겨졌다고 분명히 표현할 수 있다. 다른 한편, 종교의 영역에서 중보하는 사제나 마법사는 신심(信心)의 열기를 더할수록 더욱 고통스럽게 압박하는 사슬로 인간 정신을 얽맨다.

로마 교회에서는 오늘날에도 보편적 선(bons catholiques)이 성직자의 족쇄에 아주 단단히 갇혀 있다. 오직 신앙심이 줄어드는 로마 가톨릭 교도는 교회와 연결되는 끈을 느슨하게 함으로써 부분적으로 자유를 얻을 수 있다.

루터 교회에서는 성직자의 족쇄가 좀 덜 죄지만 완전히 단단하다. 우리는, 신자가 필요하다면 하나님을 위하여 교회에서 가장 강력한 직분자와 맞설 수 있도록 하는 영적 독립을 칼빈주의를 굳게 잡는 교회에서만 발견한다. 개인적으로 자신을 위하여 하나님 앞에 서 있고 방해 받음 없이 하나님과 교제를 즐기는 사람만이 영광스러운 자유의 날개를 제대로 펼칠 수 있다.

그리고 미국은 물론이고 네덜란드와 프랑스와 영국에 나타난 역사적 결과를 보면, 독재자에게 칼빈의 추종자보다 난공불락의 반대자와 더 용감한 양심의 자유자와 더 결연한 투사가 없었다. 마지막으로, 이 현상의 원인은 모든 성직자 중보의 결과가 한결같이 종교를 외형적이게 만들고 사제적 형식으로 종교를 숨막히게 한다는 사실에 있다. 오직 모든 사제적 간섭이 사라지는 곳에서, 영원부터의 하나님의 선택이

내면의 영혼을 하나님께 바로 매이게 하는 곳에서, 그리고 신적 광선
이 우리 마음 깊은 곳에 직접 들어가는 곳에서, 종교가 가장 절대적
의미에서 이상적으로 실현된다.

─────────────────

이리하여 나는 자연스럽게 종교의 세번째 문제에 도달한다. 종교
는 부분적인가 아니면 모든 것을 정복하는 포괄적인 것인가? 즉 말 그
대로 **보편적인가**? 그런데 종교의 목적인 인간 자신에서 발견되고 그
실현이 성직의 중보자에게 달려 있다면, 종교는 부분적일 수밖에 없
다. 그런 경우 자연스럽게 모든 사람은 종교적 필요를 불러일으키는
인생의 사건들에, 그리고 자신이 마음대로 간섭할 수 있는 사건에 자
신의 종교를 국한시키게 된다. 이런 종교의 부분적 특성은 세 가지 구
체적인 것으로 모습을 드러낸다: 종교가 번창하고 융성하는 종교적 기
관, 영역, 개인의 집단.

최근의 논쟁을 보면, 첫번째 한계에 관한 적절한 실례가 나온다.
우리 세대의 지혜로운 사람들은 종교가 인간 지성의 범위에서 물러나
야 한다고 주장한다. 종교는 신비적 감정을 통하거나 실천 의지를 통
하여 자신을 드러내려고 해야 한다. 신비적 윤리적 경향은 종교적 영
역에서 열정주의와 더불어 강하게 등장하지만, 동일한 영역에서 지성
은 형이상학적 환각에 이르면서 억제당한다. 형이상학과 교의학은 점
점 추방되며 불가지론이 큰 수수께끼의 해결책으로 더욱 크게 갈채를
받는다. 정서와 감정의 강에서 항해는 자유롭게 이루어지며 윤리적 활
동은 종교라는 금을 시험하는 시금석이 될 뿐이다.

그러나 형이상학은 우리를 늪에 빠뜨리게 하는 것으로 기피당한
다. 자명한 교의를 구실로 내세우는 것마다 비종교적 금제품으로 거부
당한다. 그런데 그 학자들이 종교적 천재로 존경하는 동일한 그리스도
께서는 우리에게 아주 강조하여 가르치셨다. "네 마음과 힘을 다하여

주를 사랑할 뿐만 아니라 네 **모든 지성**(mind: 한글개역성경에는 '뜻'
으로 되어 있음)**으로도** 하나님을 사랑하라." 그러나 그들은 반대로 우
리의 지성이 이 거룩한 영역에서 사용되기에 적합치 않고 종교적 기관
의 조건을 충족시키지 못하는 것으로 물리치려고 한다.

　　그래서 종교 기관이 우리의 모든 존재에서 발견되지 아니하고 우
리 존재의 일부에서 발견되며 우리의 감정과 의지에 국한되므로, 종교
생활의 영역은 결과적으로 동일한 **부분적 특성**을 지님에 틀림없다. 종
교가 과학에서 배제되고 종교의 권위가 공적 생활의 영역에서 배제되
었다. 그후부터는 내면의 좌소, 기도처, 마음의 비밀이 종교의 배타적
거처가 되고 만다. 칸트는 "너는 ~해야 한다"는 명령으로 종교의 영
역을 윤리적 생활로 국한시켰다. 우리 시대의 신비주의자는 종교를 감
정의 은신처로 추방한다. 그리고 그 결과, 다른 많은 방식으로 종교는
한때 인간 생활의 중심 세력이었지만 이제 인간 생활과 나란히 놓인
다. 그리고 세계의 번영과 별도로 종교는 멀리 있는 거의 개인적인 은
신처에 숨어 있는 것으로 이해된다.

　　이리하여 우리는 자연스럽게 부분적 종교관의 세번째 특성에 이르
게 된다. 모든 사람과 관계 있는 종교가 아니라 우리 세대에 **경건한**
사람들과 관계 있는 종교가 그것이다. 그래서 종교의 기관이 제한되면
그 영역이 제한되고, 종교의 영역이 제한되면 사람들 가운데 종교의
단체 혹은 집단도 제한된다. 예술이 자신의 **기관**과 자신의 **영역**과 따
라서 자신의 열성가 집단을 갖고 있는 것으로 이해되듯이, 이 견해에
따르면 종교도 마찬가지이다. 그래서 많은 사람이 신비적 감정과 의지
의 강력한 힘이 거의 없다. 그래서 그들은 신비주의의 빛을 전혀 모르
거나 참으로 경건한 행위를 할 수 없다. 그러나 내면 생활이 무한자에
대한 감정으로 흘러 넘치거나 거룩한 힘으로 충만한 사람들도 있다.
그리고 그런 사람들 가운데는 경건과 종교가 그들의 상상력과 그들의
실현 능력 안에서 가장 찬란하게 번성한다.

전혀 다른 관점에서 로마는 동일한 부분적 견해를 점점 더 선호하게 되었다. 로마는 종교를 자신의 교회 안에 존재하는 것으로 알았고, 종교의 영향력을 자신이 봉헌한 삶의 부분에 국한된다고 보았다. 나는 로마가 모든 인간 생활을 가능한 한 거룩한 영역 안으로 이끌려고 한다는 것을 인정하지만, 이 영역 바깥의 모든 것, 세례 받지 못한 모든 것, 거룩한 성수가 뿌려지지 않은 모든 것은 진정한 종교적 능력이 없었다. 로마는 삶의 봉헌된 부분과 세속적 부분의 경계선을 그은 것처럼, 종교적 열정의 정도에 따라 자신의 거룩한 경내를 세분했다. 즉 사제와 수도원은 **지성소**를 구성하고, 경건한 평신도는 **성소**를 형성하고, 따라서 **바깥** 뜰은 세례받았지만 교회에 대한 헌신보다 세상의 죄악된 쾌락을 좋아하는 자들의 몫이다. 이는 바깥 뜰에 있는 자들에게는 결국 모든 종교의 바깥에 실제 생활의 9/10이 있게 되는 제한과 구분의 체제이다.

그래서 종교적인 것은 부분적인 것이 되어, 일상 생활에서 절기의 시간으로, 번영의 시절에서 위험과 병든 때로, 삶의 충만한 때로부터 다가오는 죽음의 때로 종교가 옮아간다. 사육제 관습에서 가장 강조적으로 표현되었던 이원론적 체계는 사순절 주간 동안 종교가 영혼에 완전한 권세를 행사할 수 있게 하지만, 육신이 이 어둠의 골짜기로 내려가기 전에 쾌활과 어리석음의 잔이 아니라 쾌락의 잔을 남김없이 비울 수 있도록 공평한 기회를 준다.

그런데 이런 견해는 칼빈주의와 정면으로 대립한다. 칼빈주의는 종교의 전적으로 보편적인 특성과 종교의 전적으로 보편적인 적용을 옹호한다. 존재하는 모든 것이 하나님을 위하여 존재한다면, 모든 피조물은 하나님께 영광을 돌림이 마땅하다. 궁창의 해와 달과 별과 하늘의 새와 우리 주위의 모든 자연이 그러나 무엇보다도 제사장으로서 모든 창조물과 그 안에 번성하는 모든 생명을 하나님께 집중시켜야 하는 사람은 마땅히 그렇게 해야 한다. 그리고 죄 때문에 피조물의 많은 부분이 하나님께 영광을 돌리지 못하게 되었지만, **모든 피조물이 종교**의 물결에 잠겨 결국 전능자의 제단에 종교의 제물로 놓여야 한다는 그 요구는 그 이상은 여전히 변할 수 없다.

그러므로 칼빈주의는 감정이나 의지에 국한되는 종교를 생각할 수 없다. 창조계의 제사장으로 받은 거룩한 기름부음은 자신의 수염과 옷깃에 마땅히 흘러내려야 한다. 자신의 모든 가능성과 능력을 포함한 전존재에 신적인 것에 대한 감정이 스며들어야 한다. 그러므로 사람의 이성적 의식 ― 사람 안에 있는 로고스 ― 즉 하나님으로부터 사람에게 비추는 사유의 빛을 어찌 배제할 수 있는가?

하나님을 내면의 자아 안에, 그리고 의식과 사유의 중심에 소유하지 않고, 자신의 감정이라는 지하 세계에, 그리고 의지의 발휘라는 바깥 일에서 소유하고, 자신의 사유에서 창조주에 관한 고정된 버팀대를 갖지 않고 자연과 실천 생활을 위한 공리적 토대를 연구하는 고정된 출발점을 갖는 이 모든 것은 칼빈주의자에게 영원한 로고스를 부인하는 것이었다.

칼빈주의는 종교의 영역과 사람들 가운데 종교의 영향력 범위에 관해서도 동일한 성격의 보편성을 내세웠다. 하나님은 창조 때에 변할 수 없는 존재 법칙을 창조된 모든 것에게 주셨다. 그리고 하나님이 그런 법칙과 규례를 모든 생명을 위하여 충만히 명하셨으므로, 칼빈주의는 철저히 순종하여 모든 생활을 하나님을 섬기는 데 봉헌해야 한다고 주장한다. 그러므로 칼빈은 벽장과 골방과 교회에 갇힌 종교를 혐오한다. 시편 기자처럼 그는 하늘과 땅, 민족과 열방을 불러 하나님께 영광을 돌리라 한다.

하나님은 편재하고 전능한 능력으로 모든 생활에 임재하신다. 그러니 인간 생활 가운데 하나님을 찬양하고 하나님의 규례를 지키고, 모든 **활동**에 뜨겁고 쉬지 않는 기도로 드리는 간구가 있어야 한다고, 종교가 자신의 조건을 요구하지 못하는 영역은 생각해 볼 수 없다. 사

람이 어디에 서 있든지, 무엇을 하든지, 농업이나 상업이나 공업에서
손을 놀려 행하는 그 어떤 일이든지, 예술과 학문의 세계에서 정신을
사용하여 벌이는 그 어떤 일이든지, 사람은 하나님의 면전에 늘 서 있
으며, 하나님을 섬기는 일을 하며, 하나님의 영광을 목적으로 삼아야
한다. 따라서 칼빈주의자는 종교를 단일한 단체나 사람들 가운데 몇몇
집단에 국한시킬 수 없다. 종교는 인류 전체와 관계있다. 이 인류는
하나님이 창조하신 것이다.

　이는 하나님의 놀라운 솜씨이며 절대적 소유이다. 그러므로 모든
인류는 ― 젊은이나 늙은이나, 높은 자나 낮은 자, 하나님의 신비에
접어든 자나 여전히 멀리 서 있는 자 ― 하나님을 마땅히 두려워함
에 틀림없다. 왜냐하면 하나님이 모든 사람을 창조하셨고, 하나님은
모든 사람을 위하여 모든 것일 뿐만 아니라 하나님의 은혜는 특별 은
혜로 선민에게 끼칠 뿐만 아니라 일반 은혜(gratia communis)로 모
든 인류에게 끼치기 때문이다.

　확실히 교회에는 종교적 빛과 생명이 집중되어 있다. 그러나 이
교회의 벽 안에는 활짝 열린 창들이 있어서, 이 널찍한 창들을 통하여
영원자의 빛이 온 세상에 비친다. 여기 언덕 위에 세워진 도성이 있어
모든 사람이 멀리서도 볼 수 있다. 여기 모든 부패를 억제하며 모든
방면으로 스며드는 거룩한 소금이 있다.

　그리고 높은 빛을 아직 받아들이지 않거나 그 빛에 눈을 감은 자
들도 동일한 강조의 말로 모든 일에서 주의 이름에 영광을 돌리라는
충고를 받는다. 모든 부분적 종교는 삶에 이원론의 쐐기를 박지만 참
된 칼빈주의자는 종교적 단원론의 표준을 결코 버리지 않는다. 가장
높은 한 가지 소명은 모든 인간 생활에 하나됨이라는 도장을 찍어야
한다. 왜냐하면 한분 하나님이 인간 생활을 창조하셨던 것처럼 그것을
떠받치고 보존하시기 때문이다.

이리하여 우리는 마지막으로 네번째 문제에 이르게 된다. 종교는 정상적이어야 하는가 아니면 비정상적 즉 구원론적이어야 하는가? 여기서 우리가 염두에 두는 구분은 다음의 질문과 관계있다. 종교의 문제에서 우리는 현재 상태의 인간을 사실상 정상적으로 보아야 하는가 아니면 타락하여 범죄하므로 비정상적이게 된 것으로 보아야 하는가? 후자의 경우에 종교는 필연적으로 구원론적 특성을 가짐에 틀림없다. 그런데 오늘날 널리 퍼져 있는 생각은 종교가 정상적인 존재로서 사람으로부터 출발한다는 견해를 선호한다. 물론 전체 인류가 이미 가장 높은 규범을 따라야 한다는 것처럼 보지는 않는다. 아무도 이렇게 확언하지 않는다.

누구라도 그런 부조리한 진술을 말하지는 않는다. 사실상 우리는 상당히 비종교적인 것과 맞닥뜨리고 있으며 불완전한 종교적 발전이 계속 규칙이 되고 있다. 그러나 엄밀하게 말해서 가장 낮은 형식에서 가장 높은 이상으로 나아가는 이 느리고 점진적인 진보에서, 이 정상적 종교관이 요구하는 발전은 확증을 받았다고 주장한다. 이 견해에 따르면, 종교의 최초 흔적은 동물에게 발견된다. 이 흔적은 주인을 무척 좋아하는 개에게 나타나며, 호모 사피엔스가 침팬지에서 발전하듯이 종교도 좀더 높은 단계로 들어갈 뿐이다. 그때로부터 종교는 온갖 범주를 거쳤다. 현재 종교는 교회와 교의의 끈에서 풀려나서 다시금 좀더 높은 단계로, 즉 미지의 무한자를 향한 무의식적 감정으로 나아가려고 하고 있다.

그런데 이 모든 이론은 전혀 다른 나머지 하나의 이론과 대립된다. 이 나머지 이론은 동물 안에서 이루어지는 인간적인 많은 것의 사전 형성(事前形成)을 부인하지 않고서 혹은 (이렇게 말해도 된다면) 사람이 하나님의 형상으로 지음 받았듯이 동물이 사람의 형상으로 지음을 받았다는 사실을 부인하지 않고서, 최초의 사람이 자신의 하나님과 완전한 관계에서, 즉 순수하고 참된 종교에 의하여 고취된 상태로 지음 받았다고 주장하며, 따라서 이교에서 나오는 많은 저급하고 불완전하고 부조리한 종교 형식을 창조의 결과가 아니라 타락의 결과로 설명한다. 이 저급하고 불완전한 종교 형식은 낮은 것에서 높은 것으로 나아가는 진보로 이해되어서는 안 되고 한탄스러운 타락으로 이해되어야 한다. 사안의 본질상, 참된 종교의 회복이 오직 구원론적 방법으로만 가능하게 만드는 타락말이다.

그런데 칼빈주의는 이 두 이론 가운데 선택할 때 주저하지 않는다. 칼빈주의자는 이 문제를 가지고 하나님 앞에 서서 하나님의 거룩하심에 너무도 감동받아 죄 의식에 그의 영혼이 곧바로 찢기며 죄의 두려운 본질의 감당할 수 없는 무게로 그의 마음이 짓눌렸다. 죄를 완전에 이르는 길에서 한 가지 불완전한 단계로 설명하려는 그 어떤 시도든지 하나님의 위엄에 대한 모욕으로서 그를 진노하게 한다.

처음부터 칼빈주의는 버클(Buckle)이 「영국의 문명사」에서 경험론적으로 입증한 동일한 진리를 고백했다. 즉 죄가 모습을 드러내는 형식은 점점 세련되게 나타날 수 있지만, 인간 마음의 도덕적 조건은 세월이 흘러도 동일하게 남아 있다. 3,000년 전에 다윗의 영혼이 하나님께 부르짖으며 가졌던 그 깊은 심정에 16세기 하나님의 모든 자녀의 괴로운 영혼은 여전히 줄어들지 않는 힘으로 응답했다. 모든 인간적 비참의 근원으로서 죄의 부패라는 개념이 칼빈주의의 환경보다 더 깊이 나타나는 곳은 아무데도 없다.

칼빈주의가 성경에 따라 지옥과 저주에 관하여 언급한 확언에서도 조잡함이나 무례함은 없고, 오직 삶의 매우 진지함에서 기인하는 명료함과 지극히 거룩하신 분의 거룩함에 대한 깊은 확신에서 나오는 불굴의 용기가 있을 뿐이다. 그 입술로 가장 부드럽고 가장 멋진 말씀을 내시는 하나님은 '바깥의 어둠'과 '꺼지지 않는 불'과 '죽지 아니하는 구더기'를 가장 분명하고 거듭해서 말씀하시지 않았는가? 그리고 이 점에서 칼빈은 옳았다. 왜냐하면 이런 말씀에 동의하지 않음이 철저한 일관성 결여에 다름 아니기 때문이다. 이는 하나님의 거룩하심과 죄의 파괴적 능력에 대한 우리의 고백에서 진지함이 부족함을 보여 준다.

반대로 이런 영적인 죄의 체험에서, 삶의 비참에 대한 경험적 고찰에서, 하나님의 거룩하심에 대한 이런 고상한 감동에서, 그리고 이런 굳은 확신에서(이리하여 칼빈주의자는 자신의 결론을 따라 비통한 결과에 도달했다), 칼빈주의자는 먼저 참된 **실존**을 위한 중생의 필요에 대한 근거와, 둘째로 분명한 의식(意識)을 위한 계시의 필요에 대한 근거를 발견했다.

그런데 강연 주제에 따라서 하나님이 삶의 굽은 바퀴를 바로 잡아 주시는 직접적 행위인 중생을 자세히 말하지 않을 것이다. 그러나 계시와 성경의 권위에 관하여는 몇 마디 하지 않을 수 없다. 슈바이처와 그 밖의 사람들은 성경을 오직 개혁주의 신앙 고백의 형식적 원리로 부적절하게 표현해 왔다. 진정한 칼빈주의 개념은 훨씬 깊은 데 있다. 칼빈의 뜻은 그가 말하는 necessitas S. Scripturae 즉 **성경적 계시**의 필요로 표현되었다. 이 성경적 계시의 필요는 칼빈에게 성경의 지배적인 권위에 대한 피할 수 없는 표현이었다. 그리고 지금도 오늘날의 칼빈주의가 비평적 분석과 비평적 결과의 성경 적용을 기독교 자체를 버리는 것과 동일하게 보는 이유를 우리가 이해할 수 있도록 하는 것은 바로 이 교의이다.

타락 전 낙원에는 성경이 없었다. 그리고 장차 영광의 낙원에서도 성경은 없을 것이다. 자연이 밝히는 환한 빛이 우리에게 직접 말하며 하나님의 내면적 말씀이 우리 마음에 원래의 명료함 가운데 울릴 때, 그리고 모든 인간의 말이 진실하고 우리 내면의 귀의 기능이 제대로 수행될 때, 우리에게 성경이 필요하겠는가? 사랑하는 아이가 무릎에서 놀고 있고 하나님께서 그 어머니로 하여금 아이들에 대한 사랑에 한껏 젖어 있게 하시는데, '아이를 향한 사랑'에 관한 논문에 정신이 팔려 있을 어머니가 있겠는가? 그러나 지금은 자연과 우리 마음을 통하여 이처럼 하나님과 직접 교통하는 일이 사라졌다.

대신에 죄가 [하나님과 우리를] 갈라 놓았으며, 오늘날 성경의 권위에 맞서서 나타나는 대립은 바로 우리가 여전히 정상적이므로 우리의 종교가 구원론적일 필요가 없다는 그릇된 가정에 서 있다. 물론 그런 경우에 성경이 하나님과 사람의 마음 사이에 한 권의 책을 놓으므로, 성경이 필요하지 않으며 방해물이 되며 우리의 감정을 거슬리게 하기 때문이다. 구두적 의사 소통이 글쓰기를 배제한다. 태양이 집에 환하고 밝게 비칠 때 전기불을 끈다. 그러나 태양이 지평선 아래로 사라질 때 necessitas luminis artificiosi 즉 **인공 조명의 필요**를 느끼며, 이 인공 조명이 모든 방에 켜진다.

그런데 종교의 문제 역시 사정은 마찬가지이다. 우리 눈에서 신적인 빛의 위엄을 숨길 수 있는 안개가 없을 때, 발을 비출 등불이나 길을 비출 빛이 무슨 필요가 있겠는가?

그러나 역사와 경험과 의식이 하나같이 하늘의 순수하고 충만한 빛이 사라졌고 우리가 어둠 속에서 더듬고 있는 사실을 말할 때, 우리를 위하여 다른 인공 조명이 마땅히 켜져야 한다. 그리고 하나님은 거룩한 말씀으로 우리를 위하여 그런 빛을 밝히셨다.

그러므로 칼빈주의자에게 성경의 필요는 추론에 있지 않고 성령의 직접적 증거(testimonium Spiritus Sancti)에 있다. 우리의 영감론은 역사적 연역의 결과이며, 성경에 대한 모든 정경적 선언도 마찬가지이다. 그러나 성경이 영혼에 영향을 미치고 영혼을 자신에게 이끌 때 지니는 마술적 능력은 추론되는 게 아니라 직접적인 것이다. 이 모든 것은 마술적이거나 헤아릴 수 없이 신비적인 방식으로 일어나지 않고 분명하고 이해하기 쉽게 일어난다. 하나님은 우리를 중생시키신다. 즉 하나님은 우리 마음에 죄가 꺼놓은 등불을 다시 켜신다. 이 중생의 필연적 결과는 우리 마음의 내면적 세계와 외부 세계의 화해 불가능한 갈등이며, 이 갈등이 점점 거세어질 때 중생의 원리는 우리의 의식에 스며든다.

그런데 하나님은 성경으로 중생자에게 사유의 세계, 힘의 세계, 충만하고 아름다운 생활의 세계를 계시한다. 이 세계는 그의 일상적 세계와 정면으로 대립하지만 놀라운 방식으로 그의 마음에서 솟아오른 새 생명과 일치한다. 그래서 중생자는 자신의 영혼 깊은 곳에서 움직이는 것과 성경으로 자신에게 계시된 것이 무엇인지 추측하기 시작한다. 그리하여 그는 주변의 세계의 공허함과 성경의 세계의 신적 실재성을 배우기 시작한다. 그리고 이것이 그에게 확실한 것이 되자마자, 그는 개인적으로 성경의 증거를 받아들였다. 그 사람 안에 있는 모든 것이 모든 빛과 영들의 아버지를 갈망했다. 그는 성경 바깥에서는 오직 흐릿한 그늘만 발견했다.

그러나 이제 성경의 프리즘을 통하여 위를 쳐다보면서 자신의 아버지이신 하나님을 다시 발견한다. 그래서 그는 학문에 쇠고랑을 채우지 않는다. 사람이 비판하고자 하면 비판하도록 내버려 두라. 그런 비판조차도 학문이 성경이라는 건물의 구조를 좀더 깊이 통찰하도록 할 것이라는 약속을 붙들어 준다. 칼빈주의자치고 잠시 동안이라도 비판가로 하여금 신적인 광선을 찬란한 빛과 색채로 퍼지게 하는 **프리즘**을 자기 손에서 뺏어 내동댕이치게 할 자는 없다. 성령의 열매를 가리킴이 없이 내면에 주신 은혜에 호소하는 것으로는 죄인에게 구원론적 종교관이 담고 있는 필요를 제거할 수 없다.

단순한 **실체**로서 우리는 식물과 동물과 더불어 생명을 공유한다. 의식 **없는** 생명을 우리는 아이들과 잠자는 사람들과 이성을 잃은 사람과도 공유한다. 우리를 좀더 높은 존재로서 그리고 많이 깨우친 사람으로 구별하는 것은 우리의 **충만한 자기** 의식이다. 따라서 종교가 가장 높고 필요한 기능으로서 자기 의식의 가장 높은 영역에서 활동한다면, 구원론적 종교는 내면적 중생의 필요, 그 다음으로 돕는 빛의 필요와 우리의 황혼을 밝힐 계시의 필요를 또한 요구하게 된다. 그리고 하나님으로부터 오지만 인간 중보자를 통하여 우리에게 전달되는 이 돕는 빛은 거룩한 말씀 안에서 우리에게 비친다.

지금까지 우리의 조사 결과를 종합하면, 다음과 같이 결론을 말할 수 있다. 종교의 네 가지 큰 문제 각각에서 칼빈주의는 적절한 교의로 그 확신을 표현하며 그때마다 3세기가 지난 지금도 가장 이상적인 필요를 충족시키며 계속 풍요한 발전을 향하여 길을 열어 놓는 선택을 내렸다. 첫째, 칼빈주의는 사람을 위하여 존재하는 공리주의적 행복주의적 의미로 종교를 보지 않고 하나님을 오직 하나님을 위하여 존재하는 것으로 본다. 이는 칼빈주의의 하나님 주권 교의이다. 둘째로, 종교에서 하나님과 영혼 사이에 어떤 피조물의 중보가 있어서는 안 된다. 모든 종교는 하나님께서 내면의 마음에 이루시는 직접적인 역사(役事)이다. 이는 선택 교리이다. 셋째로, 종교는 부분적이지 않고 보편적이다. 이는 일반 혹은 보편 은혜라는 교의이다. 마지막으로 우리의 죄악된 조건에서 종교는 정상적일 수 없고 구원론적이어야 한다. 이는 중생과 성경적 계시의 필요라는 이중 교의로 된 칼빈주의의 입장이다.

· ⎯⎯⎯⎯⎯⎯⎯

나는 종교 자체를 고찰하고 이제 조직된 형식 혹은 종교의 현상적 양상으로서 교회를 살피되, 세 가지 단계로 이 땅 위에 있는 그리스도 교회의 본질과 현현과 목적에 대한 칼빈주의의 개념을 제시하고자 한다.

칼빈주의자에게 교회는 본질적으로 하늘과 땅을 포함하여 영적 유기체이지만, 현재 그 중심과 행동의 출발점을 땅에 두지 아니하고 하늘에 두고 있다. 이는 다음과 같이 이해할 수 있다. 하나님은 우주를 지구 중심적으로 창조하셨다. 즉 하나님은 이 우주의 영적 중심을 지구에 두셔서 이 땅 위에 자연 왕국의 모든 부분이 사람에서 절정에 이르도록 하셨다. 하나님은 하나님의 형상을 지닌 자인 이 사람을 불러 우주를 자신의 영광에 바치라고 부르셨다. 그러므로 하나님의 창조계에서 인간은 선지자와 제사장과 왕으로 서 있다. 그리고 죄가 이 고귀한 계획을 방해했지만, 하나님은 그 계획을 밀고 나가신다. 하나님은 자기의 세상을 무척 사랑하셔서 아들의 위격으로 자신을 이 세상에 주셨으며, 그래서 인류와 이 인류를 통하여 자신의 전체 우주를 이끌어 영원한 생명과 새롭게 접촉하도록 하셨다.

확실히 인류의 나무에서 많은 가지와 잎이 떨어졌지만, 나무는 구원 받을 것이다. 이 나무는 그리스도 안에 새로운 뿌리를 내리고 영광스럽게 다시 한 번 꽃 피울 것이다. 왜냐하면 중생은 몇몇 개인을 구원하여 기계적으로 집합적 무리 가운데 속하게 하지 않기 때문이다. 중생은 우리 인류라는 유기체를 구원한다. 그러므로 모든 중생한 인간 생명은 하나의 유기적인 몸을 형성하며, 그리스도가 그 몸의 머리가 되시며 그 몸의 지체는 그리스도와 신비적 연합으로 하나가 된다.

그러나 재림이 되고서야 이 새로운 포괄적 유기체는 우주의 중심에 모습을 드러낸다. 현재 이 유기체는 숨어 있다. 여기 이 땅에서 이 유기체는 흐릿하게 분간할 수 있는 실루엣과 같을 뿐이다. 장차 이 새 예루살렘은 하늘로서 하나님으로부터 내려올 것이지만, 지금은 보이지 않는 것의 신비 가운데 그 광채를 우리 눈으로부터 숨긴다. 그러므로 참된 성소는 지금 위에 있다. 높은 곳에 속죄단과 기도의 향단이 있다. 높은 곳에 멜기세덱의 반차를 좇아 하나님 앞에서 성소 제단에서 사역하시는 유일한 제사장 그리스도가 계신다.

그런데 중세 교회는 이런 천상적 특성을 점점 잃어갔다. 중세 교회는 본질적으로 세상적인 것이 되었다. 성소는 다시금 땅으로 내려왔고 제단은 다시 돌로 만들어졌고 사제의 교직제가 제단 사역을 위하여 다시 세워졌다. 그 다음에는 물론 땅에 보이는 제물을 새로 드리는 것

이 필요했으며, 이리하여 중세 교회는 미사라는 피없는 제물을 만들게
되었다. 그러나 칼빈주의는 이 모든 것에 반대하되, 원칙적으로 제사
장직을 반대하거나 제단을 반대하거나 성소 자체를 반대하지 않았다.
제사장의 직분은 소멸할 수 없으며, 죄의 사실을 아는 모든 사람은 자
기 마음 속에 대속 제사의 절대적 필요를 깨닫기 때문이다.

오히려 칼빈주의는 이 모든 세상적인 잡다한 것들을 제거하고 신
자들이 다시 눈을 높이 떠서 우리의 유일한 제사장이신 그리스도께서
유일하게 참된 제단에서 사역하시는 참된 성소를 볼 수 있도록 하기
위하여 그런 것들을 반대했다. 이 전쟁은 제사장직(sacerdotium)을
맞선 전쟁이 아니라 사제주의(sacerdotalism)[2]를 맞선 전쟁이었으며,
칼빈은 혼자서 철저히 일관되게 그 전쟁을 끝까지 싸웠다.

루터파와 감독파는 일종의 제단을 땅에 다시 세웠다. 칼빈주의만
그런 제단을 완전히 제거하려 했다. 따라서 감독파 가운데 지상적 제
사장직은 심지어 교직제의 형식으로 보존되었다. 루터파 국가에서는
군주가 최고 감독이 되고 교회 계급의 구분을 모방했다. 그러나 칼빈
주의는 교회 봉사에 참여하는 모든 사람을 절대적으로 동등하다고 선
언했으며, 교회 지도자와 직분 맡는 자에게 사역자(즉 종)의 특성밖에
돌리지 않으려 했다.

구약 경륜의 그림자 아래 모형과 상징으로 직관적 교훈을 제공했
던 것은, 이제 모형이 성취되었으므로, 칼빈이 보기에 그리스도의 영
광을 손상하는 것이 되었으며, 교회의 천상적 성격을 낮추어 버렸다.
그러므로 칼빈주의는 이 세상적 조각이 눈을 호리고 시선을 끌지 못할
때까지 멈출 수 없었다. 오직 사제주의라는 누룩의 마지막 남은 것이
제거되었을 때에야, 땅에서 교회가 바깥 뜰이 될 수 있었다. 이 바깥

---

2) sacerdotium은 사제직을 지칭하며, sacerdotalism은 사제가 성찬에서 제사
를 드린다는 교리이다.

뜰에서 신자는 하늘에 있는 살아계신 하나님의 참된 성소를 우러러 볼 수 있었다.

웨스트민스터 신앙고백서는 교회의 이 천상적인 포괄적 성격을 아름답게 표현한다. "보이지 않는 보편의 교회는 그리스도를 그 머리로 하여 하나로 모였고 모이고 모일 모든 선민으로 구성되며, 만물 안에서 만물을 충만케 하시는 분의 신부이며 몸이며 충만이다." 그래서 불가시적 교회라는 교의는 종교적으로 성별되며 우주론적이며 영구적인 의의에서 파악되었다. 물론 그리스도 교회의 실재성과 충만이 땅에 존재할 수 없기 때문이다. 여기서는 기껏해야 한 시대 성전의 입구에서 한 세대의 신자가 발견될 뿐이다. 세상의 처음과 시작부터 이전의 모든 세대는 이 땅을 떠나 높은 곳으로 올라갔다.

그러므로 여기 남아 있던 자들은 말 그대로 순례자였으며, 그래서 그들은 성전 입구에서 성소로 들어갔으며, 현세 동안 그리스도께 연합되지 않은 자에게는 죽은 다음 구원의 가능성이 전혀 남아 있지 않았다. 또한 오늘날 독일 신학자들이 주장하고 있듯이, 죽은 자를 위한 미사나 무덤 저편에서 회개하라는 요청이 들어설 여지도 있을 수 없다.

왜냐하면 칼빈은 이 모든 과정적이며 점진적인 이행을 하늘에 있는 교회의 본질과 여기 이 땅에 있는 교회의 불완전한 형식 사이의 절대적 대조를 파괴하는 것으로 보았기 때문이다. 이 땅의 교회는 그 빛을 하늘로 올리지 못한다. 반대로 하늘의 교회가 이 땅의 교회에 빛을 내려보냄에 틀림없다. 말하자면 눈 앞에 커튼이 쳐져 있어서, 땅에 있는 동안 교회의 참된 본질을 꿰뚫어 보지 못한다는 것이다. 그러므로 이 땅에서 우리에게 가능한 모든 것은 먼저 성령을 통하여 참된 교회와 나누는 신비한 교통과 둘째로 우리 앞에 투명한 커튼에 모습을 드러내는 그림자에 대한 향유뿐이다.

따라서 하나님의 자녀 가운데 참된 교회가 여기 이 땅에 있으며

저기 커튼 뒤에는 우리의 상상력이 만든 관념적 산물뿐이라고 생각할
자는 없다. 반대로 하나님의 자녀는 그리스도께서 인간의 모양으로 우
리의 육신 가운데서 커튼 뒤의 불가시적 교회로 들어가셨으며, 우리의
머리되신 그와 더불어 그의 주위에, 그리고 그 안에서 참된 교회, 우
리 구원의 참되고 본질적인 성소가 있다고 고백해야 한다.

―――――――――

　　우리 인류와 전체 우주의 재창조와 관련하여 교회의 성격을 분명
하게 파악했으므로, 이제 이곳 땅에서 나타난 교회의 **현현** 형식에 관
심을 기울여 보자. 교회는 그리스도의 규례에 순종하면서 교회적 연합
가운데 사는 여러 신자의 **지역적 회중**, 신앙 고백자의 집단을 우리에
게 보여 준다. 이 땅의 교회는 마치 영의 약품을 나누어주는 은혜의
시혜를 위한 기관이 아니다. 평신도에게 마술적 영향력으로 활동할 수
있는 마술적 능력을 부여 받은 신비적 영적 단체는 없다.
　　오직 중생하여 신앙을 고백하는 개인이 있을 뿐이다. 그리고 이
개인들은 성경의 명령에 따라 그리고 모든 종교의 구원론적 요소의 영
향을 받아 하나의 사회를 형성했으며 왕이신 그리스도께 복종하며 함
께 사는 일에 노력하고 있다. 이것이 땅의 교회이지, 건물이나 기관이
나 영적 단체가 아니다.
　　칼빈에게 교회는 신앙을 고백하는 개인 가운데 발견된다. 즉 낱낱
의 개인에게서가 아니라 연합한 그들 전체에서 발견되며, 그들이 좋다
고 여겨서 연합한 것이 아니라 그리스도의 규례를 따라서 연합했다.
이 땅의 교회에는 신자의 보편적 제사장됨이 실현되어야 한다. 이 말
을 오해하지 말라. 교회가 종교적 목적을 가지고 집단으로 연합한 경
건한 자들로 구성된다는 뜻이 아니다. 이는 교회와 아무 상관이 없을
것이다. 참된 하늘에 있는 불가시적 교회는 지상의 교회 안에 모습을
나타냄에 틀림없다. 그렇지 않다면 사회가 있을 뿐이지 교회는 있지

않을 것이다.

그런데 참된 본질적 교회는 여전히 중생한 사람이 지체로 있는 그리스도의 몸이다. 그러므로 이 땅의 교회는 그리스도께 연합되고 그 앞에 절하고 그 말씀으로 살고 그의 규례를 붙잡는 사람들로만 구성된다. 그래서 이 땅의 교회는 말씀을 전파하고 성례를 집행하고 권징을 행하고 모든 일에서 하나님 앞에 서 있어야 한다.

동시에 이는 이 땅의 교회 정치 형식을 결정한다. 교회와 마찬가지로 이 정치는 하늘에서 그리스도에게서 생긴다. 그분이 성령을 통하여 자기 교회를 가장 효과적으로 통치하고 다스리신다. 그리스도는 성령으로 자신의 지체 가운데 역사하신다. 그러므로 모든 사람이 그분 아래서 평등하므로, 신자간에 계급 차별이 있을 수 없다. 오직 섬기고 이끌고 규제하는 사역자만 있을 뿐이다; 철저한 장로교적 정치 형식이 있다; 그리스도로부터 회중에게 직접 내려오는 교회의 권력은 회중으로부터 사역자 안에 집중되며 사역자에 의하여 형제들에게 시행된다. 그래서 그리스도의 주권은 절대적으로 군주제로 남지만, 이 땅의 교회 정치는 골수까지 민주적이게 된다; 모든 신자와 회중이 평등하므로 교회는 서로에게 아무런 통치권을 발휘할 수 없고 모든 지역 교회가 평등하므로 하나의 몸의 현현으로서 교회 회의를 통해서만 즉 연합을 통해서만 연합할 수 있다는 이런 결론에 논리적으로 도달하는 체제.

이제 이런 동일한 원리에서 생기는 가장 중요한 결론에 관심을 기울이자. 즉 순수성의 정도에 따라 교회가 구별되어 필연적으로 생기는 결과로서 교단의 다양함을 살펴보자.

교회가 신자와 독립된 은혜의 기관 혹은 **교직제로** 은혜의 보고를 맡은 기관이라면, 그 결과 틀림없이 이 교직제가 모든 나라에 확장되며 모든 형식의 교회 생활에 동일한 특징을 남길 것이다.

그러나 교회가 **신자**의 회중에 있다면, 교회가 신앙고백자의 결합으로 형성되고 오직 동맹의 형식으로만 연합된다면, 기후와 나라와 과거 역사와 기질의 차이가 광범위하게 다양한 영향력을 발휘하게 되며 그 결과 교회 문제가 다양하게 될 것이다. 그러므로 이는 매우 폭넓은 중요성을 가진 결과이다. 왜냐하면 이는 모든 가시적 교회의 절대적 특성을 전멸시키며, 순수성의 정도에 따라 다르지만, 하늘에 있는 그리스도의 하나의 거룩하고 보편적 교회가 이런 저런 모습으로 현현한 것으로 가시적 교회를 나란히 놓는다.

칼빈주의 신학자가 처음부터 이런 풍부한 결론을 선포했다고 말하는 것은 아니다. 그들의 마음에도 지배 권력에 대한 욕망이 숨어 있었으며, 이 위험천만한 성향을 놔두고서라도, 그들이 신학적으로 자신의 이상을 표준으로 삼아 각 교회를 판단하는 것은 옳고 자연스러웠다. 그러나 이는 그들이 자신의 교회를 교직제나 기관으로 보지 않고 개별 신앙 고백자의 집합으로 봄으로 국가 생활과 시민 사회 생활뿐만 아니라 교회 생활에 대하여 강제의 원칙이 아니라 자유의 원칙으로 시작했다는 사실의 큰 의의를 떨어뜨리지 않는다.

물론 이 출발점 때문에 교회가 동맹을 통하여 형성한 것을 제외하고 지역 교회보다 높은 교회 권력은 없었다. 그래서 필연적으로 사람들간의 자연적이며 역사적인 차이점이 울타리처럼 이 땅의 교회의 현상적 생활로 기어코 들어오고야 말았다. 민족간의 도덕적 차이, 성향의 차이, 정서의 차이, 삶과 통찰의 깊이의 차이는 필연적으로 먼저 동일한 진리의 한 면을 강조하고 그 다음에 다른 면을 강조하기에 이르렀다. 그래서 외면적 교회 생활이 이 원리에 따라 수많은 분파와 교단이 있게 되었다. 그래서 우리 편에서는 풍요하고 깊고 풍부한 칼빈주의적 신앙고백에서 출발했을지라도 우리 신앙고백의 여러 조항을 격렬히 반대했던 교단이 있다. 하지만 그 교단들은 사제주의에 대한 뿌리깊은 적대감과 교회를 '신자의 회중'으로 인정하는 데서 생겼다. 칼빈주의는 이 진리로 자신의 근본적 개념을 표현했다.

그리고 이 사실이 어쩔 수 없이 상당히 거룩하지 못한 경쟁과 심지어 죄악되고 잘못된 행동에 이르긴 했지만, 3세기 동안의 체험을 겪은 후에 칼빈주의의 근본 사상과 떨어질 수 없는 이 다양성은, 다른 이들이 그 힘의 기초를 발견하는 강제적 단일성보다 종교 생활의 성장과 번영에 훨씬 나았다. 그리고 교회 자유의 원리가 무관심으로 퇴락하지 않으며 그 이름과 신앙고백에서 여전히 칼빈주의의 기치를 내세우는 교회가 자신의 우월한 원리를 다른 사람들에게 권하는 신성한 사명 수행을 놓치지 않으면, 미래에는 훨씬 풍부한 열매를 기대할 수 있다.

이런 맥락에서 한 가지 요점을 더 설명해야 한다. '신자의 회중'으로서 교회의 개념은, 교회가 신자만 포함하지 그들의 자녀를 포함하지 않는다는 개념에 이를 수 있다. 하지만 이는 칼빈주의의 가르침이 결코 아니다. 유아 세례 주제에 대한 칼빈주의의 가르침은 정반대이다. 함께 모이는 신자는 그로써 후손과 연결되어 있는 자연적 유대를 끊어버리지 않는다. 반대로 그들은 이 유대를 성별하며 세례로써 자녀를 교회의 교제에 연합시킨다. 그리고 이 아이들은 나이가 차서 스스로 고백하는 사람이 되거나 불신에 의하여 교회로부터 나뉠 때까지 이 교회 교제 안에 유지된다. 이는 칼빈주의의 가장 중요한 언약 교의이다.

교회의 물결이 인간 생활의 자연적 흐름 바깥에서 흐르지 아니하고 교회 생활이 세대마다 이어지는 인류의 자연적인 유기적 번식과 나란히 전진한다는 것을 보여 주는 우리 신앙고백의 두드러진 조항이다. 언약과 교회는 떨어질 수 없다. 언약은 교회를 인류에 매어두고 하나님은 은혜의 생활과 자연의 생활 간의 연결을 교회 안에서 증명하셨다. 물론 은혜의 상호 침투가 자연스럽게 교회의 순수성을 저해하려 하자마자 이 언약의 순수성을 보존하기 위하여 교회의 권징이 있어야 한다.

그러므로 칼빈주의적 관점에서는 국가 교회가 전체 국가의 모든 거주민을 포함하도록 되어 있다고 말할 수 없다. 국가 교회 즉 오직 한 국민으로 구성되는 교회 즉 국민 전체는 이교적 개념이며 기껏해야 유대교적 개념이다. 그리스도의 교회는 국가에 속하지 않고 세계적이다. 하나의 국가가 아니라 전세계가 교회의 영역이다. 그리고 루터파 개혁가들이 군주의 사주를 받아 교회를 국가화하고 칼빈주의 교회가 동일한 길로 빠지려 했을 때, 로마의 세계 교회 개념보다 높은 개념에 오르지 못했고 오히려 훨씬 낮은 곳으로 내려갔다. 다행히도 나는 우리의 도르트 회의와 역시 존귀한 여러분의 웨스트민스터 총회가 우리 개혁 교회의 범세계적 특성을 다시 존중하여 유일하게 올바른 원리로부터 벗어나는 모든 일탈을 용서할 수 없는 것으로 책망했던 사실을 증거함으로써 결론을 말할 수 있게 된다.

───────────

지금까지 교회의 **본질**과 교회의 **현현** 형식을 간략하게 말했으므로, 마지막으로 교회가 땅에 나타난 **목적**을 살피도록 하겠다. 이 강연에서는 교회와 국가의 분리에 관하여 전혀 말하지 않을 것이다. 그러므로 자연스럽게 다음 강연에서 그 주제를 다룰 것이다. 이 강연에서는 교회가 세계에서 순례할 때 받은 목적에 국한할 것이다. 이 목적은 인간적이거나 이기적인 것일 수 없고, 신자를 하늘 나라에 준비토록 하는 것이다.

요람에서 죽은 중생한 아이는 더 이상의 준비가 없이 성령께서 그 영혼에 영생의 불꽃을 일으킨 곳에서 바로 하늘로 간다. 성도의 견인은 영원한 구원의 확실성을 보장한다. 그런데 이 땅에서도 교회는 오직 하나님을 위해서 존재한다. 중생은 선택 받은 사람이 자신의 영원한 운명을 확신하게 하는 데 충분하다. 그러나 사람들 가운데 나타나는 하나님의 영광을 만족시키기에는 충분치 못하다. 우리 하나님의 영광을 위해서는 중생 다음에 회심(conversion)이 있어야 한다.

그리고 교회는 말씀의 선포를 통하여 이 회심에 이바지해야 한다. 중생한 사람에게는 불꽃이 빛나지만, 오직 회심한 사람에게서 그 불꽃은 타오르는 불이 된다. 그리고 주님의 명령에 따라 하늘에 계신 우리 아버지께서 영광을 받으시도록 이 불은 교회로부터 세상에 비친다. 그리고 오직 그럴 때 우리의 회심과 선한 행위로 나타나는 성화는 예수님이 명령하시는 고상한 성품으로 두드러진다. 그때 우리는 먼저 구원의 보장으로서가 아니라 하나님을 영화롭게 하는 것으로 회심과 성화를 드러낸다.

둘째로, 교회는 성도의 교제와 성례로 이 불에 바람을 놓아 밝게 만든다. 오직 수백개의 초들이 하나의 촛대에서 불타고 있을 때에, 부드러운 촛불의 충만한 밝음이 우리를 비춘다. 그처럼 개개 신자의 많은 작은 불꽃을 묶어서 서로 그 밝기를 더하게 하고 일곱 촛대 사이를 거니시는 그리스도께서 성례전적으로 그 밝은 빛을 훨씬 찬연한 열기로 순수하게 하시도록 하는 것은 성도의 교제이다. 그래서 교회의 목적은 우리에게 있지 아니하고 하나님께, 하나님의 이름의 영광에 있다.

똑같은 방식으로 이 엄숙한 목적에서 칼빈주의가 교회의 봉사에서 회복하려 했던 매우 영적인 제의(祭儀)가 나온다. 기독교와 거리가 멀었던 철학자 폰 하르트만(von Hartmann)도 제의는 훨씬 높은 질서의 아름다움 즉 예배하는 영혼의 내면적이며 영적인 아름다움을 옷입으려고 모든 외적 모습을 무시할 수 있는 용기와 상징법에서 발전해 벗어날 수 있는 힘을 갖고 있는 만큼 더욱 종교적이게 된다고 파악했다. 감각적인 교회 봉사는 사람을 종교적으로 달래고 우쭐하게 만드는 경향이 있다.

오직 칼빈주의의 순수히 영적인 봉사는 하나님에 대한 순전한 경배와 신령과 진정으로 하나님을 숭앙함을 목표로 한다. 동일한 경향이 모든 진정한 칼빈주의 교회 활동의 필수 요소인 교회 권징을 이끈다. 교회 권징은 처음에 추문을 방지하려고 심지어 야생의 가지를 일차적으로 잘라내려고 제정한 것이 아니라, 하나님의 언약의 **신성함을 보존하고** 하나님은 너무 순수하셔서 악을 참아 보지 못하신다는 엄숙한 사실을 외부 세계에 지속적으로 새겨두려고 제정한 것이다.

마지막으로, 우리는 칼빈 혼자 이해하여 그 원초적 명예를 회복했던 집사 제도에서 교회의 박애의 봉사를 갖는다. 로마 교회나 희랍 정교회나 루터파 교회나 감독 교회도 집사 제도의 참된 의미를 파악하지 못했다. 칼빈만이 집사 제도를 교회 생활의 필수적인 구성 요소로서 그 명예로운 자리로 회복시켰다. 그러나 집사 제도에서도, 이 제도가 구제하는 자를 영화롭게 하는 것이 아니라 오직 사람의 마음을 관대하게 만드시는 그분의 이름을 영화롭게 하는 것이라는 고상한 원리가 우세해야 한다. 집사는 **우리의 종**이 아니라 그리스도의 종이다.

우리가 그들에게 위임하는 것은 그분의 소유를 맡은 청지기로서 단순히 그리스도께 돌려 드리는 것일 뿐이다. 그리고 그분의 이름으로 그분의 소유가 그분의 가난한 자 곧 우리의 형제 자매에게 나누어져야 한다. 그리스도가 아니라 집사와 구제하는 자에게 감사하는 가난한 교회 지체는, 실제로 신으로서 구제하시며 자신의 집사들을 통하여 자신이 영원부터 영원까지 타락한 우리 인류를 위하여 전인(全人)과 모든 삶에 대하여 하나님이 기름부어 임명하신 **위로자 그리스도**이시며 하늘의 구속자이신 분임을 분명하게 드러내시려는 그분을 사실상 부인하는 것이다.

그래서 알다시피 칼빈주의에서는 교회라는 근본 개념이 종교라는 근본 관념과 완벽하게 일치하는, 쟁론의 여지가 없는 결과가 나온다. 모든 이기주의와 행복주의는 마지막까지 배제된다. 우리는 언제나 사람이 아니라 하나님을 위하는 하나의 **종교**, 하나의 **교회**를 갖는다. 교회의 기원은 하나님께 있으며 그 현현은 하나님으로부터이며 처음부터 끝까지 그 목적은 언제나 하나님의 영광을 찬미하는 것이다.

이제 마지막으로, 실제 생활에서 종교의 열매 혹은 도덕의 문제에서 칼빈주의가 취하는 입장 즉 세번째 마지막 단락을 살피자. 그러면 칼빈주의와 종교에 관한 이 강연은 자연스럽게 마감할 것이다.

여기서 우리의 관심을 끄는 첫번째 것은 도덕적 자극의 칼날을 무디게 한다는 고백과 도덕적 진지성으로 다른 모든 종교의 관행을 앞지르는 실천의 명백한 모순이 있다는 것이다. 이 영역에서 반율법주의자와 청교도는 가라지와 알곡처럼 섞여 있는 것처럼 보인다. 그래서 처음에 볼 때는 반율법주의가 칼빈주의 신앙고백의 논리적 결과인듯이, 오직 다행한 모순 때문에 청교도가 자신의 도덕적 진지함이라는 온기를 예정 교의에서 나오는 모든 것을 얼어붙게 만드는 냉기에 불어넣을 수 있는 듯이 보였다. 로마주의자와 루터파와 아르미니우스파와 자유사상가들(libertine, 칼빈 당시에 그를 반대한 방종파 : 역자주)은 성도의 견인에서 절정에 달하는 칼빈주의의 절대적 예정 교리가 필연적으로 너무 쉬운 양심과 위험천만한 도덕적 방종에 이른다고 줄곧 비난했다.

그러나 칼빈주의는 추론에 반대하는 반대 추론으로 이 비난에 답하지 아니하고 허구적 결론에 다다른 이 그릇된 연역에 맞서 범세계적으로 명성을 떨친 한 사실을 제기함으로써 답한다. 칼빈주의는 이렇게 물을 뿐이다. "우리가 청교도의 고상한 도덕적 진지함을 지향한다면, 다른 종교는 어떤 경쟁할 만한 도덕적 열매를 반대할 것인가?" "은혜를 더하려고 죄에 거하겠느뇨?"는 교회가 어렸던 시절 악한 영이 거룩한 사도에서 퍼부었던 케케묵은 악마적 속삭임이다.

그리고 16세기에 하이델베르크 교리 문답은 "이 교리가 부주의하고 불경건한 생활을 낳지 않는가?" 하는 치욕스러운 비난에 맞서 칼빈주의를 옹호해야 했다. 우르시누스와 올레비아누스는 메아리치듯 단조로이 반복되는 해묵은 그 비난을 다루어야 했다. 확실히 내주하는 죄를 심지어 반율법주의 자체를 계속 짓고 더욱이 조장하려는 불경건한 탐욕은 칼빈주의적 신앙고백을 방패로 삼아 회개치 않은 마음의 육적 욕구를 숨기려고 칼빈주의 신앙고백을 남용했다. 그러나 기록된 신앙 고백의 기계적 반복이 참된 종교와 일치하는 것이 거의 없는 것처럼, 칼빈의 공식을 되울릴 뿐 그 마음에 칼빈주의적 진지함이 전혀 없는 저 되울림하는 돌 기둥들의 책임을 칼빈주의 신앙고백에 별로 돌리지 못할 것이다.

그 영혼에서 개인적으로 전능자의 엄위에 놀라고 그 영원한 사랑 의 강력한 능력에 복종하여 하나님께 선택받았고 따라서 영원히 하나 님께만 감사할 것을 개인적으로 확신하고서 이 위엄에 찬 사랑을 사단 과 세상과 자기 마음의 세속적 태도에 맞서서 선포하는 그 사람만이 참된 칼빈주의자이며 칼빈주의의 기치를 높일 것이다. 그런 사람은 하 나님의 말씀을 생활에서 지킬 하나님의 최고 행동 원리로 받아들이는 결과로 하나님의 능력과 엄위 앞에 떨지 않을 수 없다.

이 원리는 칼빈주의가 율법주의적 종교라는 아무 근거 없는 비난 을 받아 왔지만 지금까지 칼빈주의가 성경에 강력히 붙어 있게 했다. 율법주의적이라는 말은 율법의 성취로 구원을 달성할 수 있다고 선언 하는 종교에 해당하는 말이다. 반면에 칼빈주의는 엄밀하게 구원론적 의미에서 그리스도와 그리스도의 공로의 대속 열매에서만 구원을 이끌 어내었다.

그러나 칼빈주의는 하나님의 교회에서나 신자의 개인 생활과 가정 생활과 사회 생활과 정치 생활에서 신자를 하나님의 면전에 세우는 독 특한 특징을 여전히 갖고 있었다. 하나님의 엄위와 하나님의 권위는 인간 실존 전체에서 칼빈주의자를 압박한다. 그는 관심이 없는 세상에 서 앞으로 나아간다는 의미에서 순례자가 아니라 종착점에서 자신을 기다리시는 위엄에 찬 하나님께 대한 책임을 기억하며 먼 길을 한 걸 음 한 걸음 걸어가야 한다는 의미에서 순례자이다. 영원으로 들어가는 어귀에서 자기에게 열려 있는 문 앞에 마지막 심판이 시작된다. 그 심판은 긴 순례길을 하나님의 영광을 목표로 하는 마음을 가지고 지극히 높으신 분의 규례에 따라 이루었는지를 확인하는 광범위하고 포괄적인 시험임에 틀림없다.

이제 칼빈주의자는 하나님의 규례를 믿는 자신의 믿음을 어떤 뜻으로 말하는가? 그것은 모든 삶이 창조에서 실현되기 전에 하나님의 생각 안에 먼저 있었다는 굳게 뿌리 내린 확신에 다름 아니다. 그러므로 모든 피조된 세계는 필연적으로 하나님이 직접 지으신 자신의 존재에 대한 법칙을 자신 안에 갖고 있다. 자연의 법칙이라고 하는 그런 신적 규례가 없이는 우리 바깥의 자연에는 생명이 없다. 이는 자연으로부터 나오는 법칙이 아니라 자연 위에 부가된 법칙으로 이해할 경우 기꺼이 받아들일 수 있는 용어이다. 그래서 위의 궁창에 대한 하나님의 규례가 있고 아래 땅에 대한 하나님의 규례가 있는데, 이 규례를 통하여 이 세상은 유지된다. 그리고 시편 기자가 말하듯이, 이 규례는 하나님의 종이다. 따라서 우리 몸을 위한, 우리의 동맥과 정맥을 통하여 흐르는 피에 대한, 호흡 기관인 폐에 대한 하나님의 규례가 있다.

그리고 논리학에도 우리의 사고를 규제하는 하나님의 규례가 있다. 미학의 영역에서 우리의 상상력에 대한 규례가 있다. 또한 도덕 영역에서 인간 전체 생활에 대한 엄격한 규례가 있다. 구체적이고 세세한 경우에 우리에게 결정을 미루는 요약적인 일반 법칙이라는 의미에서 도덕 규례가 아니다. 마치 하나님의 규례가 강력한 별의 궤도뿐만 아니라 아주 작은 소행성의 길을 규정하듯이, 하나님의 도덕적 규례는 가장 작고 구체적인 부분까지 내려와 모든 경우에 하나님의 뜻으로 고려해야 할 일을 우리에게 진술한다. 그리고 가장 강력한 문제와 가장 사소한 일 모두를 다스리는 하나님의 규례는 법률책의 규칙이나 종이에서 읽을 수 있는 규칙이나 한 순간 자신의 권위를 행사할 수 있는 생활의 법전처럼 우리에게 요구되는 것이 아니라 무소부재하시고 전능하신 하나님의 변함없는 뜻으로 요구되는 것이다. 이 하나님은 모든 순간에 삶의 과정을 규정하시고 신적 권위로 그 법을 명하시고 계속 우리에게 요구하신다.

칼빈주의자는 칸트와 달리 "너는 ~해야 한다"는 것에서 입법자의 개념으로 추론하여 올라가지 않는다. 칼빈주의자는 하나님의 면전에 있으며 하나님을 뵈오며 하나님과 동행하며 자신의 존재와 실존의 전체에서 하나님을 느끼기 때문에, 자신의 하나님으로부터 자연과 자기 몸과 이성과 행위에 계속적으로 진행되는 결코 침묵치 않는 "너는 ~해야 한다"는 명령에서 귀를 결코 돌이킬 수 없다.

그러므로 참된 칼빈주의자는 이 규례들을 마치 벗어버리고자 하는 멍에처럼 여기고 강제력에 의하여 따르지 아니하고, 우리는 황야에서 길을 알지 못하지만 인도자는 길을 알고 있음을 깨닫고 오직 그의 발자취를 가까이 따르는 것말고는 안전함이 없음을 인식하면서 따라가고자 하는 기꺼운 태도로 그 규례를 따른다. 숨이 가쁠 때 우리는 싫든 좋든 상관없이 바로 하나님이 사람의 호흡에 관하여 주신 규례에 따라 숨을 고르면서 장애를 제거하고 정상 상태로 회복한다. 숨을 고르게 되면 말할 수 없는 안도감을 얻는다. 그처럼 신자는 일상 생활의 모든 불안 상태에서 하나님의 도덕적 명령에 따라 자신의 영적 호흡을 할 수 있는 대로 빨리 회복하려고 해야 한다. 왜냐하면 이처럼 회복된 후에야 내면 생활이 그 영혼에서 자유롭게 번영할 수 있고 정력적인 활동이 회복될 수 있기 때문이다.

그러므로 일반 도덕 규례와 좀더 특별한 기독교적 계명의 온갖 차이를 칼빈주의자는 모른다. 어느 때에 하나님이 어떤 도덕 질서로 사물을 다스리기를 원하셨지만 이제는 그리스도 안에서 다른 식으로 사물을 다스리려 하신다고 어찌 상상할 수 있겠는가? 하나님이 창조때부터 심지어 영원까지 하나의 동일한 도덕적 세계 질서를 원하셨고 원하고 계시고 원하고 유지하실 영원자, 불변자가 아니신 것처럼 그렇게 상상할 수 있겠는가? 참으로 그리스도는 인간의 죄악된 한계가 이 세계 질서를 덮을 때 사용한 먼지를 제거하고 이 세계 질서를 원래의 찬란한 모습대로 빛나게 했다. 참으로 그리스도만이 처음부터 이 세계 질서를 움직이는 원리인 그리스도의 영원한 사랑을 우리에게 계시하셨다. 무엇보다도 그리스도는 든든하고 흔들리지 않는 발걸음으로 이 세계 질서 가운데 걸어다닐 수 있는 능력을 우리 안에 튼튼하게 만드셨다.

그러나 세계 질서는 처음이나 지금이나 변함없다. 이 세계 질서는 신자뿐만 아니라(마치 불신자에게도 똑같이 요구하듯이) 모든 인간과 모든 인간 관계에 권리를 내세운다. 그러므로 칼빈주의는 마치 우리가 소위 도덕 생활을 창조하고 발견하고 규제해야 하는 것처럼 이 도덕 생활에 관하여 철학적으로 생각하도록 이끌지 않는다. 칼빈주의는 하나님의 위엄 아래 우리를 놓아 하나님의 영원한 규례와 변할 수 없는 계명에 따르게 할 뿐이다. 그래서 칼빈주의자에게 모든 윤리적 연구는 시내산의 율법에 기초를 둔다. 이는 마치 그 당시 도덕적 세계 질서가 고정되기 시작했으니 그러는 게 아니라, 하나님이 창조 때 인간 마음에 쓰셨고, 하나님이 회개하는 모든 사람의 심비에 다시 쓰고 계시는 원래의 도덕법에 대한 신적으로 참된 요약으로서 시내산의 율법을 존중하기 때문이다.

칼빈주의자는 양심에 따르게 되는데, 이는 양심을 모든 사람이 자기 속에 모시고 다니는 개인적 입법가로 여기는 게 아니라 하나님이 내면의 사람을 부추기사 자신의 판단에 따르도록 하실 때 쓰시는 직접적 신적 감정(sensus divinitatis)으로 여기는 것이다. 칼빈주의자는 종교를 그 교의와 더불어 개별적 실체로 붙들어서 자신의 도덕 생활을 그 윤리와 더불어 종교와 나란한 두번째 실체로 놓지 아니하고, 하나님의 임재에 자신을 두는 것으로 종교를 고수한다. 그리하여 이 하나님은 자신의 거룩한 뜻을 칼빈주의자에게 불어넣으신다.

　　칼빈에게 사랑과 숭앙은 모든 영적 활동의 동기이며 따라서 하나님께 대한 경외는 하나의 현실로서 전체 생활에, 즉 가정에, 사회에, 학문과 예술에, 개인 생활에, 정치 활동에 덧붙는다. 모든 일과 인생의 모든 선택에서 오직 언제나 자신의 의식에 임재하시며 언제나 그 눈으로 자신을 보시는 하나님께 대한 가장 면밀하고 기운찬 경외에 의해서 통제되는 구속 받은 사람, 바로 이런 칼빈주의자의 모습이 역사에 모습을 드러낸다. 언제나 그리고 모든 일에 삶의 규칙이신 언제나 계시는 하나님께 대한 가장 깊고 거룩한 경외, 이것이야말로 처음 청교도의 진짜 모습이다.

　　세상에 대한 기피는 칼빈주의의 표지가 결코 아니라 재세례파의 표어였다. '기피'라는 독특한 재세례파적 교의가 이를 입증한다. 이 교의에 따르면, 재세례파는 스스로 '성도'라고 공언하면서 세상에서 나누어졌다. 그들은 세상과 대립했다. 그들은 맹세를 거부했다. 모든 병역의 의무를 혐오했다. 공직 갖는 것을 비난했다. 여기서 이미 그들은 이 죄악된 세상 가운데 새로운 세상을 만들었지만, 우리의 현재 실존과 아무 상관없는 것이었다. 그들은 옛 세상에 대한 모든 의무와 책임을 거부했고 정죄와 오염이 두려워 조직적으로 기피했다.

　　그러나 이는 칼빈주의가 언제나 논박하고 부인하던 것일 뿐이다. 서로 잘 들어맞는 두 세계 즉 나쁜 세계와 좋은 세계가 있는 게 아니다. 하나님이 완벽하게 창조하셨고 그후로 타락하여 죄인이 된 하나의 인격이 있으며, 중생하여 영생에 들어가는 것은 옛 죄인의 동일한 '자아'이다. 역시 한때 낙원의 모든 영광을 드러냈고 그후 저주로 고통받고 타락 이후로 일반 은혜에 의하여 지탱되고 이제는 그리스도로 인하여 그 중심에서 구속되고 구원받았으며 심판의 공포를 지나 영광의 상태에 이르게 되는 것은 하나의 동일한 세계이다. 바로 이런 이유 때문에 칼빈주의자는 교회에 갇혀서 세상을 그 운명에 내버려 둘 수 없다.

　　오히려 칼빈주의자는 이 세상의 발전을 훨씬 높은 단계로 밀고 올라가되 하나님을 위하여 언제나 하나님의 규례에 따라 올라가서 매우 고통스러운 부패 가운데 서서 사람 가운데 존중할 만하고 사랑스럽고 좋은 소식이 될 만한 모든 것을 지탱하려 한다. 그러므로 우리는 역사에서 (나의 조상에 관하여 말해도 된다면) 칼빈주의가 네덜란드에서 사반세기 동안 굳게 세워지자마자 모든 방향에서 삶의 활기찬 소리가 들리고, 불굴의 힘이 인간 활동의 모든 분야에 스며들며, 상업과 무역, 수공예와 산업, 농업과 원예, 기술과 학문이 전에 없이 찬란하게 융성하며, 서구 전체에 전혀 새로운 삶의 발전을 위한 새로운 추진력을 주었음을 본다.

　여기에는 오직 하나의 예외가 있다. 나는 이 예외를 주장하며 있어야 할 곳에 있도록 하고 싶다. 내 말뜻은 다음과 같다. 칼빈주의는 회개하지 않은 세상과 모든 친밀한 교제를 합당한 것으로는 보지 않는다는 것이다. 왜냐하면 그렇게 함으로 다음 세 가지 일에 명백한 '거부권'을 행사하여 이 세상의 너무도 신성 모독적인 영향을 막는 울타리가 세워졌기 때문이다. 이 세 가지는 **카드 놀이, 영화, 춤**이다. 나는 이 세 가지 오락을 처음에는 개별적으로 다루고 나중에는 모아서 그 의의를 말하고자 한다.

　칼빈주의는 **카드 놀이**를 금지하여 왔다. 이는 모든 종류의 게임이 금지되었다거나 카드 자체에 악마적인 것이 숨어 있기 때문이 아니라 카드 놀이가 하나님으로부터 벗어나고 운이나 행운을 신뢰하는 위험한 경향을 우리 마음에 조장하기 때문이다. 날카로운 눈과 재빠른 행동과 폭넓은 경험으로 결정되는 놀이는 그 성격이 고상하지만, 상자 속에 카드가 배열된 상태에서 맹목적으로 나누는 카드와 같은 놀이는 우리가 기회나 운이라고 하는 하나님 바깥의 치명적인 상상적 세력을 중요하게 여기도록 만든다.

우리는 누구든지 이런 식의 불신에 빠지는 경향이 있다. 도박의 열기는 사람들이 자신의 일에 견실히 전념하기보다 운의 명령에 얼마나 강력하게 이끌리고 영향을 받는지를 보여 준다. 그러므로 칼빈주의자는 카드 놀이를 통하여 그런 일이 조장될 것이기 때문에 차세대가 이런 위험한 경향에서 보호받아야 한다고 판단했다. 그리고 칼빈과 그 지지자들은 하나님의 영속적인 임재를 삶의 철저한 진지성이 나오는 원천으로 느꼈기 때문에, 하나님의 계획보다 운을 높이고 하나님의 뜻을 굳건히 믿기보다 우연을 갈망함으로써 이 원천을 오염시킨 놀이를 싫어하지 않을 수 없었다. 칼빈에게 하나님을 두려워하고, 행운 얻으려는 태도는 불과 물처럼 상극으로 보였다.

극장 구경에는 전혀 다른 반대가 있었다. 소설 그 자체로는 죄악된 것이 전혀 없다. 상상력은 하나님의 귀한 선물이다. 연극적 상상력에는 특별히 악한 것이 없다. 밀턴이 셰익스피어의 희곡을 얼마나 높이 평가하면서 자신은 희곡 형태로 글을 쓰지 않았던가? 공중 연극 상연 자체에는 악이 없다. 칼빈의 시대에 제네바 모든 시민이 시장에서 공적 상연을 보았고 칼빈도 찬성했다. 우리 조상들의 감정을 상하게 했던 것은 희극이나 비극이 아니며 오페라 자체가 아니었다. 그것은 관객을 즐겁게 하려고 배우에게 일반적으로 요구되는 도덕적 희생이었다.

특별히 그 시대의 연극단은 도덕적으로 다소 낮은 상태였다. 이 낮은 도덕적 표준이 생긴 것은, 부분적으로 다른 인물의 성격을 끊임없이 다르게 표현하다 보니 자기 개인의 인격의 형성이 방해를 받기 때문이다. 또 부분적으로는 현대의 극장에는 그리스 극장과 달리 여성이 무대에 출연하기 때문에 극장이 번창한다는 것은 하나님이 여성에게 맡기시는 매우 거룩한 보화와 자신의 흠 없는 이름과 결점 없는 행동을 여성이 위태롭게 한다는 기준으로 평가된 적이 아주 많았던 것이다. 확실히 매우 정상적인 극장을 얼마든지 생각할 수 있다.

　　그러나 몇몇 큰 도시를 제외하면, 그런 극장은 충분한 후원을 받지 못할 것이며 재정적으로 살아남을 수 없었다. 그리고 세상 어디를 둘러 봐도, 극장이 번창하면 그에 비례하여 배우의 도덕적 타락은 심해지는 것이 사실이다. 그러므로 홀 케인이 자신의 "크리스찬"에서 다시 한번 이 서글픈 진리를 분명히 밝히듯이, 극장의 번창은 남성다운 성품과 여성적인 순결을 대가로 이루어지는 경우가 너무 많다. 그리고 하나님을 위하여 인간 안에 있는 인간적인 모든 것을 존중했던 칼빈주의자는 그와 같은 도덕적 대학살을 대가로 눈과 귀를 즐겁게 하는 태도를 정죄하지 않을 수 없었다.

　　마지막으로, **춤**에 관해서는, 오늘날 파리의 "피가로"와 같은 세상의 신문들도 칼빈주의의 태도를 정당하게 본다. 이 신문에 최근에 실린 한 기사는 아버지가 처음으로 딸을 무도장으로 데리고 갈 때 느끼는 도덕적인 아픔에 관심을 기울였다. 이 기사는, 이 도덕적 아픔이 적어도 파리에서 그와 같이 쾌락을 사랑하는 집단에서 만연한 속삭임과 음란한 눈짓과 행동을 익히 아는 사람이라면 누구도 인정한다고 선언했다. 여기서 또한 칼빈주의자는 춤 자체를 반대하는 것이 아니라 춤이 자주 빠지기 쉬운 **음란**을 절대적으로 반대하는 것이다.

　　여기서 나는 앞에서 말했던 방해물을 다시 살피고자 한다. 우리 조상은 그 방해물이 춤, 카드 놀이, 극장 구경이라는 바로 이 세 가지임을 탁월하게 잘 파악했다. 이것들은 세상이 광적으로 사랑하는 것이었다. 세상 사람들에게서 이 쾌락은 부차적인 사소한 일이 아니라 매우 중요한 일로 존중되었다. 그리고 그런 것들을 감히 공격하는 사람은 누구든지 매우 비통한 조롱과 적의에 시달렸다. 이런 이유로 그들은, 참된 칼빈주의자라면 위험한 환희에 빠져 진지함을 희생하고, 흠 없는 쾌락과 도무지 상관없는 것에 빠져 하나님에 대한 경외심을 희생하지 않고서는 건널 수 없는 이 세 가지 루비콘 강을 분명히 알고 있었다.

그러므로 이제 질문컨대, 그 결과가 그들의 강력하고 용감한 항거를 옳다고 입증하지 않는가? 삼 세기가 흐른 후에도 여러분은 나의 칼빈주의 조국과 스코틀랜드와 여러분의 나라에서 이 세상적인 것이 결코 들어오지 못하고, 인간 생활의 풍부한 것이 바깥으로부터 안으로 회복되며, 건전한 영적 집중력의 결과로 모든 고상한 것에 대한 깊은 감각과 모든 거룩한 것을 향한 그런 힘이 심지어 우리의 반대자들에게 시기심을 불러일으킬 정도로 발전된 전체적인 사회 집단을 발견하게 될 것이다. 그 집단에서는 나비의 날개가 고스란히 보존되었을 뿐만 아니라 이 날개 위의 사금도 이전 못지않게 찬란히 빛난다.

이것은 여러분에게 정중히 관심을 기울도록 촉구하는 일의 증거이다. 우리의 시대는 칼빈주의 시대에 비하면 윤리적 시론과 논문 그리고 박식한 강해가 흘러 넘친다. 철학자와 신학자는 실제로 우리를 위하여 (혹은 우리 몰래라고 해도 좋다) 도덕 영역의 곧은 길을 발견하려고 서로 경쟁하고 있다. 그러나 이 모든 박식한 학자가 실제로 할 수 없었던 일이 있다. 그들은 연약해진 대중의 양심에 **도덕적 견실함**을 회복시킬 수 없었다.

오히려 우리는 우리의 도덕이라는 건물의 기초가 점점 물러지고 흔들리고 있어서 급기야는 좀더 많은 계층의 사람이 미래를 위한 도덕적 확실성을 보장한다고 느낄 수 있는 근거지가 하나도 남지 않게 된다는 것을 불평해야 한다. 정치가와 법률가는 강자의 권리를 노골적으로 옹호하고 있다. 재산 소유권이 도둑질이라고 일컬어진다. 자유로운 연애가 옹호되고 있다. 정직은 조롱당한다. 범신론자는 예수님과 네로를 같은 자리에 놓으려 했다. 그리고 니체는 더 나아가 온유한 자에 대한 그리스도의 복을 인류의 저주로 생각했다.

이제 이 모든 것을 삼 세기에 걸친 칼빈주의의 놀라운 결과와 비교해 보라. 칼빈주의는 세상이 윤리적 철학 이론으로 구원받을 수 있

는 것이 아니라 부드러운 양심의 회복에 의해서만 구원받을 수 있음을
깨달았다. 그러므로 칼빈주의는 추론에 몰두하지 않고 영혼에 곧장 호
소했으며 영혼이 살아 계신 하나님과 대면하게 했다. 그래서 마음이
하나님의 거룩한 엄위 앞에 떨었고, 그래서 그 엄위에서 그 사랑의 영
광을 발견하게 했다.

그리고 이런 역사적 반성에서 칼빈주의가 세상을 얼마나 철저하게
부패하고 썩은 것으로 보았는지 그 시대의 도덕 생활이 궁정과 평민,
성직자와 학문의 지도자, 남자와 여자, 사회의 높은 계층과 낮은 계층
사이에서 얼마나 낮은 데로 떨어졌는지 여러분이 발견할 때, 여러분
가운데 어떤 비평가가 칼빈주의에게 도덕적 승리의 종려 가지를 흔들
지 않을 것인가.

이 칼빈주의는 전쟁터에서 잡혀서 단두대에 끌려 갔을지라도 한
세대에 한 번에 다섯 나라 곳곳에 경건하고 고상한 남자들과 훨씬 더
고상한 여성이 많아지게 했으며, 지금까지 그 이상적인 생각의 고상함
을 이길 것이 없으며 도덕적 절제의 능력에서 비할 것이 없다.

세번째 강연

칼빈주의와 정치

나의 세번째 강연은 종교의 성소를 떠나서 국가의 영역으로 들어간다. 거룩한 영역에서 인간 생활의 세속적 영역으로 들어가는 맨 처음 이행이다. 그러므로 이제 우리는 칼빈주의가 오직 교회적, 교의적 운동을 대변할 뿐이라는 비역사적 주장을 요점적이고 원칙에 관련하여 논박하도록 하겠다.

칼빈주의의 종교적 추진력은 또한 정치 사회 아래 전적으로 자신의 근본적 개념을 놓았다. 이는 오직 칼빈주의가 가지를 잘라내고 줄기를 정리했을 뿐만 아니라 인간 생활의 뿌리까지 이르렀기 때문이다.

마땅히 그럴 수밖에 없는 이 점은 특정한 종교적 반종교적 개념에 근거를 두지 않은 정치적 조직이 주도권을 잡은 적이 없다는 사실을 이해할 수 있는 사람이라면 누구에게든 분명해진다. 그리고 칼빈주의에 관련하여 이것이 이미 사실이라는 점은 칼빈주의가 정치적 자유를 누리는 네덜란드와 영국과 미국이라는 이 세 곳의 역사적인 나라에서 일어난 정치적 변화에서 입증될 것이다.

유능한 역사가라면 예외없이 다음에 나오는 밴크로프트 (Bancroft)의 말을 인정할 것이다. "칼빈주의의 열광자는 자유의 열광자였다. 왜냐하면 자유를 위한 도덕적 전쟁에서 그의 신조는 그의 군대에 속하며 전쟁터에서 그의 가장 신실한 동맹자였다."[1] 그리고 흐룬 반 프린스터러는 그 점을 이렇게 표현했다. "우리의 헌법적 자유의 기원과 보장은 칼빈주의에 있다." 칼빈주의가 먼저는 서구에서, 그 다음에는 두 대륙에서, 그리고 오늘날은 점점 모든 문명 국가에서 공법(公法)을 새로운 길로 이끌었다는 사실은 모든 학자의 인정을 받는다. 물론 대중은 그 점을 충분히 인정하지 않는다.

그러나 강연의 목적을 위해서는 이 중요한 사실에 대한 단순한 언급으론 충분치 못하다.

칼빈주의가 우리의 정치 발달에 미친 영향력을 감지하려면, 칼빈주의가 어떤 근본적인 정치적 개념의 문을 열었으며 어떻게 이 정치적 개념이 근본 원리로부터 나왔는지를 보여 주어야 한다.

이 지배적 원리는 구원론적으로 이신칭의가 아니라 가장 넓은 의미에서 우주론적으로 가시적이거나 불가시적인 모든 영역의 **전체 우주**를 다스리시는 삼위일체 하나님의 주권이다. 이는 인류에게서 삼중적으로 연역된 지배권 즉 1. **국가**에 나타나는 주권 2. **사회**에 나타나는 주권 3. **교회**에 나타나는 **주권**으로 방출되는 **근본** 주권이다.

이 삼중적으로 연역된 주권을 칼빈주의가 어떻게 이해했는지를 여러분에게 지적함으로써 이 문제를 자세히 논의하고자 한다.

그러므로 첫째로, 국가라고 규정되는 정치 영역에서 연역된 주권을 다루겠다. 그런 다음, 우리는 국가를 형성하려는 충동이 인간의 사회적 본성에서 나온다는 것을 인정한다. 이 사회적 본성은 이미 아리스토텔레스가 사람을 '사회적 존재'라고 불렀을 때 표현했던 것이다. 하나님은 인간을 나란히 서 있으며 가계적 결합이 없는 단절된 개인으

---

1) Bancroft, *History of the United States of America*, Fifteenth Edition; Boston, 1853; I, 464; Ed. New York, 1891, I, 319.

로 창조하셨을 수 있다. 아담이 개인으로 창조되었던 것처럼 두번째 세번째 그리고 그 다음에 오는 모든 인간은 개인적으로 존재하게 되었을 수 있다. 그러나 이는 사실과 다르다.

사람은 인간에게서 지음받았으며, 출생 때문에 그는 전체 인류와 유기적으로 연합된다. 우리는 함께 한 인류를 형성하는데, 지금 살아 있는 자들뿐만 아니라 우리 이전의 세대와 우리 이후에 나타날 모든 세대와도 한 인류를 형성한다. 우리 인류가 수백 만 세대로 나누어지더라도 그렇다. 모든 인류는 한 피에서 나온다. 하지만 이 땅을 대륙으로 구분하고 각 대륙을 작은 단위로 나누는 **국가**의 개념은 위의 생각과 조화를 이루지 않는다. 그러므로 **한 국가**가 모든 세상을 포괄할 수 있다면, 인류 전체가 하나의 세계 제국으로 연합되면, 우리 인류의 유기적 통일성은 정치적으로만 실현될 것이다.

죄가 개입하지 않았다면, 의심할 나위 없이 이렇게 되었을 것이다. 죄가 해체시키는 세력으로서 인류를 서로 다른 구역으로 나누지 않았다면, 우리 인류의 유기적 통일성을 손상시키거나 부수는 것은 없었을 것이다. 그리고 알렉산더와 아우구스투스와 나폴레옹 같은 인물들의 실수는, 그들이 **하나의 세계 제국**에 대한 생각에 매료되었다는 것이 아니라 죄의 세력이 우리의 통일성을 해체시켰는데도 이런 이상을 실현하려고 노력했다는 것이다.

그처럼 사회민주주의적 국제적 사해 동포주의적 활동가들은 자신의 연합 개념으로 하나의 이상을 제시한다. 이런 이유로 우리는 그들이 지금 죄악된 세계에서 이 높고 거룩한 이상을 실현하려고 노력하지만 이룰 수 없는 것에 도달하려고 노력한다는 것을 알면서도 그들의 이상에 매력을 느낀다. 그러나 모든 인간적 권위를 무효화하면서 아울러 사람 가운데 모든 기계적 연합을 무효화하려고 하고 대신에 자연 자체에서 나오는 새로운 유기적 연대의 성장을 장려하는 시도로 볼 수 있는 무정부주의조차도 실락원을 회고하는 것에 불과하다 하겠다.

　　실로 죄가 없으면 행정관이나 국가 질서가 없었을 것이다. 그러나 전체 정치 생활은 족장 유형을 따라 가족 생활에서 발전했을 것이다. 죄 없는 세상에서는 법정과 경찰, 육군과 해군을 생각할 수 없다. 그러므로 인간 생활이 자신의 유기적 충동으로부터 정상적이고 방해 받지 않고 발전한다면 모든 규칙과 규례와 법률은 행정관의 권력에 대한 모든 통제와 주장이 사라지듯이 없어질 것이다. 부서짐이 없는 데서 결합하는 자가 있겠는가? 사지가 건전한데 목다리를 사용하는 자가 있겠는가?

　　그러므로 모든 국가 형성, 행정관의 권력에 대한 모든 주장, 질서를 강제하고 생활의 정상적 과정을 보장하는 모든 기계적 수단은 언제나 자연스럽지 못한 것이다. 우리 본성의 깊은 열망이 반발하는 것이며, 바로 이런 이유로 권력을 사용하는 자는 권력을 두려울 정도로 남용하고 대중으로 하여금 계속 폭동을 일으키게 한다. 그래서 권위와 자유 사이에 시대의 전쟁이 생겼으며, 이 전쟁에서 권위가 독재로 변질할 때 권위를 제어하는 하나님의 정하신 수단은 자유를 향한 내면적 갈망이었다. 그래서 국가의 본성과 행정관의 권위 장악에 관한 모든 참된 개념과 반면에 사람들이 자유를 변호하는 권리와 의무에 대한 모든 참된 개념은, 칼빈주의가 앞에서 말한 시원적 진리에 의존한다. 그것은 하나님이 죄 때문에 행정관을 세우셨다는 것이다.

　　이 한 가지 생각에는 국가 생활의 밝은 면과 어두운 면이 숨어 있다. 이 수많은 국가라는 어두운 면은 존재하지 말아야 한다. 오직 하나의 세계 제국이 있어야 한다. 행정관은 기계적으로 다스리고 우리의 본성과 조화를 이루지 못한다. 그리고 정부의 권위는 죄악된 인간이 발휘하면 따라서 독재적 야심의 온갖 방식에 종속된다. 그러나 죄악된 인류에게 국가의 구분이 없고 법률과 정부가 없고 지배 권위가 없는 밝은 면은 이 땅에서 참으로 지옥이 될 것이다. 적어도 하나님이 최초의 타락한 인류를 홍수 가운데 빠져 죽게 하셨던 이 땅에서 존재했던 것을 되풀이하는 것에 불과하다.

  그러므로 칼빈주의는 심오한 죄 개념으로 국가 생활의 참된 뿌리를 폭로했으며 우리에게 두 가지를 가르쳤다. 첫째는 우리가 감사하게도 하나님의 손에서 국가와 행정관의 제도를 이제 참으로 없어서는 안 될 보존의 수단으로 받아야 한다는 것이다. 그리고 다른 한편으로 우리는 자연적 충동에 힘입어 개인의 자유를 위하여 국가 권력에 숨어 있는 위험을 예의주시해야 한다.

  그러나 칼빈주의는 더 많은 일을 했다. 정치에서 칼빈주의는 궁핍한 때 사람들을 돕는 데만 하나님을 모실 심산으로 인간적 요소 (여기서는 국민)를 주된 요소로 보지 않도록 가르쳤다. 반대로 하나님은 그 엄위 가운데 모든 나라의 눈 앞에 분노하시며 모든 나라가 그분 앞에 물통의 물 한 방울과 저울의 먼지 하나에 불과하다고 가르쳤다. 하나님은 땅 끝에서 모든 나라와 민족을 높은 심판대 앞에 소환하신다. 그들은 하나님을 위하여 존재한다. 그들은 하나님의 것이다. 그러므로 이 모든 나라와 그 안의 인류는 하나님의 영광을 위하여, 따라서 하나님의 규례를 따라 존재해야 한다. 이는 그들이 자신의 안녕 가운데서 하나님의 규례를 따라 행할 때 하나님의 신적 지혜가 빛나도록 하심이다.

  그러므로 인류가 죄로 말미암아 많은 개별 민족으로 나뉘었을 때, 죄가 이 나라의 가슴에서 사람들을 분열하고 찢어 놓을 때, 죄가 온갖 형식의 수치와 불의로 나타날 때, 하나님의 영광은 이 두려움을 억제하고 이 혼란에 질서를 회복시키고 바깥으로부터 오는 강제력이 인류 사회를 하나의 가능성으로 만들 것이라고 주장하도록 요구한다.

  이 권리는 오직 하나님 혼자 소유하시는 것이다.

  사람이 다른 사람을 다스릴 권리는 없다. 그렇지 않으면 그런 권리는 필연적이며 즉각적으로 강자의 권리가 된다. 정글의 호랑이가 힘없는 영양을 다스리듯이, 나일 강둑에서 바로가 애굽 농부들의 조상을 다스렸다.

반대로 .하나의 인간 집단이 자신의 권리로 당신을 다른 사람에게 복종하도록 강요할 수 없다. 여러 시대 전에 나의 조상 가운데 한 사람이 그 당시의 다른 사람과 '사회 계약'을 체결했다는 주장으로 나를 강제할 세력이 있는가? 사람으로서 나는 동료 인간 가운데 가장 힘센 사람과 자유롭고 담대하게 맞선다.

나는 가족을 말하는 게 아니다. 가족에서는 유기적이며 자연적 연대가 지배하기 때문이다. 그러나 국가의 영역에서 나는 나와 같은 어떤 인간에게도 굴복하거나 절하지 않는다.

사람을 다스리는 권위는 사람에게서 나올 수 없다. 다수와 소수의 대립에서 그런 권위가 거의 나오지 않는 것과 마찬가지다. 왜냐하면 역사는 거의 모든 시대에서 소수가 옳았던 적이 아주 많기 때문이다. 그래서 오직 죄 때문에 정부 제도가 필요하게 되었다는 칼빈주의의 첫 번째 명제에, 이 두번째이자 역시 중요한 명제가 덧붙는다: 이 땅에서 정부의 모든 권위는 오직 하나님의 주권에서 생긴다. 하나님이 내게 '순종하라'고 말씀하실 때 나는 개인적인 품위를 전혀 손상시키지 않고서 한 사람으로서 겸손히 머리를 숙인다. 왜냐하면 여러분이 역시 콧구멍으로 숨쉬는 사람의 아들에게 낮게 절함으로써 스스로 추하게 되는 것처럼, 하늘과 땅의 주님의 권위에 순복하면 자신을 높이는 것이다.

그래서 성경 말씀은 분명하다. "나로 인하여 왕들이 다스리며." 혹은 사도가 다른 데서 선포했듯이, "권세는 하나님께로 나지 않음이 없나니 모든 권세는 다 하나님의 정하신 바라. 그러므로 권세를 거스리는 자는 하나님의 명을 거스림이니." 행정관은 모든 방종과 불법을 막고 선인을 악인에게서 보호하는 '일반 은혜'의 수단이다. 그러나 행정관은 그 이상의 일을 한다. 이 모든 것말고 그는 하나님께서 자기의 종으로 세운 자인데, 이는 그가 인류를 창조하실 때 하나님의 영광스러운 일이 전적인 파괴에 떨어지지 않도록 보존하려 함이다. 죄는 최고 경영자와 건축자이신 하나님의 손으로 하신 일과 하나님의 계획과 하나님의 공의와 하나님의 존귀를 공격한다. 그러므로 하나님은 그들을 수단으로 삼아 죄의 관영을 막아 그 공의를 유지하시려고 그와 같이 권세를 정하셔서, 행정관에게 생명과 사망의 두려운 권리를 주셨다. 그러므로 제국이든 공화국이든 도시든 국가든 모든 권세는 '하나님의 은혜로' 다스린다. 동일한 이유로 정의는 거룩한 성격을 갖는다. 그리고 동일한 동기에서 모든 시민은 처벌이 두려워서 그리고 양심을 위하여 순종하지 않을 수 없다.

더 나아가 칼빈은 권위 자체는 정부가 어떻게 형성되었으며 어떤 형태로 나타나는지의 문제에 전혀 영향을 받지 않는다고 분명히 밝혔다. 개인적으로 그가 **공화정**을 선호했으며 군주제가 마치 신적이며 이상적인 정부 형태인 양 군주제를 결코 좋아하지 않았다는 것은 잘 알려진 사실이다. 죄 없는 상태에서는 그렇게 할 것이다. 죄가 들어오지 않았더라면 하나님은 모든 인간의 유일한 왕으로 남으셨을 것이며, 이런 상태는 하나님이 다시 한 번 모든 것 가운데 모든 것이 되시는 장차 올 영광 가운데서 회복될 것이기 때문이다. 하나님의 친정(親政)은 절대 군주제적이다. 단일신론자라면 이를 부인하지 않을 것이다. 그러나 칼빈은 많은 사람이 상호 통제 하에서 협력하는 것 즉 **공화정**을 바람직한 것으로 보았다. 정부의 기계적 제정이 죄 때문에 필요하게 되었기 때문이다.

하지만 그의 체계에서, 이는 권위 본질에 관하여 실제적 탁월성에서 점진적으로 다르게 실현될 수 있을 뿐이지 근본적으로 차이가 나지 않는다. 그는 민주제뿐만 아니라 군주제와 귀족제를 가능하고 실현 가능한 정부 형태로 본다. 다만 '하나님의 은혜로' 권위를 받지 아니할 경우 이 땅에서 동료에 대한 권위를 주장할 수 있는 사람은 없다는 점이 변함없이 유지된다면 말이다. 그러므로 순종의 궁극적 의무는 사람이 아니라 하나님이 우리에게 부가하신 것이다.

칼빈에 따르면, 하나님의 권위로 권세를 입은 사람들을 어떻게 표시하는지의 문제는 모든 민족과 모든 시대에 똑같은 대답을 가질 수 없다. 하지만 그는 주저하지 않고 이상적인 의미에서 가장 바람직한 조건은 국민이 자기 행정관을 뽑는 데 있다고 말한다. 그런 조건이 있는 곳에서는 여러분의 헌법 전문에 "우리의 행정관을 뽑을 수 있는 권세를 우리에게 주신 전능하신 하나님께 감사하며"라는 표현과 같이 국민이 감사한 마음으로 그 안에서 하나님의 호의를 인정해야 한다고 그는 생각한다. 그러므로 칼빈은 사무엘서 주석에서 그런 백성들에게 훈계한다. "그러므로 하나님께로부터 자신의 행정관을 뽑을 수 있는 자유를 받은 백성들이여, 하나님의 악당과 원수를 가장 존귀한 지위에 뽑아서 이 호의를 잃지 않도록 주의하라."

나는 오늘날 다른 규칙이 존재하지 않거나 현존하는 규칙이 사라진 곳에서 보통 투표가 당연히 석권한다고 덧붙이고자 한다. 정복이나 강제력에 의한 경우를 제외하고 미국의 새로운 주들이 수립되는 곳마다, 최초의 정부는 언제나 보통 투표에 의하여 세워졌다. 그리고 최고의 권위가 무질서하게 되었던 곳은 승계권 결정의 결여나 혁명의 폭력으로 말미암아 백성이 그 대표자를 통하여 최고 권위를 회복할 수 있는 권리를 주장했다.

그러나 동일한 판단으로 칼빈은 하나님이 섭리를 행하시는 방식으로 한 백성에게 이와 같이 가장 바람직한 조건을 빼앗으시거나 한 국가가 거기에 적합하지 않거나 그 죄로 복을 완전히 상실했을 때 그 조건을 결코 수여하지 않으실 주권적 권세를 갖고 계신다고 주장한다.

한 민족의 역사적 발달은 당연히 권위가 다른 어떤 방식으로 수여되는지에서 나타난다. 이 권위 수여는 세습 군주제처럼 상속권에서 나올 수 있다. 심지어 빌라도가 예수님께 대하여 '위로부터 받은' 권세를 갖고 있었던 것처럼 그것은 격렬한 전쟁에서 나올 수 있다. 또 고대 독일 제국처럼 선제후에서 나올 수 있다. 옛날 화란 공화국의 경우처럼 국가의 주에서 나올 수 있다. 한 마디로 이 권위 수여는 다양한 형식을 취할 수 있다. 왜냐하면 국가의 발달에는 무한한 차이가 있기 때문이다. 미국과 같은 정부 형태는 중국에서 하루도 존재할 수 없었다. 지금도 러시아의 백성은 헌정적 정부 형태에 어울리지 않는다. 아프리카의 카피르 사람들과 호텐토트 사람들 가운데는 러시아에 존재하는 것과 같은 정부를 도무지 생각할 수 없을 것이다. 이 모든 것은 하나님이 그 섭리의 은밀한 경륜을 통하여 결정하고 정하신 바이다.

하지만 이 모든 것은 신정(神政)이 아니다. 신정은 이스라엘에서만 나온다. 왜냐하면 하나님은 이스라엘에서 직접 개입하셨기 때문이다. 우림과 둠밈으로 그리고 예언으로, 하나님은 그 손을 통하여 하나님의 구원하시는 이적과 벌하시는 심판으로 자기 백성의 사법권과 리더십을 쥐셨다. 그러나 하나님의 주권이라는 칼빈주의적 고백은 모든 세상에 타당하며 모든 국가에 참되며 사람이 사람에게 발휘하는 모든 권위에 유효하다. 심지어 부모가 자녀에게 갖는 권위에서도 그렇다. 그러므로 정치적 신앙은 이 세 가지 명제로 요약해서 표현할 수 있다.

1. 하나님만이 국가의 운명에 관하여 주권적 권리를 갖고 계시며 어떤 피조물이라도 그런 권리를 갖지 못한다. 왜냐하면 하나님만이 나라들을 만드셨고 그 전능한 능력으로 그들을 보존하며 그 규례로 그들을 다스리시기 때문이다.

2. 죄는 정치 영역에서 하나님의 친정을 파괴했다. 그러므로 권위의 행사는 통치의 목적상 기계적 치료책으로 사람에게 입혀졌다.

3. 이 권위가 어떤 형식으로 나타날 수 있지만, 사람은 하나님의 엄위로부터 그에게 내려오는 권위에 의하지 않고는 그 어떤 다른 방법으로도 동료 인간에 대한 권세를 결코 갖지 못한다.

이런 칼빈주의의 신앙고백과 정반대로 다른 두 가지 이론이 있다. 하나는 1789년 파리에서 반유신론적으로 선포된 국민 주권(주권재민)

설이다. 다른 하나는 최근에 독일 역사적 범신론 학파가 발전시킨 국가 주권설이다. 두 이론은 근본적으로 동일하지만, 명료함을 위하여 구분해서 다루어져야 한다.

위대한 프랑스 혁명에서 사람들의 정신을 몰아붙이고 고무했던 것은 무엇인가? 은밀히 들어온 폐습에 대한 분노인가? 왕의 독재에 대한 두려움인가? 국민의 권리와 자유에 대한 고상한 변호인가? 부분적으로는 확실히 그런 점들이 있지만, 이 모든 것에는 죄악된 것이 그다지 없어서, 칼빈주의자라도 감사하게 이 세 가지 항목에서 당시 파리에 시행된 하나님의 심판을 인정한다.

그러나 프랑스 혁명의 추진력은 폐습에 대한 이런 혐오에 있지 않았다. 에드먼드 버크는 1688년 '명예 혁명'을 1789년 혁명의 원리와 비교하면서 이렇게 말한다. "우리의 혁명과 프랑스의 혁명은 거의 모든 점에서, 그리고 일의 총체적 정신에서 서로 정반대이다."[2]

프랑스 혁명의 신랄한 반대자인 이 에드먼드 버크는 영국에 대한 미국의 반란을 "힘의 원리에서 나와 이 선한 국민 가운데서 자유 정신의 주된 대의 명분 즉 지성과 의견의 모든 맹목적 복종에 대한 가장 반대되는 명분을 보여 주는" 것으로 씩씩하게 옹호했다.

칼빈주의 세계에서 일어난 세 가지 대혁명은 하나님의 영광을 손상시키지 않았으며 오히려 하나님의 엄위에 대한 시인에서 나왔다. 모든 사람은 침묵공 윌리엄의 다스림을 받아 우리가 스페인에 대하여 일으킨 반란을 이런 것으로 인정할 것이다. 또한 오렌지가의 윌리엄 3세의 출현과 스튜어트가의 전복으로 유종의 미를 거둔 '명예 혁명'에 관해서는 의심할 나위가 없었다. 그러나 미국의 혁명도 역시 마찬가지이다.

이는 존 핸콕(John Hancock)이 쓴 독립 선언문의 많은 말에 표

2) Burke, Works, III, p. 25, ed. McLean, London.

현되어 있어서, 미국인은 '자연의 법과 하나님의 본성'에 힘입어 자신의 주장을 폈으며, '창조주께서 불가양도의 권리를 주신 것으로' 처신했으며 '세상의 최고 재판장께 자신의 올바른 의도'를 호소했으며[3] '하나님의 섭리의 보호를 굳게 믿고'[4] '독립 선언문'을 공포했다. (식민지) 동맹 규약 (Articles of Confederation)의 전문은 "입법자들의 마음을 낮추는 일은 세상의 위대한 통치자를 기쁘게 했다"[5]고 고백한다.

또한 많은 주 헌법의 전문에도 "시민적 정치적 종교적 자유를 주신 전능하신 하나님께 감사할지니, 이는 하나님이 우리의 노력에 대한 복으로 그토록 오랫동안 우리로 자신을 즐기고 바라도록 하려고 허락하신 것이다."[6] 여기서 하나님은 '주권적 통치자'[7] '우주의 입법자'[8]로 공경을 받으신다. 그리고 특별히 오직 하나님으로부터 국민이 '자신의 정부 형태를 선택할 자유'[9]를 받았음을 인정한다.

한 대표자 회의에서 프랭클린은 지극히 우려스러운 시점에 이르러 기도로 하나님께 지혜를 구하자고 제안했다. 그리고 누구라도 미국 혁명이 파리의 혁명과 동질적인 것인지 아닌지 여전히 의심하는 이가 있다면, 1793년 제퍼슨과 해밀턴의 치열한 격론에 의하여 그 의심은 완전히 잠재워진다. 그러므로 독일 역사가 폰 홀츠가 말한 것이 여전히 타당하다. "미국 혁명이 루소의 저술에서 추진력을 빌려왔다고 말하는 것은 순전히 미친 짓일 것이다."[10] 혹은 해밀턴이 표현했듯이, 그는

3) Franklin B. Albany, Weed. Hugh, *American Constitutions*, Parsons & Co., 1872, Vol. I, p. 5.
4) Ibidem, p. 8.
5) Ibidem, p. 19.
6) Ibidem, II, p. 549.
7) Ibidem, p. 555.
8) Ibidem, p. 555.
9) Ibidem, p. 549
10) Von Holz, *Verfassung und Democratie der Vereinigten Staten*

"프랑스 소설에 나오는 부정한 아내가 뉴잉글랜드의 청교도 부인과 다르듯이 프랑스 혁명과 미국 혁명은 다르다"고 보았다.[11]

프랑스 혁명은 원칙상 이 모든 국가적 혁명과 다르다. 이 혁명들은 기도하는 입술과 하나님의 도움을 믿는 신뢰로 이루어졌다. 프랑스 혁명은 하나님을 무시한다. 하나님을 반대한다. 자연에서 이 경우에는 인간에게서 발견되는 것보다 정치 생활의 좀더 깊은 근거를 인정하기를 거부한다. 여기 가장 절대적인 불신앙의 고백 제1조가 있다. "하나님도 없고 주인도 없다." 주권적 하나님은 폐위되시고 자유 의지를 가진 인간이 빈 보좌에 앉는다. 모든 것을 결정하는 것은 인간의 의지이다. 모든 권력, 모든 권위가 인간에게서 나온다. 그러므로 사람은 개인에서 많은 사람으로 옮아간다. 국민이라고 하는 이 많은 사람에게 모든 주권의 가장 깊은 원천이 숨어 있다.

여러분(미국)의 헌법에 있는 것처럼, 하나님으로부터 나오는 주권의 문제는 없다. 이 주권은 하나님이 어떤 조건 아래서 국민 가운데 심어 놓으시는 것이다. 여기서는 원래의 주권이 스스로 주장하며, 모든 곳에서 그리고 모든 국가에서 이 주권은 인간의 의지보다 더 깊은 뿌리가 없는 오직 국민에서만 나올 수 있다. 그러므로 이는 국민의 주권이며, 무신론과 완벽하게 일치한다. 그리고 여기에 자기 실추가 있

von America, Dusseldorf, 1873, I, p. 96.
11) John F. Morse, *Thomas Jeffersion*, Boston, 1883, p. 147. 해밀턴은 베이야드(Bayard)에게 보내는 한 편지(1801년 4월)에서 적극적으로 기독교적 의미에서 '기독교 헌법회'의 설립을 제안했으며, 다른 편지에서는 다음의 글을 인용했다. Henry Cabot Lodge, *Alexander Hamilton*, Boston, 1892, p. 256. "파리 국민의회에서 무신론 교리가 공개적으로 개진되고 큰 호응을 받은 것을 발견하고, 자유의 선구자로서 프랑스의 팔에 안기도록 초대를 받은 시민들에게 환상주의의 칼이 정치적 신조를 강요하는 데까지 이르는 것을 보고, 탐욕의 손이 뻗어 예배의 기념물을 넘어뜨리고 강탈하는 것을 볼 때, 나는 미국의 대의 명분과 프랑스의 대의 명분 사이에 유사점도 실제로 전혀 없다고 기꺼이 믿는다는 점을 시인한다."

다. 여러분의 독립 선언문처럼 칼빈주의의 영역에서는 무릎은 하나님께 꿇지만, 머리는 인간을 대적하여 자랑스럽게 든다. 그러나 여기서는 국민의 주권이라는 관점에서 하나님을 대적하여 주먹을 건방지게 쥐는 반면, 사람은 지금 아무도 전혀 기억하지 못하지만 오래 전 수천 명이 정치적 계약 혹은 그들이 말하는 '사회 계약'을 체결했다는 우스꽝스러운 허구로 이런 자기 실추를 겉만 번지르하게 꾸미며 동료 사람 앞에 굽신거린다.

이제 여러분은 그 결과가 필요한가? 그러면 역사더러 네덜란드 반란과 영국의 '명예 혁명'과 영국 국왕에 대한 미국의 반란이 어떻게 자유를 존귀하게 만들었는지 말하게 하라. 그리고 스스로 이 질문에 답하라. 프랑스 혁명은 결국 국가 전능이라는 쇠사슬로 자유를 구속하고 만 게 아니있는가? 참으로 이 19세기에 프랑스보다 더 슬픈 국가 역사를 갖고 있는 나라는 없다.

과학의 독일이 데 사비니(De Savigny)와 니버(Niebuhr)의 시대 이후로 이 허구적 국민 주권에서 벗어난 것은 놀라운 일이 아니다. 이들 저명한 인물이 세운 역사학파는 1789년의 선험적 허구를 웃음거리로 만들었다. 모든 역사 전문가는 이제 그것을 비웃는다. 그들이 대신에 칭찬하는 혁명도 더 나을 것은 없다.

그런데 이는 국민의 주권이 아니라 독일 철학적 범신론의 산물인 **국가의 주권**이 되고 말았다. 이념은 실재로 화신하는데, 이 이념들 가운데 국가의 이념이 인간과 인간의 관계에 대한 가장 높고 부요하고 완벽한 이념이었다. 국가는 신비한 존재로 간주되었다. 이는 비밀스러운 자아를 갖고 있고, 서서히 발전하는 국가 의식을 갖고 천천히 맹목적으로 최고의 국가 목표에 도달하는 점점 강력한 국가 의지를 갖고 있는 존재였다.

국민은 루소의 경우처럼 개인의 총합으로 이해되지 않았다. 한 국민은 집합체가 아니라 유기적 전체로 올바르게 인식되었다. 이 유기체는 필연적으로 유기적 지체를 갖고 있어야 한다. 천천히 이 기관은 그 역사적 발달 단계에 도달했다. 이 기관을 통하여 국가의 의지는 작용하며, 모든 것은 이 의지 앞에 굴복해야 한다. 주권적인 국가 의지는 공화정, 군주제, 시저, 아시아의 독재, 스페인 필립 같은 독재자 혹은 나폴레옹 같은 절대 권력자로 나타날 수 있다.

이 모든 것은 다만 형식일 뿐이며, 하나의 국가 이념이 이 형식으로 자신을 구현한 것이다. 발달의 단계는 결코 끝나지 않는 과정이다. 그러나 어떤 형식으로든 국가라는 이 신비적 존재는 스스로를 계시하며 그 이념은 최고의 것으로 남았다. 국가는 곧 자신의 주권을 주장하며 국가의 모든 구성원에게 이 국가 신격화에 굴복하도록 하는 지혜의 시금석으로 남았다.

그래서 압제 당하는 자들이 고개를 들고 쳐다보았던 하나님 안에 있는 모든 초험적 권리는 사라진다. 다른 권리는 없고, 오직 법률에 기록된 내재적 권리뿐이다. 이 법률이 옳은 것은, 그 내용이 권리의 영원한 원리와 조화를 이루기 때문이 아니라 다만 **법률**이기 때문이다. 만일 내일 정반대의 것을 정하면, 그것이 권리가 되어야 한다. 그리고 이 무감각하게 만드는 이론의 결과, 자연스럽게 권리의 의식이 둔감하게 되고 권리의 모든 불변성이 우리 마음에 떠나고 권리를 위한 모든 고상한 열정이 사라진다. 존재하는 것은 존재하기 때문에 선하다. 그것은 더 이상 우리를 창조하셨고 우리를 아시는 하나님의 뜻이 아니다. 그것은 국가의 계속 변하는 의지가 된다. 이 국가는 자기 위에 아무도 없어서 사실상 하나님이 되며 우리의 생활과 존재가 어떠해야 할지를 결정해야 한다.

그리고 여러분이 이 신비적 국가가 오직 사람을 통하여 자신의 뜻을 표출하고 강요한다는 것을 더욱 고찰할 때, 심지어 국민 주권으로서 이 국가 주권이 사람을 그 동료에게 비천하게 굴복시키는 데서 벗

어나게 하지 못하고 양심에서 설득력을 발견하는 순복의 의무로 결코
상승하게 하지 못한다는 사실에 더 무슨 증거가 필요하겠는가?

그러므로 백과사전파의 무신론적 국민 주권설과 독일 철학자의 범
신론적 국가 주권에 반대하여, 칼빈주의자는 하나님의 주권을 인간 가
운데 모든 권위의 원천으로 주장한다. 칼빈주의자는 사람과 모든 국민
을 우리의 하늘 아버지 면전에 둠으로써 우리의 열망 가운데 가장 높
고 좋은 것을 지지한다. 그는 옛날 1789년에 조작되었고 이제 비관론
적 방종으로 우리 존재의 본질로 간주되는 죄의 사실을 인식한다. 칼
빈주의는 우리의 유기적 사회의 자연적 연관과 행정관의 권위가 부가
하는 기계적 매듭이 다르다는 것을 지적한다. 우리는 그 차이 때문에
권위에 복종하기가 쉽다. 왜냐하면 모든 권위 안에서 우리는 이 차이
때문에 하나님의 주권의 요구를 존중하게 되기 때문이다. 이 차이 때
문에 우리는 강한 팔의 위협에서 생긴 순종에서 벗어나 양심을 위한
순종에 이른다.

이 차이는 우리에게 현존하는 법률을 넘어서 하나님 안에 있는 영
원한 권리의 원천을 보도록 가르치며, 우리 안에 이 최고 권리의 이름
으로 법률의 불의성에 쉬지 않고 항거하도록 하는 불굴의 용기를 일으
킨다. 그리고 국가가 아무리 강력하게 자신을 내세우고 자유로운 개인
적 발달을 압제하더라도, 이 강력한 국가 위에 우리 영혼의 눈 앞에서
왕중왕의 엄위가 무한히 더 강력하게 언제나 빛나고 있다. 이 왕중왕
의 의로운 법정은 모든 압제 당하는 자들을 위하여 상소의 권리를 영
원히 유지하며, 우리 나라와 그 나라 안에 있는 우리와 우리 가정에게
복을 주시라는 백성의 기도가 계속 상달된다.

―――――――――

국가의 주권은 그만큼 하고 이제 사회 영역에서의 주권을 살피도
록 하자.

칼빈주의적 의미에서 우리는 가족과 사업과 과학과 예술 등이 국가와 별개로 존재하며 국가의 우월성으로부터 자신의 생활 법칙을 도출하지 않고 자신 안에 있는 하나의 높은 권위에 복종하는 모두 사회적 영역이라고 이해한다. 이 권위는 하나님의 은혜로 국가의 주권과 마찬가지로 다스린다.

이는 **국가**와 **사회**의 대립을 포함한다. 하지만 우리가 이 사회를 응집체로 파악하지 않고 이 유기적 부분으로 분해되는 것으로 파악하고 이 각각의 부분에 독립적 특성을 존중한다는 조건에서 그렇다.

이 독립적 특성에서 특수한 **고도의 권위**가 필연적으로 연관되며, 우리는 의도적으로 이 최고의 권위를 개별적 **사회** 영역에서의 **주권**이라고 부른다. 이는 사회 생활의 이 상이한 발달이 하나님 외에 자기보다 더 높은 것을 두지 않으며 국가가 이곳에 침입할 수 없고 그들의 영역에 명령할 것이 없다는 점이 분명하고 결정적으로 표현되도록 하려 함이다. 여러분이 즉시로 느끼듯이, 이는 우리의 시민적 자유에 대한 매우 재미있는 문제이다.[12]

여기서 사회의 **유기적** 생활과 정부의 **기계적** 특성의 차이가 단계적이라는 점을 분명히 명심하는 일은 지극히 중요하다. 사람들 가운데서 창조에서 곧바로 발생하는 것은 무엇이든지 자신의 발달을 위하여 모든 자료를 인간 본성 자체에 소유한다. 여러분은 가정에서 그리고 혈육 관계와 다른 유대에서 즉시로 이 점을 본다. 남자와 여자의 이중성에서 혼인이 나온다. 처음에 한 남자와 한 여자가 있었던 것에서 일부일처제가 나온다. 자녀들은 내재적 재생산 능력 때문에 존재한다. 본래 자녀들은 형제 자매로 연결된다. 그리고 이 아이들이 차례로 당연히 다시 혼인할 때, 이 모든 연관은 전체 가정 생활을 지배하는 혈

---

12) 참조. Dr. A. Kuyper, *Calvinism the Source and Guarantee of Our Constitutional Liberties*, 1873; Dr. A. Kuyper, *Sovereingty in the Spheres of Society*, 1880.

육 관계와 다른 유대에서 발생한다.

이 모든 것에는 기계적인 것이 없다. 그 발전은 식물의 줄기와 가지처럼 자발적이다. 참으로 여기서 죄가 혼란을 일으키는 영향력을 발휘하며 복으로 의도되었던 많은 것을 저주로 왜곡했다. 그러나 죄의 이런 치명적인 능력은 일반 은혜(은총)에 의하여 저지되었다. 자유 연애는 가장 거룩한 유대를 해체하려 하고 축첩 제도는 그 유대를 추하게 만들려 할 것이다. 그러나 우리 인류의 대다수에게 혼인은 여전히 인간 사회의 기초이며 가정은 그 위치를 사회학의 원초적 영역으로 유지한다.

다른 생활 영역에 대해서도 마찬가지로 말할 수 있다.

우리 주변의 자연은 죄 때문에 낙원의 영광을 상실했을 것이며 이 땅은 가시와 엉겅퀴를 내어 우리가 이마에 땀이 흘릴 때에만 떡을 먹을 수 있게 한다. 이 모든 것에도 불구하고 모든 인간 활동의 제일 되는 목적은 여전히 타락 이전 우리의 창조로 인한 것이다. 즉 자연을 **다스리는 것이다.** 그리고 이 다스림은 창조의 규례 때문에 자연에 내재하는 능력들의 발휘에 의해서가 아니면 이루어질 수 없다. 따라서 모든 학문은 우리 안에 창조된 탐구와 사유의 능력을 우주에 적용하는 것에 불과하다. 그리고 예술은 우리의 상상력의 자연적인 생산성에 불과하다.

그러므로 죄가 '일반 은혜'에 의하여 저지당하긴 하지만 낙원을 잃은 다음에야 생기고 다시금 영광의 나라가 임하는 것과 아울러 사라지게 될 몇 가지 삶의 표현에 변화를 일으켰다는 것을 인정할 때, 우리는 이 표현의 근본적 특성이 처음과 마찬가지로 남는다고 여전히 주장한다. 그것들은 창조의 규례에 일치하게 모두 창조의 생활을 형성하며 따라서 유기적으로 발달된다.

그러나 정부의 권세 주장과는 전적으로 다르다. 죄가 없어도 많은 가정을 좀더 높은 통일체로 통합할 필요가 있었을 것이라는 점을 인정할지라도, 이 통일체는 하나님의 나라에서 내재적으로 결합되었을 것이기 때문이다. 그리고 이 하나님의 나라는 모든 사람의 마음에서 규칙적이고 직접적이고 조화롭게 다스렸을 것이며 외부적으로 족장의 위계제로 구현되었을 것이다. 모든 죄가 사라질 때 우리를 기다리는 미래를 위하여 예언된 것은 바로 이것이다.

그러나 죄가 지금 우리의 인간 생활에서 제거했던 것은 바로 이것이다. 이 통일체는 더 이상 존재하지 않는다. 하나님의 이 통치는 더이상 나타날 수 없다. 이 족장적 위계제는 파멸되었다. 하나의 세계제국은 수립될 수도 없고 수립되어서도 안 된다. 왜냐하면 바로 이런 욕구에 바벨탑 건축의 반역이 있었기 때문이다. 그래서 백성들과 나라들이 생겼다. 이 백성들은 국가를 형성했다. 그리고 이 국가 위에 하나님은 정부를 정하셨다. 그래서 이런 표현을 써도 된다면, 정부는 백성의 몸에서 유기적으로 자라나온 자연적 머리가 아니라 바깥으로부터 국가의 줄기에 놓인 기계적 머리이다. 그러므로 잘못된 조건을 위한 단순한 치료책이 생긴 것이다. 나무 옆에 나무를 지탱하도록 세운 막대기이다. 이 막대기가 없으면 나무는 그 내재적 연약성 때문에 넘어지게 될 것이다.

정부의 주된 특성은 생명과 죽음의 권리이다. 사도의 증거에 따르면 행정관은 칼을 갖고 있으며, 이 칼은 삼중적 의미를 갖고 있다. 이는 정의의 칼로서 범죄자에게 신체적 형벌을 가한다. 이 칼은 **전쟁의** 칼로서 원수에 맞서서 국가의 존귀와 권리와 이해를 방어한다. 그리고 이 칼은 **질서의 칼로서**, 모든 강제적인 내란을 제압한다. 루터와 그의 동료 종교개혁자는, 하나님이 사람의 피를 흘린 사람에게 사형을 가하라고 명령하던 홍수 이후에야 그 제도 자체와 행정관에 대한 완전한 권력 수여가 있었음을 옳게 지적했다. 생명을 빼앗을 수 있는 권리는 오직 생명을 주실 수 있는 분 즉 하나님께 속한다. 그러므로 땅 위에 누구도 하나님이 주신 바가 아니고서는 이런 권위를 받지 않았다. 그래서 **생명과 사망의 권리**(jus vitae et necis)를 아버지와 노예 주인에게 허용한 로마법은 본질적으로 모세의 법보다 훨씬 열등하다. 모세의 법은 행정관과 그의 명령이 아니고는 사형을 허용하지 않는다. 그러므로 정부의 최고 의무는 변함없이 정의의 의무이다.

두번째로 정부는 한 단위로서 국민을 돌보되, 부분적으로는 국민의 통일성이 점점 깊어지고 혼란스럽게 되지 않도록 **국내**에서 돌보고, 부분적으로는 국가의 존립이 해를 입지 않도록 **국외**에서 돌본다. 이 모든 것의 결과로, 한 국민에게서 모든 종류의 **유기체적** 생명 현상이 **사회적** 영역으로부터 생기지만, 그보다도 정부의 **기계적인** 통합력을 관찰할 수 있다. 이로부터 모든 알력과 충돌이 생긴다. 왜냐하면 정부는 언제나 그 기계적 권위를 가지고 사회 생활을 공격하여 굴복시키고 기계적으로 그것을 조정하는 경향이 있기 때문이다.

그러나 반면 사회 생활은 언제나 정부의 권위를 떨쳐 버리려고 노력한다. 현재 이 노력이 권위 제도의 완전 전복만을 목표로 삼고 있는 사회 민주주의와 무정부주의에서 다시 절정에 이르는 것과 같다. 그러나 이 두 극단을 제외하면, 모든 건전한 국민 생활이나 국가 생활은 이 두 세력의 갈등으로 인한 역사적 결과였다고 할 것이다. 이 둘의 상호 관계를 더욱 견고하게 규율하려고 노력했던 것은 소위 '입헌 정부'이다. 그리고 이 투쟁에서 칼빈주의는 처음으로 그 입장을 취했다. 왜냐하면 칼빈주의가 하나님이 정하신 행정관의 권위를 존중했던 것만큼 하나님께서 창조의 규례에 따라 사회 영역에 심어 놓으신 **두번째 주권**을 높였기 때문이다.

이는 사회 영역들의 독립성과 행정관이 아닌 **법에 따른** 국가와 사회 영역의 규제를 요구했다. 그리고 이 엄격한 요구에 의하여 칼빈주의는 자신의 근본적 이념에서 입헌적 공법을 만들었다고 할 수 있다.

역사는 논박의 여지가 없이 이 입헌적 공법이 로마 가톨릭 국가나 루터교 국가에서 발전하지 않고 칼빈주의 국가 가운데서 발전했다고 증거한다. 그러므로 여기서 하나님의 주권이 인간에게 내려올 때 두 영역으로 나뉜다는 사상은 근본적인 것이다. 한편 **국가 권위**라는 기계적 영역과 다른 한편 **사회 영역**의 권위라는 유기적 영역은 주권적이다. 즉 그것은 하나님 외에 자신보다 높은 것을 두지 않는다.

이제 정부의 기계적으로 강제하는 권위에 대해서는 그것으로 충분하다. 하지만 유기적인 **사회적 권위**에 관해서는 아직 설명이 미흡하다.

이 유기적인 사회적 권위의 지배적 특성은 학문 영역에서 가장 분명하게 드러난다. 롬바르두스의 「신학 명제」와 토마스 아퀴나스의 「신학 대전」의 어느 판 서문에서, 학식 깊은 토마스주의자는 이렇게 썼다. "롬바르두스의 저술은 150년을 지배했으며 그의 작품은 토마스를 배출했고, 그 이후에 토마스의 「신학 대전」은 온 유럽(totam Europam rexit)을 5세기 꼬박 지배했으며 후대의 모든 신학자를 탄생시켰다."[13] 이 말이 지나치게 대담한 말이라고 하더라도, 여기서 표현된 생각은 의심할 나위 없이 정확하다.

아리스토텔레스와 플라톤, 롬바르두스와 토마스, 루터와 칼빈, 칸트와 다윈 등의 사람들의 지배는 각각 여러 시대까지 확대된다. 천재(天才)는 **주권적 능력**이다. 그것은 학파를 형성한다. 불가항력적인 힘으로 사람의 정신을 사로잡는다. 인간 생활의 전체 조건에 측량할 수 없는 영향력을 발휘한다. 이 천재의 주권은 오직 하나님의 은혜로 소유하는 하나님의 선물이다. 이는 아무에게 종속되지 않고 천재를 우월하게 만드신 하나님께만 책임을 진다.

동일한 현상은 예술 영역에서도 관찰할 수 있다. 모든 대가는 예

---

13) Edition of Migne at Paris, 1841. Tome 1, proof 1.

술의 궁정에서 왕인데, 세습법이나 임명에 의한 왕이 아니라 오직 하나님의 은혜에 의한 왕이다. 그리고 이 대가들도 권위를 발휘하며, 그들은 아무에게도 종속되지 않고 모든 자를 다스리며 결국 자신의 예술적 탁월함 때문에 모든 이의 충성을 받는다.

그리고 인격의 주권적 능력에 관해서도 마찬가지로 말할 수 있다. 인간은 균등하지 않다. 참새마냥 날개가 작은, 약하고 편협한 사람들이 있다. 그러나 독수리처럼 날개짓하는, 폭넓고 당당한 사람이 있다. 이런 이들 가운데서는 제왕의 위세가 발견될 것이다. 사람들이 이들에게서 물러나거나 이들을 방해하거나 상관없이 이들은 자신의 영역에서 다스린다. 종종 모든 강자를 제압하므로 그들은 더욱 반대를 받는다. 그리고 이 모든 과정은 모든 사회 영역에서 이루어진다. 기계 노동이나 가게나 환전이나 장사나 바다에서나 자선과 박애의 영역에서도 나타난다. 모든 곳에서 한 사람은 다른 사람보다 그 인격과 재능과 상황에서 힘있다. 모든 곳에서 지배력이 발휘된다. 그러나 그것은 유기적으로 작용하는 지배력이다. 국가의 수여에 의한 것이 아니라 삶의 주권에서 나오는 지배력이다.

이것과 관련하여 그리고 오직 유기적 우월성이라는 동일한 근거에서, 이 개인적 주권과 나란히 영역의 주권이 존재한다. 대학은 학문적 지배권을 발휘한다. 예술원은 예술의 힘을 소유한다. 길드는 기술적 지배력을 발휘했다. 노동 조합은 노동을 지배한다. 그리고 이 각각의 영역이나 자치 단체는 자신의 고유한 활동 영역 안에서 배타적인 독립적 판단과 권위적 행동에 대한 권세를 의식한다. 지적, 미적, 기술적 주권을 가진 이 유기적 영역 뒤에 가정의 영역이 혼인과 가정 평화와 교육과 소유에 대한 권리를 갖고 나타난다. 이 영역에서도 자연적인 머리는 내재적 권위를 발휘하는 것을 의식한다. 이는 정부가 허용해서가 아니라 하나님이 부가하셨기 때문이다. 아버지의 권위는 핏줄에 근거하며 제5계명에 선포되어 있다. 그리고 마지막으로 도시와 마을의 사회 생활이 생존 영역을 형성하고 있음을 지적할 수 있다. 이 생존 영역은 생활의 필요에서 나오며 따라서 자율적이어야 한다.

그러므로 많은 다른 방향으로 자신의 영역에서 주권이 나타난다. 1. 인격적 우월성에 의한 사회적 영역에서. 2. 대학, 길드, 회사 등의 단체적 영역에서. 3. 가족과 혼인 생활이라는 가정적 영역에서. 4. 공동체적 자율성에서.

이 네 가지 영역에서 국가 정부는 법률을 강요할 수 없고 생활의 내재적 법칙을 존중해야 한다. 하나님은 택하신 **행정관**을 통하여 국가 영역에서 지배권을 발휘하시듯이 택하신 **거장**을 통하여 최고로 주권적으로 이 영역에서 통치하신다.

그러므로 정부는 자신의 명령에 얽매어, 이 사회적 영역을 관장하는 하나님의 명령을 무시하거나 수정하거나 방해할 수 없다. 하나님의 은혜로 정부의 주권은 여기서 하나님을 위하여 다른 주권에 의하여 제외되고 제한된다. 이 다른 주권도 역시 하나님께로부터 나왔다. 학문 생활이나 예술 생활이나 농업 생활이나 산업 생활이나 상업 생활이나 항해 생활이나 가정 생활이나 인간 관계의 생활 가운데 정부의 호의에 억지로 따라야 하는 것은 없다. 국가는 결코 전체 생활을 목조르는 낙지가 될 수 없다. 국가는 자신의 뿌리에서 숲의 다른 모든 나무 가운데 자신의 위치를 차지해야 한다. 그래서 나름대로 신성한 자율성을 가지고 독립적으로 자라는 모든 생활양식을 존중하고 유지해야 한다.

이는 정부가 이들 자율적인 생활 영역에 전혀 간섭할 권리가 없다는 말인가? 결코 그렇지 않다.

정부는 삼중적 권리와 의무를 갖는다.

1. 상이한 영역이 충돌할 때마다 각 영역의 경계에 관하여 서로 존중하도록 강제하는 권리와 의무.

2. 이들 영역에서 개인과 약한 자를 나머지 사람의 남용된 권력에

서 보호하는 것.

3. 모든 사람이 국가의 자연적 통일성을 유지하도록 **개인적** 그리고 **재정적** 부담을 담당하도록 강제하는 것.

하지만 이런 경우에 이 결정은 **일방적으로** 행정관에게 있을 수 없다. 여기서 법은 각자의 권리를 표시하고, 자신의 호주머니에 대한 시민의 권리는 정부의 권력 남용에 맞서 난공불락의 보루로 남아야 한다.

그리고 바로 여기에 정부의 주권이 사회 영역의 주권과 그렇게 협력할 수 있는 출발점이 있다. 이 협력은 헌법에서 그 규정을 발견한다. 칼빈은 자신의 시대에 사물의 질서에 따라 이를 '열등한 행정관' 교리로 생각하게 되었다. 그러므로 기사의 신분, 시(市)의 권리, 길드의 권리 등이 자신의 시민적 권위를 가진 사회적 '국가'의 출현으로 이어졌다. 그래서 칼빈은 법률이 고위 행정관들과 협력하여 만들어지기를 바랐다.

그 시대 이후로, 부분적으로 장원 제도에서 생긴 이 중세 관계들은 완전히 낡아져 버렸다. 이 단체나 사회 질서는 이제 지배 권력을 더 이상 갖고 있지 않다. 그들의 지위는 의회가, 혹은 나라마다 일반적인 대의기관을 뜻하는 어떤 집단이 차지하며, 이제 이 의회의 의무는 전체 국민의 권리와 자유를 전체의 이름으로 정부와 **함께**, 필요하다면 정부와 **맞서서** 유지하는 것이다. 이는 국가 제도의 구성과 기능을 단순화하고 그들의 기능을 가속화하기 위하여 개인적 저항보다 선호된 통합적 방어책이다.

그러나 그 형식이 어떤 방법으로 바뀌든지, 모든 계급과 지위에서, 모든 집단과 영역에서, 모든 단체와 독립적 기관에서, 국민에게 건전한 민주주의적 의미에서 법률 제정과 정부 방향에 대한 합법적이고 질서 정연한 영향력을 보장하는 것은 본질적으로 여전히 옛적 칼빈주의의 계획이다. 그리고 오직 의견의 차이는 현재 개인의 참정권으로

이들 사회 영역의 특별한 권리에 대한 일반적 해결책을 고수해야 하는
가, 혹은 그 외에 상이한 집단으로 하여금 개별적 방어책을 마련할 수
있도록 하는 **집단적** 참정권을 두는 것이 바람직한지의 중요한 문제에
관련하여 있다. 현재 새로운 조직 경향은 상업과 산업의 영역, 그에
못지않은 노동의 영역에서도 나타나며, 심지어 프랑스에서는 베노아
(Benoit)와 같이 참정권과 이들 조직을 연계할 것을 주장하는 목소리
들이 일어난다.

개인적으로 나는 그것의 적용이 배타적인 것은 물론이고 편협되지
않으면 그런 움직임을 환영할 것이다. 그러나 이런 사안들을 자세히
살필 겨를이 없다. 칼빈주의가 국가 전능에, 현존하는 법률 이상의 권
리가 존재하지 않는다는 두려운 개념에, 군주의 호의로 인한 결과가
아니면 아무런 입헌적 권리를 인정하지 않는 절대주의의 교만에 항거
한다는 것을 보여 주는 것으로 충분하겠다.

범신론이 우세하므로 위험천만하게 발전되는 이 세 가지 대표 제
도는 우리의 시민적 자유에게 죽음이다. 그리고 칼빈주의는 국민의 힘
에나 인간의 위대함이라는 환상에 호소하지 않고 사회 생활의 그런 권
리와 자유를 정부의 높은 권위가 나오는 동일한 원천, 바로 **하나님의**
절대 주권에서 이끌어냄으로써 이 절대주의적 흐름을 막는 댐을 건설
했다고 칭찬을 받아야 한다. 가정과 모든 사회 영역에 나타나는 개인
영역의 **주권**은 국가 권위의 **지배권**과 마찬가지로 하나님 안에 있는 이
하나의 원천에서 직접 나온다. 그러므로 이 두 가지 주권은 양해되어
야 하며, 둘은 하나님이 주신 권위를 유지하고 그 권위가 하나님의 엄
위에 이바지하도록 하는 동일한 신성한 의무를 갖고 있다.

그러므로 국가 지배권에 가정의 권리를 넘겨주는 국민 혹은 학문
의 권리에 가정의 권리를 넘겨주는 대학은 행정관의 권리에 해를 가하
는 국민처럼 하나님 앞에 범죄했다. 그래서 자유를 위한 투쟁은 허용
될 수 있는 것으로 선포될 뿐만 아니라 각자의 영역에서 개인의 의무

가 된다. 그리고 이는 하나님을 제쳐두고 인간을 하나님의 전능의 보좌에 앉힌 프랑스 혁명에서 이루어지지 않았다. 반대로 행정관을 포함하여 모든 사람이 가장 겸허한 태도로 전능하신 하나님의 엄위 앞에 절하도록 하게 함으로써 이루어졌다.

───────────

이 강연의 세번째이자 마지막 부분으로 앞의 문제보다 훨씬 까다로운 문제를 논의하겠다. 즉 국가에서 **교회의 주권**을 어떻게 파악해야 하는가 하는 것이다.

내가 이 문제를 까다롭다고 하는 것은, 결론에 관련하여 미심쩍거나 그 결론에 관하여 여러분의 동의를 받을 수 있을지 의심스럽기 때문이 아니다. 미국의 생활에 관련해서 이 점에 관한 모든 불확실성은, 여러분의 헌법이 처음에 예배의 자유와 교회와 국가의 대등 관계에 관하여 선언했으며 나중에 신앙고백에서 수정되었던 것에 의하여 제거되었다. 그리고 개인적으로 사반세기 이상 나는 주간지 위에 "자유로운 국가 안의 자유로운 교회"라는 모토를 써 두었다. 힘겨운 투쟁에서 나는 이 모토를 계속 높이 들었고 또한 우리 네덜란드 교회는 신앙고백서에서 이 문제에 관한 조항을 재고하려 한다.

이 문제의 난점은 다른 데 있다. 그것은 세르베투스의 말뚝과 쇠막대기에 있다. 독립주의자에 대한 장로교도의 태도에 있다. 예배의 자유에 대한 제한과 수세기 동안 네덜란드에서도 로마 가톨릭 교도들이 경험한 '시민적 행위 무능력'에 있다. 그 난점은 우리의 옛 칼빈주의 신앙고백서의 한 조항이 "온갖 우상 숭배와 거짓 종교를 막아 근절하고 교회의 거룩한 봉사를 보호하는 일을 정부에게 위임하는" 사실에 있다. 그 난점은 종교 문제에서 정부의 간섭을 요구했던 칼빈과 그 아류의 만장일치적이며 획일적인 충고에 있다.

그러므로 우리가 종교의 자유를 선호하여 칼빈주의에 도전하지 아니하고 종교의 자유를 정면으로 반대한다는 비난은 자연스러운 것이다.

이런 바람직하지 않은 혐의에서 벗어나기 위하여 나는 다음의 규칙을 제출한다: 하나의 체계는 다른 선행하는 체계와 공통으로 갖고 있는 것으로 인식되는 게 아니라 선행하는 체계와 다른 점에서 구별된다.

온갖 형태의 거짓 종교와 우상 숭배를 근절하는 정부의 의무는 칼빈주의의 발견물이 아니라 콘스탄티누스 대제에서 시작된다. 그리고 그것은 그의 앞에서 다스린 이교 황제들이 나사렛 당파에 가했던 두려운 박해에 대한 반발이었다. 그 시대 이후로 이 체계는 모든 로마교 신학자가 옹호하고 모든 기독교 군주가 시행했다. 루터와 칼빈의 시대에는 그 체계가 참된 것이라는 보편적인 확신이 있었다. 그 시대의 모든 유명한 신학자, 누구보다도 멜란히톤은 세르베투스의 화형을 찬성했다. 루터파가 라이프치히에서 철저한 칼빈주의자 크렐[14]을 처형하려고 세웠던 단두대는 개신교의 입장에서 볼 때 너무도 괘씸한 일이었다.

그러나 칼빈주의자는 종교개혁 시대에 수많은 희생자를 단두대와 화형주에 내어 주었지만(루터파와 로마 가톨릭교도의 단두대와 화형주는 헤아릴 가치가 없다), 역사는 세르베투스의 사형 집행 한 가지를 혐오스러운 죄로 책망할 때 심각하고 치우친 불공평의 잘못을 범했다.

이 모든 것에도 불구하고 나는 그 한 번의 화형주를 한탄할 뿐만 아니라 무조건 그것을 반대한다. 하지만 그것을 칼빈주의의 독특한 특성의 표출인 것인 양 반대하지 아니하고 반대로 시간이 지나면서 흐릿

---

14) 크리스찬 1세의 종교법 고문 니콜라스 크렐리우스. 독일 칼빈주의 비밀 당원 투쟁의 지도자. 10년 동안 혹심한 투옥 생활을 마치고 1601년에 참수형을 당함. 그는 귀족들에게 훨씬 미움을 받았다. 그가 매국노라는 판결에 따라 처형되기까지의 절차는 매우 자의적으로 진행되었다.

해지는 한 체계의 치명적인 부작용으로서 반대한다. 이 체계는 칼빈주의를 생기게 하고 자라게 하고, 칼빈주의를 아직 완전히 자유롭게 만들지 않게 한 것이다.

만일 이런 점에서 칼빈주의의 특별 원칙으로부터 어떤 것이 틀림없이 나오는지를 알고자 한다면, 문제는 아주 다르게 제기되어야 한다. 그런 다음, 우리는 그리스도의 교회가 땅에서 하나의 형태와 하나의 제도로만 표현될 수 있다는 확신에서 곧장 연유하는 정부의 형법적 관할권 아래서 이 체계가 종교 문제에서 차이점을 가져온다는 것을 보고 시인해야 한다. 중세에는 이 하나의 교회만이 그리스도의 교회였으며, 이 교회와 다른 모든 것은 이 하나의 참된 교회에 해로운 것으로 간주되었다. 그러므로 정부는 자신을 위하여 판단하고 숙고하고 결정하는 요청을 받지 않았다. 지상에는 오직 하나의 그리스도 교회만 존재했으며, 행정관의 할 일은 교회를 분열과 이단과 분파에서 보호하는 것이었다.

그러나 그 하나의 교회를 파편으로 잘게 부수고, 그리스도의 교회가 여러 나라에서 많은 형식으로 나타날 수 있음을 인정하라. 아니 같은 나라에서 많은 제도로 나타날 수 있음을 인정하라. 그러면 즉각 가시적 교회의 이 통일성에서 연역되는 모든 것이 시각에서 사라진다. 그러므로 칼빈주의가 교회의 통일성을 파괴시켰으며 칼빈주의 나라에서 온갖 교회 형식이 부요롭게 다양하게 나타났다는 것을 부인할 수 없다면, 그에 따라 우리는 참된 칼빈주의적 특성을, 칼빈주의가 일시적으로 옛 체계에 관련하여 존속시켰던 것에서 찾아서는 안 되고 칼빈주의의 뿌리에서 새롭고 신선하게 솟아 올랐던 것에서 찾아야 한다.

결과를 보면, 루터교 국가에서 루터교가 국가 교회로 남아 있듯이 삼세기가 지난 후에도 로마 가톨릭을 확실히 표방하는 모든 나라에서 심지어 남미 국가들에서도 로마 가톨릭 교회는 국가 교회로 남아 있다. 그리고 자유 교회들은 칼빈주의의 숨결이 닿은 스위스, 네덜란드,

영국, 스코틀랜드, 미국 등의 나라에서만 발전했다.

로마 가톨릭 국가에서는 불가시적 교회와 가시적 교회가 교황적 통일성 아래서 하나됨을 여전히 주장한다. 루터파 국가에서는 'cuius regio eius religio'(동일 지역의 동일 종교)의 도움을 받아 제후의 고백이 국가의 고백으로서 국민에게 괴이하게 부가되었다. 거기서는 개혁주의자들이 그리스도의 원수로 호된 대우를 받고 추방을 당하고 폭행을 당했다.

반대로 칼빈주의의 네덜란드에서는 종교를 위하여 핍박당하는 모든 사람이 피난처를 찾았다. 거기서 유대인은 환대를 받았다. 거기서 루터교도는 존경을 받았다. 거기서 메노파는 번성했다. 심지어 아르미니우스파와 로마 가톨릭 교도는 가정에서나 독립된 교회에서 종교를 자유롭게 믿도록 허용받았다. 영국에서 쫓겨난 독립파도 칼빈주의의 네덜란드에서 쉼터를 찾았다. 그리고 이 나라에서 메이플라워 호가 필그림 파더즈를 새로운 조국으로 데려다 주려고 출항했다.

그러므로 나는 속임수로 주장을 펼치는 게 아니라 분명한 역사적 사실에 호소한다. 그리고 여기서 나는 칼빈주의의 기본적 특성을 과거에 칼빈주의가 채택했던 것이 아니라 새롭게 창조한 것에서 찾아야 한다고 거듭 말한다. 이런 맥락에서 처음부터 우리 칼빈주의 신학자와 법학자가 종교 재판에 맞서 양심의 자유를 옹호했던 것은 주목할 만한 일이다. 로마는 어떻게 양심의 자유가 보이는 교회의 통일성이라는 토대를 느슨하게 하는지를 매우 분명하게 파악했기 때문에 그것을 반대했다. 그러나 반면에 칼빈주의는 양심의 자유를 높이 찬양함으로써 가시적 교회의 모든 절대적 특성을 원칙적으로 버렸다는 사실이 인정되어야 한다.

동일한 백성의 가슴에 반쪽의 양심이 다른 반쪽의 양심에 맞서 증거하자마자, 틈을 벌어졌으며, 더 이상 플래카드는 소용없었다. 일찍이 1649년에 신앙을 위한 핍박은 "영적 살인, 영혼의 암살, 하나님에

맞선 격노, 죄의 가장 두려운 것"이라고 선포되었다. 그리고 칼빈은
무신론자를 대적하여 가톨릭 교도도 우리의 동맹자라고 인정하고, 루
터파 교회를 공개적으로 시인하고, 특별히 다음의 적절한 선언으로 올
바른 결론의 전제를 기술했던 것은 분명하다: Scimus tres esse
errorum gradus, et quibusdam fatemur dandam esse
veniam, aliis modicam castigationem sufficere, ut tantum
manifesta impietas capitali supplitio plectatur. 즉 "기독교 진
리에서 삼중적인 이탈이 존재한다. 그냥 내버려 두는 것이 나은 사소
한 이탈과 온화한 징계로 회복해야 할 온건한 이탈과 엄중하게 처벌해
야 할 명백한 불경건이다."

　나는 이것이 가혹한 판단이라는 것을 인정한다. 그러나 원칙적으
로 가시적 통일성을 포기하는 판단이다. 그리고 그런 통일성이 부서지
는 곳에서는 자유의 새벽이 당연히 동터 온다. 왜냐하면 여기에 문제
의 해결책이 있기 때문이다: 로마에서는 핍박의 체계가 가시적 교회와
불가시적 교회의 동일시에서 나왔고, 칼빈은 이런 위험한 노선에서 떠
났다. 그러나 그가 여전히 옹호했던 것은 진리의 고백과 절대 진리의
동일시였다.

　그리고 이 명제가 우리 개인의 확신에서 여전히 참될지라도 결코
다른 사람에게 강제로 요구할 수 없다는 것을 깨닫는 데는 좀더 풍부
한 체험이 필요했을 뿐이다.

　사실은 훨씬 더하다. 이제 우리는 이 이론을 테스트하고 영적인
문제에서 행정관의 의무를 차례로 살펴보자: 1. 하나님을 향한 의무
2. 교회를 향한 의무 3. 개인을 향한 의무.

　첫번째 요점에 관해서 행정관은 여전히 '하나님의 종'이다. 그들
은 하나님을 자신에게 권력을 주시는 최고 통치자로 인정해야 한다.

그들은 하나님의 규례에 따라 백성을 다스림으로써 하나님을 섬겨야 한다. 그들은 하나님의 엄위를 모욕하는 성격을 정면으로 취하는 신성 모독을 억제해야 한다. 그리고 헌법에서 하나님의 이름을 모든 정치 권력의 원천으로 고백하고 안식일을 유지하고 기도와 감사의 날을 선 포하고 하나님의 복을 구함으로써 하나님의 대권을 인정해야 한다.

그러므로 모든 행정관은 하나님의 거룩한 규례에 따라 통치하려 면, 하나님의 공의를 자연 생활과 그 말씀에서 탐구해야 할 의무가 있 다. 어떤 교회의 결정에 종속되지 말고, 자신이 하나님의 뜻에 대한 지식에 필요한 빛을 파악할 수 있어야 한다. 그리고 신성 모독에 관해 서 행정관이 그것을 억제할 수 있는 권리는 모든 사람에게 내재하는 신 의식(神意識)에 있다. 그리고 그것을 시행할 의무는 하나님이 모든 나라와 모든 민족을 다스리시는 최고의 주권적 통치자라는 사실에서 나온다. 그러나 이런 이유로 오직 신성 모독의 사실은 **국가의 최고 통 치자로서** 하나님의 이 엄위를 거스려 모욕하는 의도가 명백할 때 규정 될 수 있다. 그러므로 처벌 대상은 종교적 위법이나 불경건한 감정이 아니라, 국가와 통치자가 근거로 삼는 공법의 기초에 대한 공격이다.

반면에 이런 점에서 한 사람의 군주가 절대적으로 통치하는 국가 와 입헌적으로 통치하는 국가나 훨씬 넓은 의미에서 광범위한 의회에 의한 공화국은 분명히 차이가 난다.

절대 군주에게 의식(意識)과 개인 의지는 하나이며, 그래서 이 한 사람은 하나님의 규례에 대한 자신의 개인적 개념에 따라 자기 백성을 다스리도록 요청을 받았다. 반대로 많은 사람의 의식과 뜻이 협력할 때는 이 단일성이 사라지고 하나님의 규례에 대한 주관적 개념이 이 많은 사람에 의하여 간접적으로만 적용될 수 있다. 그러나 여러분이 한 개인의 의지와 관계하거나 투표에 의하여 결정을 보는 많은 사람의 의지와 관계하거나, 원칙적인 문제는 정부가 독립적으로 판단하고 결 정해야 한다는 것이다. 교회의 부속물로나 그 제자로서가 아니다. 국가의 영역은 주님의 엄위 아래 있다. 그러므로 그 영역에서 하나님께 대한 독립적 의무는 유지되어야 한다. 국가의 영역은 속되지 않다.

그러나 교회와 국가는 각자 자신의 영역에서 하나님을 순종하고 그의 존귀에 이바지해야 한다. 그리고 그런 목적을 위하여 각 영역에서 하나님의 말씀이 통치해야 한다. 그러나 국가의 영역에서는 권위를 가진 사람들의 양심을 통해서만 하나님의 말씀이 통치하지 않을 수 없다. 이 과정에서 우선적인 일은 모든 민족이 기독교적으로 다스림을 받아야 한다는 것이다. 즉 모든 정치적 경륜이 있지만 그리스도로부터 흘러나오는 원칙에 따라 다스림을 받아야 한다. 그러나 이는 권세를 가진 자들이 공공 봉사에 따르는 기독교적 원리의 요구에 관한 개인의 견해에 따라 갖는 주관적 확신을 통하지 않고는 실현될 수 없다.

————————

두번째 문제는 완전히 성격이 다르다. 이는 정부와 가시적 교회의 관계가 어떠해야 하는가 이다. 이 가시적 교회의 형식적 통일성을 유지하는 것이 하나님의 뜻이라면, 이 문제는 현재 문제가 되고 있는 것과 전혀 다른 답이 주어져야 한다. 원래 이 통일성을 찾는 것은 자연스러운 것이다. 종교의 통일성은 한 민족의 생활에 매우 귀중한 것이며 사소한 장식품이 아니다. 오직 편협한 사람들은 16세기 로마가 그런 통일성의 유지를 위하여 싸우면서 보여 준 절망의 분노에 상심할 수 있다. 또한 처음에는 이 통일성이 확립되어 있었다는 것을 쉽게 이해할 수 있다. 한 백성이 낮은 발전 과정에 있을수록 의견의 차이는 그다지 나타나지 않는다. 그러므로 우리는 모든 민족이 하나의 종교에서 시작했던 것을 안다. 그러나 개인 생활이 발전 과정에서 힘을 얻고 다양성이 생활의 더 풍부한 발전에 대한 부정할 수 없는 요구로 나타날 때 이 통일성이 깨어지는 것 역시 자연스럽다. 그래서 우리는 가시적 교회가 분열되고 어느 나라에서도 가시적 교회의 절대적 통일성이 더 이상 유지될 수 없다는 사실에 맞닥뜨린다.

그러면 정부의 의무는 무엇인가?

이 문제를 이렇게 축소할 수 있으므로 이렇게 표현해 보면, 이제 정부는 많은 교회 가운데 어떤 교회가 하나의 참된 교회인가에 관하여 개별적 판단을 내려야 하는가? 그리고 다른 교회들을 제쳐놓고 이 교회만을 유지해야 하는가? 혹은 정부의 의무는 자신의 판단을 보류하고 이 모든 교단의 복잡 다단함을 이 땅에 있는 그리스도 교회의 모든 현현으로 보아야 하는가?

칼빈주의적 관점에서 보자면, 우리는 두번째 제안을 옹호하는 판단을 내려야 한다. 중립성의 그릇된 개념으로부터 혹은 칼빈주의가 참된 것과 그릇된 것에 무관심할 수 있는 것처럼 그런 판단을 내려야 하는 게 아니라 정부에게 판단의 자료가 부족하고 모든 행정관의 판단이 여기서 교회의 주권을 침해하기 때문이다. 그렇지 않을 경우, 정부가 절대 군주제라면, 여러분은 루터파 제후들의 "cuius regio eius religio"(동일 지역의 동일 종교)를 택한다. 물론 칼빈주의 진영에서는 이 개념과 계속 싸워 왔다. 혹은 정부가 여러 사람에게 의존한다면, 어제 거짓된 교회가 오늘은 투표 결과에 의해 참된 교회로 간주된다. 그래서 국가 행정과 교회의 입장을 연결하는 모든 연속성은 사라진다.

그래서 칼빈주의자는 자유를 위하여, 즉 루터파 신학자와 달리 교회의 영역에서 교회의 자유를 위하여 그토록 자랑스럽고 용감하게 싸워 왔다. 그리스도 안에서 그들은 교회가 자신의 왕을 모시고 있다고 주장했다. 국가에서 교회의 위상은 정부의 승인에 의하여 주어지지 않고 하나님의 법에 의하여 주어졌다. 교회는 자신의 조직을 갖고 있다. 교회는 자신의 직임자를 두고 있다. 그리고 동일하게 교회는 진리와 거짓을 구분할 수 있는 은사를 갖고 있다. 그러므로 참된 교회로서 자신의 특성을 결정하고 자신의 신앙고백을 진리의 신앙고백으로 선언하는 것은 교회의 특권이지 국가의 특권이 아니다.

만일 이 입장에서 교회가 다른 교회들의 반대를 받으면, 그 교회는 영적 사회적 무기를 가지고 이 교회들에 맞서 신령한 전쟁을 싸워야 한다. 그러나 이 교회는 누구든지 이 상이한 제도 위에 한 권세를 두고 자신과 자신의 자매 교회 사이에 결정을 내리는 모든 사람의 권리를 따라서 정부의 권리를 부인하고 반대한다. 정부는 육신에 상처를 입히는 검을 갖고 있지 영적인 문제를 결정하는 성령의 검을 갖고 있지 않다.

이런 이유로 칼빈주의자는 정부에게 patria potestas(부권)를 위임한다는 생각을 줄곧 거부했다. 확실히 아버지는 가정에서 그 가족의 종교를 규율한다. 그러나 정부를 조직했을 때, 가정은 없어지지 않고 그대로 남아 있었다. 그리고 정부는 오직 제한된 임무를 받았으며, 이 임무는 개별 영역에 나타나는 주권에 의하여 규정되지 그리스도의 교회 안에서 나타나는 그리스도의 주권에 의하여 규정되지 않는다. 오직 여기서 우리는 과장된 청교도주의를 막고 적어도 유럽에서 역사적 조건의 결과를 평가하기를 주저하지 말자. 자유로운 땅에 새로운 건물을 세우는 것과 이미 서 있는 집을 복구해야 하는 것은 전혀 다른 문제이다.

그러나 이는 정부가 다양한 기독교 교회를 이 땅에서 그리스도 교회의 복합적 현현으로 존중해야 한다는 기본 원칙을 결코 깨뜨릴 수 없다. 행정관은 이 교회들의 개별 영역에서 그리스도 교회의 자유 즉 주권을 존중해야 한다. 정부가 교회에게 자발적인 원칙에 따라 자신의 힘으로 살도록 허용할 때 교회는 가장 부요롭게 번성한다. 그러므로 러시아의 차르의 황제교황주의(Caesaropapism)도, 로마가 가르치는 국가의 교회 종속도, 루터파 법학자의 'Cuius regio eius religio' (동일 지역의 동일 종교)도, 프랑스 혁명의 비종교적인 중립적 관점도 아니고, 자유로운 국가에서 자유로운 교회의 제도만이 칼빈주의 관점에서 존중할 수 있다.

국가의 주권과 교회의 주권은 나란히 존재하며 서로 제한한다.

반대로 내가 언급한 마지막 문제 즉 개인의 주권에 관한 정부의 의무는 전혀 다른 성질의 것이다.

이 강연의 두번째 부분에서 나는, 성숙한 사람은 자신의 영역에서 주권을 가지고 개인 생활 영역을 또한 갖고 있다고 이미 지적했다. 여기서 나는 가정을 언급하는 게 아니다. 왜냐하면 이는 몇몇 개인간의 사회적 유대이기 때문이다. 내가 언급하는 것은 바이트브레히트 (Weitbrecht) 교수가 이렇게 표현한 것이다. "Ist doch vermöge seines Gewissens jeder ein König, ein Souverain, der über jede Verantwortung exhaben is." [15] ("모든 사람은 자신의 양심에서 모든 책임에서 면제받은 왕이며 자신의 인격에서 그런 주권자이다.")

헬트(Held)는 이런 식으로 표현했다. "In gewisser Beziehung wird jeder Mensch supremus oder Souverain sein, denn jeder Mensch muss eine Sphäre haben, und hat sie auch wirklich, in welcher er der Oberste ist." [16] ("어떤 점에서 모든 사람은 주권자이다. 왜냐하면 모든 사람은 자신의 생활 영역을 갖고 있어야 하며 실제로 그러하다. 이 영역에서 그는 하나님말고 자기보다 높은 사람을 두지 않는다.")

나는 양심의 중요성을 과대 평가하려고 이 점을 지적하는 게 아니다. 나는 양심을 해방시키기를 원하는 모든 사람을 하나님과 그 말씀에 관하여 동맹자가 아니라 대적으로 여긴다. 하지만 이런 의미에서

---

15) Tome VIII, p. 516c: Ed. Schippers.
16) Weitbrecht, *Woher und Wohin*, Stuttgart, 1877, p. 103.
17) Held, *Verfassungsysteem*, I, p. 234.

이는 양심의 주권을 모든 개인적 자유의 수호신으로 내세우는 나의 주장을 금하지 못한다. 즉 양심은 사람에게 결코 종속되지 아니하고 언제나 계속 전능하신 하나님께 종속된다.

하지만 개인적 양심의 자유에 대한 이런 필요는 즉각적으로 나타나지 않는다. 이는 아이에게서 두드러지게 표출되지 아니하고 성숙한 사람에게만 표출된다. 그처럼 이는 미개 민족 가운데서 대개 잠자고 있으며 고도로 발달한 민족 가운데서만 불가항력적이게 된다. 원숙하고 풍요한 발달을 거친 사람은 양심의 광장에서 억압을 당하느니 차라리 자발적인 추방자가 되고 감옥살이를 하고 심지어 생명을 희생시키게 될 것이다. 그리고 삼세기 동안 누그러지지 않았던 종교 재판에 대한 뿌리깊은 반감은 그 제도의 실행이 인간 안에 있는 인간 생활을 침해하고 공격했다는 확신에서 자랐다. 이는 정부에게 이중의 의무를 부가한다. 첫째로 이는 틀림없이 교회로 양심의 자유를 존중하게 한다. 둘째로 이는 틀림없이 주권적 양심에 양보한다.

첫번째 의무에 관해서 교회의 주권은 자유로운 인격의 주권에서 자연스러운 한계를 발견한다. 교회는 자신의 영역에서 주권적이지만 그 영역 바깥에 살고 있는 자들에게는 아무 힘이 없다. 그리고 이 원칙을 침해하여 권력의 한계를 넘는 일이 일어나는 곳마다 정부는 모든 시민을 보호하는 권리 주장을 존중해야 한다. 교회는 자신의 영역에서 추방해야 한다고 느끼는 구성원을 용납할 필요가 없을 것이다. 그러나 반면에 국가의 시민 가운데 양심에 따라 떠나야만 하는 교회에 그대로 머물러 있어야만 하는 사람은 없다.

반면에 국가는 모든 시민에게 양심의 자유를 허용하면서 이런 점에서 교회에 요구하는 것을 모든 사람의 원초적이며 불가양도의 권리로서 실천해야 한다.

인간의 모든 자유 가운데 가장 큰 이 자유를 독재의 손아귀에서 벗어나게 하려고 사람들은 영웅적인 전쟁을 치렀다. 그리고 목적을 달성하기 전에 인간의 피로 시내는 물들었다. 그러나 바로 이런 이유로 열심히 그리고 후퇴하지 않고 우리의 자유라는 이 수호신을 옹호하지 않는 종교개혁의 아들마다 조상의 명예를 유린하는 셈이다. 정부는 사람을 다스릴 수 있기 위하여 인간 실존의 가장 깊은 윤리적 힘을 존중해야 한다. 양심에 상처를 입은 시민으로 구성된 국가는 국가적 힘이 손상을 입었다.

그리고 우리 조상들이 이론적으로 이런 양심의 자유에서 나오는 언론의 자유, 예배의 자유를 위한 결론을 내세울 용기를 갖지 못했다는 것을 인정하지 않을 수 없다. 하지만, 그들이 비난과 출판의 거부를 통하여 싫어했던 문헌의 전파를 방해하려고 처절하게 노력했던 것을 잘 알지라도, 이 모든 것은 구두 언어나 인쇄 언어로 사상의 자유로운 표현이 칼빈주의의 네덜란드에서 처음으로 성취되었던 사실을 제쳐놓지 않는다. 다른 데서 방정한 사람이라면 칼빈주의의 근거에서 사상의 자유와 언론의 자유를 처음으로 누릴 수 있었다. 그래서 양심의 자유와 또 그 자유에 간직되어 있는 것이 필연적으로 발달하여 처음으로 칼빈주의의 편에서 세상에 복을 주었던 것이다.

왜냐하면 로마교의 나라에서는 영적 정치적 독재가 프랑스 혁명으로 결국 정복되었고 지금까지 우리는 이 혁명이 자유의 대의 명분을 선양하면서 시작되었음을 즐거운 마음으로 시인해야 하기 때문이다. 그러나 프랑스 전역에서 오랫동안 기요틴 처형이 다른 생각을 가진 사람에게 끊임없이 가해졌음을 역사에서 배우는 사람마다, 로마 가톨릭의 성직자들이 거룩하지 못한 맹세로 자신의 양심을 범하기를 거부했기 때문에 얼마나 잔인하고 악의적으로 죽음을 당했는지 기억하는 사람마다, 혹은 나처럼 서글픈 체험으로 유럽 대륙에서 자유주의와 보수주의가 상이한 길을 택한 사람들에게 적용했고 지금도 적용하고 있는 영적 독재를 아는 사람이라면, 칼빈주의에 나타나는 자유와 프랑스 혁명에 나타나는 자유가 전혀 다른 것임을 인정하지 않을 수 없다.

　　모든 그리스도인은 프랑스 혁명에서 믿지 않는 다수와 동의해야
하는 시민적 자유를 얻었고, 칼빈주의에서는 모든 사람이 자신의 마음
의 확신과 명령에 따라 하나님을 섬길 수 있도록 하는 양심의 자유를
얻었다.

네번째 강연

칼빈주의와 학문

네번째 강연에서는 여러분의 주의를 칼빈주의와 학문의 연관에 집중시키고자 한다. 물론 한 강연에서 그렇게 무거운 주제를 모두 담으려는 뜻은 없다. 여러분에게 네 가지 요점만 사려 깊게 고찰해 줄 것을 당부한다. 첫째는 칼빈주의가 학문에 대한 사랑을 촉진했고 촉진하지 않을 수 없었다는 점이다. 둘째는 칼빈주의가 학문에게 그 영역을 회복시켜 주었다는 점이다. 셋째는, 칼빈주의가 학문을 자연스럽지 못한 속박에서 건져 주었다는 것이다. 네번째는 칼빈주의가 피할 수 없는 학문적 갈등에 대한 해결책을 찾고 발견한 방식에 관한 것이다.

무엇보다도 먼저, 칼빈주의에는 학문적 탐구에 대한 충동, 경향, 자극이 숨어 있다. 칼빈주의가 학문을 촉진하고 그 원칙이 학문적 정신을 요구한다는 것은 엄정한 사실이다. 칼빈주의의 역사에 나오는 영광스러운 한 장면은, 우리가 칼빈주의에 숨은 학문적 탐구에 대한 유인을 좀더 충분히 논의하기 전에 얼마든지 그 사실을 입증할 것이다. 내가 언급하는 칼빈주의 역사에 나오는 장면이나 혹은 인류 역사에 나오는 장면은 비할 데 없이 아름다운 것으로서 삼백 년도 넘는 옛날에 있었던 레이덴의 포위 사건이다. 이 레이덴 포위는 사실상 알바와 윌리엄 공이 세계사의 미래 과정에 관련하여 벌인 전쟁이었다. 그리고 그 결과, 결국 알바는 철수했고 침묵공 윌리엄은 유럽에 자신의 기치를 드날릴 수 있었다. 오직 시민의 힘으로만 방어했던 레이덴은 그 당시 세계에서 가장 멋진 군대로 여겨졌던 군대의 최강 부대와 맞서 징집병을 모았다. 포위가 시작되고 3개월이 지난 후 식량 공급이 끊겨 버렸다. 두려운 기근이 맹위를 떨치기 시작했다. 영판 죽음을 맞이한 시민들은 개와 쥐를 먹고 연명했다. 이 암담한 기근 다음에 암담한 죽음이 곧 따르거나 전염병이 곧 따랐고, 전염병으로 인하여 주민의 1/3이 죽었다. 스페인 사람들은 죽어가는 사람들에게 화친과 사죄를 제안했다. 그러나 원수가 나르덴과 하를렘을 대할 때 보여 준 배신의 행위를 기억하고 담대하게 그리고 자랑스럽게 그들은 대답했다:"만일 필요하다면, 우리는 왼쪽 팔을 없애고 오른 팔로 우리의 아내와 자유와 종교를 독재자 당신에게서 방어할 작정이다." 그래서 그들은 인내했다.

　그들은 오렌지공이 와서 포위 상태를 풀어주리라 믿고 참고 기다렸다. 그러나 오렌지 공은 하나님을 맞이할 준비를 해야 했다. 홀란트 주의 둑이 잘려나갔고, 레이덴을 둘러싼 시골 지역에 홍수가 범람했다. 함대가 레이덴을 도우려고 길을 재촉할 준비를 했다. 그러나 역풍이 불어 함대는 얕은 물을 지나갈 수 없었다. 하나님은 그 백성을 고통스럽게 시험하셨다. 그러나 마침내 10월 1일에 바람이 서쪽으로 방향을 돌리고 물결이 순조롭자, 함대는 포위 당한 도시에 당도할 수 있었다. 그러자 스페인 사람들은 밀려드는 군대를 피하려고 급히 도망쳤다. 10월 3일에 함대는 레이덴 항구에 입항했고 포위 상태가 그쳤고, 화란과 유럽은 구원받았다. 굶어 죽을 지경에 처한 사람들은 스스로 몸을 움직일 수 없을 정도였지만, 모든 사람이 있는 힘을 다해 기도의 집으로 절뚝거리며 갔다. 거기서 모든 사람은 무릎을 꿇고 하나님께 감사했다. 그들은 찬송의 시로 감사를 표하려 했지만 소리를 거의 내지 못했다. 남은 힘이 없었고 노래의 가락은 기쁨의 흐느낌과 울음 속에 묻혔다.

내가 말하는 자유의 역사에 피로 기록되어 등장하는 영광스러운 장면을 보라. 그리고 이제 여러분이 학문과 이것이 무슨 관계가 있느냐고 내게 물으면, 이렇게 답하겠다. 화란의 주들은 그와 같은 애국적 용기를 기억하여 레이덴에 기사 작위나 황금이나 명예를 수여하지 않고 학문의 학교 즉 전세계에 유명한 레이덴 대학을 만들어 주었다. 독일은 학문적 영광을 자랑할 때 둘째 가라면 서러워하지만, 니버 같은 이는 이렇게 증언했다. "레이덴 대학의 이사회실은 학문의 가장 유명한 방이다."

매우 유능한 학자들을 불러 널찍한 교수직을 채웠다. 스칼리게르는 군함으로 프랑스에서 모셔왔다. 살마시우스는 기병 대대의 호위를 받으며 레이덴에 왔다. 내가 레이덴을 찬란한 명성으로 가득 채웠던 학문의 제왕들과 거인들의 이름을 길게 늘어놓아야 하는지, 레이덴에서 나온 학문에 대한 이런 사랑이 어떻게 온 나라에 퍼졌는지를 여러분에게 말하는 이유가 무엇인가?

여러분은 립시우스(Lipsius)와 헴스테르하위스(Hemsterhuis)와 부어하베(Boerhave)를 안다.[1] 화란에서 망원경과 현미경과 온도계가 발명되고[2] 그래서 말 그대로 경험 과학이 가능하게 된 것을 안다. 칼

---

1) 유스투스 립시우스, 1547-1606. 로마 가톨릭의 언어학자, 비평가, 인본주의자였다가, 루터교로 개혁주의자로 돌아섰다가 다시 로마 가톨릭으로 돌아간 인물. 그는 사망할 당시 스페인 왕의 역사가였다; 티베리우스 헴스테르하위스, 문헌학자, 1685-1766; F. 헴스테르하위스, 티베리우스의 조카, 1721-1790, 철학자, 윤리학자; 헤르만 부어하베, 유명한 의사, 1668-1738.
2) 망원경의 발명은 1600년 경 미델부르크의 리페르하이의 덕분이다. 현미경의 발명은 Z. 얀센(1590), 기압계와 온도계의 발명은 C. 드레벨 덕분이다. 드레벨은 1619년에 얀센의 겹현미경을 제임스 1세에게 보여 주었다. 안톤 반 레이벤후크(1632-1723)는 가장 성공을 거둔 현미경 사용의 개척자 가운데 한 사람이었다

빈주의의 네덜란드가 학문에 대한 사랑을 참으로 갖고 있었고 그것을 장려했다는 것은 부정할 수 없는 사실이다. 그러나 가장 명백하고 확실한 증거는 레이덴 대학의 설립에 있다. 두려운 전쟁으로 세계 역사의 과정이 영웅주의에 의하여 뒤집어질 순간에 학문의 대학을 최고의 상으로 받는 것은 학문에 대한 사랑을 바로 생활 원리 가운데 갖고 있는 백성에게서만 생각할 수 있다.

이제 나는 원리를 살펴보고자 한다. 그 사실을 잘 아는 것으로는 충분치 않으므로, 나는 왜 **칼빈주의가 학문에 대한 사랑을 장려하지 않을 수 없는지** 여러분에게 보여야 한다. 그리고 칼빈주의의 예정 교의를 그 당시에 좀더 고상한 의미에서 학문의 계발을 위한 가장 강력한 동기로 지적할 때 이상하게 여기지 말라. 그러나 오해를 막기 위하여 여기서 '학문'이 무엇을 뜻하는지 먼저 설명하겠다.

내가 학문이라 할 때는 전체 인간 학문을 말하는 것이지, 여러분들이 말하는 'science'(과학)라든지 프랑스 사람이 표현하는 'sciences exactes'(엄밀한 학문)를 지칭하지 않는다. 특별히 단순한 경험론이 완전한 학문이라고 하는 점을 부정한다. 아무리 미세한 현미경이나 아무리 광범위한 곳을 보는 망원경을 통한 연구라도 강력한 눈으로 보는 지각(知覺)일 뿐이다. 여러분이 경험론에 의하여 지각한 구체적 현상에서 보편적 법칙을 발견하고 그것으로 현상의 전체 배열을 지배하는 사상에 도달할 때 이 지각이 학문으로 바뀐다.[3] 이런 식으로 개별 학문이 생긴다. 그러나 이 개별 학문에서도 인간의 지성은 묵종

---

3) 카이퍼 박사는 자신의 「신학 백과사전」 II. p. 29에서 학문을 정의하기를, 인간 정신이 자신이 유기적으로 관련된 우주가 그 계기(사물을 생성하는 원인)에 따라서 우리에게 마음대로 우리 안에 반영되고 그 관계에서 논리적으로 파악될 수 있도록 하려는 충동으로 정의한다.

할 수 없다. 몇몇 학문의 주제는 하나의 항목으로 모이고 이론이나 가설을 통하여 하나의 원리의 지배하에 놓여야 하며, 마지막으로 학문의 여왕인 분류학이 그 장막에서 나와 온갖 상이한 결과를 하나의 유기적 전체로 엮는다. 사실 많은 사람이 뒤브와 레이몽(Dubois Raymond)의 고상한 말 Ignorabimus(우리는 몰랐다)를, 가장 고상한 의미에서 학문에 대한 우리의 갈망을 끌 수 없고, 불가지론이 삶의 배경을 가로질러 그리고 삶의 심연 넘어 막을 치며 몇몇 학문들의 현상 연구에 만족할 수 없다는 것을 보이려고 사용했음을 나는 안다.

그러나 얼마 전에 인간의 지성은 이 영적 파괴주의에 복수를 가하기 시작했다. 존재하는 모든 현상의 기원과 상호 연관과 운명에 관한 질문을 누를 수는 없다. 그리고 진화론이 전속력으로 하나님의 말씀에 위해를 끼치며 모든 진영에서 거점을 차지할 때 내걸었던 "왔노라, 보았노라, 이겼노라"의 표어는 우리가 관점의 통일을 얼마나 필요로 하는지를 입증하는 확실한 증거이다.

그런데 우리는 좀더 고상한 의미에서 전체 우주에 대한 우리의 인식에서 통일성을 추구하는 학문에 대한 사랑이 하나님의 예정에 대한 칼빈주의적 신념을 통하여 효과적으로 확보되는 것을 어떻게 입증할 수 있는가? 만일 이 점을 이해하고자 하면, 예정에서 하나님의 일반적 작정(作定)으로 돌아가야 한다. 이는 선택의 문제가 아니다. 오히려 그것은 반드시 그렇게 되어야 하는 것이다. 예정에 대한 신념은 여러분 개인 생활 속으로 하나님의 작정이 침투한 것과 다르지 않다. 혹은 이런 표현을 좋아한다면, 하나님의 작정적 의지를 여러분 자신의 경험에 적용하려는 개인적인 영웅적 행위이다. 이 말은 우리가 단순한 말의 선포에 만족하지 않고 이생과 내생에 관하여 우리의 고백대로 기꺼이 처신하고자 한다는 뜻이다. 이는 하나님의 뜻의 통일성과 하나님의 활동의 확실성에 관한 우리의 표현이 정직함과 움직일 수 없는 견고함과 견실함을 보여 주는 증거이다. 이는 교만하다는 혐의를 받게 하므로 큰 용기의 행위이다.

　그러나 하나님의 작정에서 출발한다면, 하나님의 예정은 확실히 모든 사물 즉 전체 우주의 존재와 과정이 변덕과 우연의 노리개가 아니라 법칙과 질서에 순종하며 자연과 역사에 그 계획을 이행하는 굳은 의지가 있다는 것말고 무엇을 뜻하는가? 이제 여러분은 이것이 우리의 지성에 하나의 전포괄적 통일성이라는 확고한 개념을 심고 모든 것을 지배하는 하나의 원리를 수용하지 않을 수 없게 만든다는 점에 나와 의견을 같이 하지 않는가? 하나님의 예정은 일반적이고 숨어 있지만 구체적인 것으로 표현되는 어떤 것을 우리로 인정하지 않을 수 없게 만든다. 그렇다. 이는 우리로 모든 것을 다스리는 안정성과 질서가 틀림없이 있다고 고백하게 한다.

　그러므로 여러분은 우주가 아무렇게나 마구 던져져 있는 돌 무더기가 아니라 우리의 지성에 엄밀하게 일관된 방식으로 세워져 있는 기념 건물을 제시한다. 여러분이 이 관점을 버리면, 무슨 일이 일어날지, 어떤 식으로 일이 발생할지, 모든 아침과 저녁에 무엇이 여러분과 여러분의 가정과 나라와 세계에 일어날 것인지 언제나 불확실해진다. 그러므로 사람의 변덕스러운 의지는 중요한 관심사이다. 그러므로 모든 사람은 매순간 어떤 식으로 선택하고 행동하지만, 그가 정반대로 할 수도 있다. 그렇다면, 여러분은 아무것도 의지할 수 없다. 상호 연관도 발전도 연속성도 없다. 연대기가 있을 뿐 역사는 없다. 그리고 이제 그런 조건에서 학문이 어떻게 되겠는지 내게 말해 보라. 여러분은 자연의 연구에 관해서는 말할 수 있겠지만 인간 생활에 대한 연구는 모호하고 불확실한 상태였다. 원초적 사실말고 역사적으로 확인할 수 있는 것이 없으며, 상호 연관과 계획은 역사에서 더 이상 발생하지 않는다. 역사는 사라진다.

　나는 잠시라도 인간의 자유 의지에 관한 논의로 들어가고 싶지 않다. 우리는 그럴 시간이 없다. 그러나 우리 시대에 이루어진 학문의 좀더 철저한 발전은 칼빈주의가 고백하는 하나님의 작정의 통일성과 안정성 그리고 아르미니우스주의자가 선호했던 피상성과 느슨함 사이의 대립에 관련하여 거의 만장일치로 칼빈주의를 옹호했다. 위대한 현대 철학자들의 체계는 하나같이 통일성과 안정성을 옹호한다. 버클의 「영국 문명사」(*History of the Civilization in England*)는 인간 생활에 나타나는 견고한 사물의 질서를, 놀랍고 거의 수학적인 증명 능력으로 입증하는 데 성공했다.

롬브로조(Lombroso)와 그의 범죄학파는 이런 점에서 칼빈주의 노선을 따른다. 그리고 자연의 전체 조직을 통제하는 유전과 변이의 법칙이 인간 생활의 영역에서도 예외없이 적용된다는 가장 최근의 가설은 이미 모든 진화론자에 의하여 '공동의 신조'로 받아들여졌다. 당분간 나는 이 철학적 체계나 자연주의적 가설에 대한 비판을 삼가겠지만, 적어도 이들은 우리 시대에 학문의 전체 발전이 우연의 변덕에 제물이 되지 않고 굳건한 질서에 따라 하나의 고정된 계획을 지향하며, 하나의 원리에서 존재하고 발전하는 우주를 가정한다는 것을 아주 분명하게 입증한다.

이는 분명 아르미니우스주의와 정반대되며, 하나님 안에 하나의 최고 의지 즉 모든 존재하는 사물을 고정된 규례에 종속시키고, 그것을 이미 수립되어 있는 계획으로 향하게 하는 모든 존재하는 사물의 원인이 있다는 칼빈주의적 신념과 전적으로 조화를 이루는 주장이다. 칼빈주의자는 우주의 이념이 아무렇게나 서로 연관된 법칙의 집산으로서 하나님의 예정 안에 있는 것이라고 결코 생각하지 않았으며, 언제나 전체가 전체 창조와 전체 역사의 한 유기적 프로그램을 형성한다고 생각했다. 그리고 칼빈주의자는 하나님의 작정을 자연법의 토대와 기원으로 간주하듯이, 모든 도덕법과 영적 법칙의 확고한 토대와 기원도 거기서 발견한다. 영적인 법칙과 자연법은 하나님의 명령에 따라 존재하며 하나님의 경륜이 그 안에서 하나님의 영원하고 전포괄적인 계획의 완성에서 성취되는 하나의 높은 질서를 함께 형성한다.

그와 같은 사물의 **통일성**과 **안정성**과 **질서**를 개인적으로는 예정으로, 우주적으로는 하나님의 작정의 경륜으로 믿는 믿음은 큰 소리로 학문에 대한 사랑을 일깨울 뿐만 아니라 힘있게 그 사랑을 장려할 수밖에 없다. 이 통일성과 안정성과 질서에 대한 깊은 확신이 없이 학문은 단순한 추측을 넘어설 수 없다. 그리고 오직 우주의 유기적 상호 연관에 대한 믿음이 있을 때에, 학문이 구체적 현상에 대한 경험적 탐구에서 일반적인 것으로, 일반적인 것에서 그것을 규율하는 법칙으로, 그 법칙에서 전체를 지배하는 원리로 상승할 수 있는 가능성이 또한 있을 것이다. 모든 고등 학문에 절대적으로 필수적인 자료는 이 가정에서만 손에 쥘 수 있다.

칼빈주의가 삶에서 자신의 길을 닦았던 시대에 비틀거리던 반(半)펠라기우스주의가 통일성과 안정성과 질서에 대한 이런 확신을 무디게 만들되 심지어 토마스 아퀴나스도 영향력을 크게 잃고, 반면에 스코투스주의와 신비주의와 에피쿠로스주의가 서로 경쟁하며 인간 지성에서 확고한 과정을 제거하려고 발버둥쳤을 정도로 만들었던 것을 기억하라. 그리고 학문적 탐구를 수행하려는 전적으로 새로운 충동이 새로 태어난 칼빈주의에서 생겼다는 것을 인식하지 못하는 사람이 있겠는가?

이 칼빈주의는 강력한 이해력을 가지고 그토록 위험스런 영적 방종을 권징하며, 두 가지 의견 사이에서 우왕좌왕하는 태도를 나타내고 나타났다가 사라지는 안개 대신에 산에서 힘차게 내리는 시냇물의 정경을 우리에게 보여 주며, 자신을 받아 주려고 기다리는 바다 쪽으로 평탄한 하상(河床)을 관통하면서 무질서에서 질서를 가져왔다.

칼빈주의는 하나님의 작정의 경륜을 고수하였기 때문에 격렬한 싸움을 많이 치렀다. 거듭 칼빈주의는 파멸의 지경에 이른 듯이 보였다. 칼빈주의는 그런 태도 때문에 욕 먹고 비방을 당해 왔다. 그리고 칼빈주의가 우리의 죄악된 행위까지라도 하나님의 계획에서 배제하면 세계의 질서에 대한 프로그램이 다시 산산조각나므로 그러기를 거부했을 때, 우리의 대적은 우리가 하나님을 죄의 조성자로 만든다고 여전히 드세게 비난했다. 그들은 자신이 무엇을 하는지 몰랐다. 악평과 호평을 통하여 칼빈주의는 자신의 고백을 굳게 유지했다.

칼빈주의는 조롱과 모욕을 받으면서도 우리의 전체 생활이 하나님이 친히 세우신 **통일성과 안정성과 질서**의 지배를 받아야 한다는 굳건한 신념을 포기하지 않았다. 이는 칼빈주의가 자신의 세계관에서 우리 가운데 심지어 일반 사람의 광범위한 집단에서도 장려되는 통찰의 통일성, 지식의 확고함, 질서를 요구한다는 점을 설명해 준다. 그리고 이 명백한 필요 때문에 지식에 대한 갈구가 되살아났다. 그 당시 이 갈구가 칼빈주의의 나라보다 더 풍부하게 채워진 곳은 없었다. 이는 여러분이 그 당시의 책에서 그와 같은 결단과 사고력과 포괄적인 인생관을 만나는 사실을 설명해 준다.

그 시대의 귀부인들의 회고록에서, 배우지 못한 사람의 서신에서 세계관과 인생관의 통일성이 명백하게 나타나며 이것은 그들의 전실존에 새겨진 학문적인 특징을 뚜렷하게 보여 준다고 나는 감히 말하고자 한다. 곧 바로 이 점은, 그들이 소위 의지의 우월성을 결코 선호하지 않았던 사실과 결합된다. 그들은 실제 생활에서 분명한 의식의 구속(拘束)을 요구했으며, 이런 의식에서 농담이나 변덕이나 공상이나 우연에 자신을 맡기지 않고 최고 원리의 위엄에 자신을 맡겼다. 그들은 거기서 실존의 해답을 발견했고 거기에 그들의 전생활을 바쳤다.

───────────

이제 나는 칼빈주의가 학문에 대한 사랑을 장려했다는 첫번째 요점을 떠나 **두번째 요점**으로 나아가고자 한다. 즉 **칼빈주의는 학문을 제 영역에 회복시켰다는 것이다.** 무슨 말이냐 하면, 우주론이 그리스

네번째 강연:칼빈주의와 학문 143

로마 시대에서 생겼는데 중세 때는 우주가 지평선 너머로 사라지고 모든 관심이 미래 생활에 대한 어렴풋한 통찰에 쏠렸지만, 칼빈주의는 영적인 것을 놓치지 않고 우주론을 회복시켰다는 뜻이다. 우리가 그리스의 아름다운 우주론적 취미와 영원한 것에 대한 무지, 중세의 우주적 사물에 대한 무지와 그리스도에 대한 신비적 사랑 가운데 하나를 선택해야 한다면, 확실히 죽음에 이른 하나님의 모든 자녀는 헤라클리투스와 아리스토텔레스보다 클레르보의 베르나르와 토마스 아퀴나스에 손을 뻗을 것이다. 자신의 보존과 운명은 상관치 않고 세상을 배회하는 순례자는, 비너스나 박쿠스의 숭배에서 종교를 찾고 영웅 숭배로 우쭐해지고 매춘 숭배로 인간으로서 자신의 존귀를 추하게 만들고 마침내 남색으로 짐승보다 못하게 된 그리스의 속인들보다 이상적인 상을 제시한다. 그러므로 내가 중세의 온갖 아지랑이를 통하여 반짝이는 천상의 광채를 손상시키려고 고전 세계를 과대 평가하는 것이 아님을 십분 이해하라.

그러나 이 모든 것에도 불구하고 한 사람 아리스토텔레스가 교부 전체보다 우주에 대하여 더 많이 알았으며, 이슬람의 통치하에서 우주론이 유럽의 대성당과 수도원의 학파에서보다 융성했으며, 아리스토텔레스 저술의 발견이 불충분하긴 하지만 새로운 연구를 조장하는 첫번째 자극제였으며, 칼빈주의만이 우리를 계속 십자가에서 창조로 돌아가도록 장려하는 자신의 지배적인 원리와 그에 못지않은 일반 은총 교리와 이제 성경이 그 안에 지혜와 지식의 모든 보화가 숨겨 있다고 하는 저 의의 태양에 의하여 조명된 우주의 광대한 영역을 학문에 다시 활짝 열었다고 나는 단언하며 주장한다. 그러므로 잠시 멈춰서, 첫째로 칼빈주의의 **일반적** 원리를 고찰하고 그후에 "**일반 은총**"교의를 고찰하자.

모든 사람은 기독교가 본질적으로 구원론적이라는 데 동의한다.

"내가 무엇을 하여야 구원을 얻으리이까?"는 만대에 열망하는 구도자의 질문으로 남아 있다. 다른 무엇보다 인간은 이 질문을 답해야 한다. 이 질문은, 영원의 빛에서 시간을 보기를 거부하고 내세와의 유기적이며 도덕적인 연관이 없이 이 땅을 생각하는 데 익은 사람들에게는 이해될 수 없다. 물론 두 요소가 (이 경우에는) 죄인과 성인, 현세적인 것과 영원한 것, 지상적 생활과 천상적 생활로 나타나는 곳은 어디서든, 언제나 그들의 상호 연관을 보지 못하고 오류나 편협함으로 둘을 왜곡하는 위험이 있다. 고백컨대 기독교 세계는 이 오류를 결코 벗어나지 못했다. 중생에 대한 이원론적 개념은 자연의 생활과 은혜의 생활을 분열시키는 원인이었다.

이 이원론적 개념은 천상적 사물을 너무 집중적으로 명상하므로 하나님의 창조 세계에 대하여 마땅히 관심을 기울이기를 게을리했다. 이 개념은 영원한 것에 대한 배타적인 사랑 때문에 현세적 의무를 이루는 데 뒤쳐졌다. 이 개념은 영혼만 배타적으로 보살폈기 때문에 몸에 대한 관심을 게을리했다. 그리고 이 편협되고 부조화스런 개념은 시간이 흘러가면서 여러 분파로 하여금 하늘과 땅의 조물주, 전능하신 아버지 하나님을 배제하고 오직 그리스도만 신비적으로 숭배하게 만들었다. 그리스도는 구주로만 인식되고 그분의 우주론적 의의는 사라졌다.

하지만 이 이원론은 성경이 결코 찬성하지 않는 것이다. 요한은 구주를 서술할 때 먼저 그리스도께서 "만물을 만드시고 사람의 생명이신 영원하신 말씀"이라고 우리에게 말한다. 바울도 "만물이 그리스도로 인하여 지음을 받고 존재한다"고 증거한다. 더 나아가 바울은 구속 사역의 목적이 개개 죄인의 구원에 국한되지 아니하고 세상의 구속으로, 원래의 머리이신 그리스도 아래 하늘과 땅의 모든 사물이 유기적으로 재연합되는 것으로 확대된다고 증거한다. 그리스도는 땅의 중생만을 말씀하지 않으시고 우주의 새롭게 됨도 말씀하신다(마 19:28).

바울은 이렇게 선언한다. "피조물의 고대하는 바는 하나님의 아들들의 영광이 나타나는 것이라."

그리고 요한이 밧모 섬에서 그룹과 구속 받은 자들의 찬송을 들었을 때, 모든 존귀와 찬송과 감사를 "하늘과 땅을 지으신" 하나님께 돌렸다. 요한계시록은 창세기 1:1 "태초에 하나님이 하늘과 땅을 창조하시니라"는 출발점으로 돌아간다. 이 점과 나란히 성경에 예시되어 있는 미래의 최종적 산물은 구원받은 영혼들의 영적 존재뿐만 아니라 전체 우주의 회복이다. 그때 하나님은 새 하늘 아래 새 땅에 있는 모든 것 안에 모든 것이 되실 것이다. 그런데 이와 같이 복음의 광범위하고 포괄적이고 우주적인 의미를 칼빈이 다시금 파악하였는데, 그는 이를 변증법적 과정의 결과로 파악한 것이 아니라 자신의 개인 생활을 형성한 하나님의 엄위에 대한 깊은 감동의 결과로 파악했다.

확실히 우리의 구원은 매우 중요하다. 그러나 이는 우리 하나님의 영광의 훨씬 큰 중요성에 비할 수 없다. 우리 하나님은 자기의 놀라운 창조계에 그 엄위를 계시하셨다. 이 창조계는 그 손으로 만드신 것이다. 비록 죄로 훼손되긴 했지만, 길이 열리어 회복에 관한 훨씬 더 영광스러운 계시에 합당하게 되었다. 그러나 회복은 처음 창조된 것의 구원이며 계속 구원이 될 것이며, 우리 하나님의 원래 손으로 지으신 것에 대한 신정론(神正論)이 될 것이다. 그리스도의 중보직은 사람의 혀와 천사의 음성이 찬송해야 할 일이며 앞으로도 그러할 것이다.

그러나 이 중보직도 결국 아버지의 영광을 위한 것이다. 그리스도의 나라의 광채가 아무리 장엄하다 해도, 결국 그리스도는 그 나라를 아버지 하나님께 돌리실 것이다. 그리스도는 여전히 아버지께 우리의 대언자이시지만, 우리를 위한 그분의 기도가 그칠 때가 오고 있다. 이는 그 날에 아버지께서 사랑하시는 것을 알게 될 것이기 때문이다. 물론 이로써 칼빈주의는 세상에 대한 경멸과 현세적인 것에 대한 무시와 우주적인 사물에 대한 평가 절하를 단번에 종식시킨다. 우주적 생활은

영원한 것을 희생시켜 그 가치를 회복한 게 아니고 하나님의 손으로
하신 일과 하나님의 속성에 대한 계시로서 그 능력 덕택에 그 가치를
회복했다.

　　두 가지 사실을 들면 이 진술의 진리를 여러분에게 충분히 납득시
킬 수 있을 것이다. 한때 무서운 전염병이 밀라노를 황폐화했던 시절
에 보로메오 추기경[4]의 영웅적인 사랑은 그가 죽어가고 있는 자들에게
베푼 사역에서 보여 준 용기에서 찬란하게 빛났다. 그러나 16세기에
전염병이 제네바를 고통스럽게 했던 시절, 칼빈은 훨씬 훌륭하고 지혜
롭게 행동했다. 그는 병든 자의 영적 필요를 부단없이 돌보았을 뿐만
아니라 동시에 지금까지 비교할 수 없는 뛰어난 위생 방법을 도입하여
전염병의 맹위를 잠재웠다.

　　두번째로 여러분의 관심을 촉구하는 사실은 그에 못지않게 현저한
것이다. 암스테르담의 칼빈주의 설교자 페트루스 플란키우스(Petrus
Plancius)[5]는 유창한 설교자이며 무엇보다도 당대 교회 분쟁에서 비
할 데 없이 헌신한 목회자였다. 그러나 동시에 그는 방대한 지리학적
지식 덕택에 선박주와 선장의 사도였다. 지구의의 경도와 위도에 대한
그의 탐구는 그리스도의 사랑의 길이와 너비에 대한 그의 탐구와 하나
를 이루었다. 그는 하나님의 두 사역 즉 창조계에 나타난 사역과 그리
스도 안에 나타난 사역 앞에 서서 그 두 사역에서 전능하신 하나님의
엄위를 숭앙했다. 하나님의 엄위 앞에서 그의 영혼은 황홀경에 빠졌
다.

　　이런 점에서 우리의 매우 뛰어난 칼빈주의 신앙고백이 하나님을
아는 두 방도 즉 성경과 자연을 말하는 사실은 지적할 만한 가치가 있

---

4) 프레데릭 보로메오(1564-1631). 밀라노의 대주교이며 추기경. 밀라노에 기근
　과 전염병이 심하던 시절에 매일 2,000명의 가난한 자에게 먹을 것을 주었다.
5) 페트루스 플란키우스, 1622. 성 스테븐은 그를 '엄청나게 많이 아는 지질학
　자'로 불렀다.

다. 그보다 더 현저한 것은, 칼빈은 아주 많은 신학자들의 경향과 달리 자연을 단순히 부속되는 항목으로 대하지 아니하고, 성경을 안경에 비유하여 이 안경으로 우리가 **자연의 책**에 하나님이 손으로 기록하신 하나님의 생각을 다시 해독할 수 있게 한다고 보곤 했다는 점이다. 이 하나님의 생각은 저주의 결과로 지워지게 되었던 것이다.

그래서 자연에 전념하는 자는 헛되고 어리석은 일들을 추구하면서 그 능력을 허비하고 있을지 모른다는 모든 두려운 우려가 사라져 버렸다. 반대로 그는 하나님을 위하여 우리의 관심이 자연과 창조의 생활에서 벗어날 수 없다는 점을 파악했다. 몸에 대한 연구는 영혼에 대한 연구와 나란히 존귀의 자리를 회복했다. 그리고 이 땅의 인류의 사회적 조직은 하늘에서 완전한 성도의 회중과 마찬가지로 인간 학문의 대상으로서 자격을 갖추었다고 간주되었다. 이는 칼빈주의와 인본주의 사이에 존재하는 밀접한 관계를 설명한다. 인본주의가 이 세상의 생활을 영원한 것을 대신하려고 노력하는 만큼, 모든 칼빈주의자는 인본주의자에 반대했다. 그러나 인본주의자가 세속 생활을 적절히 인정할 것을 주장하는 것으로 만족하는 만큼, 칼빈주의자는 그의 동맹자였다.

이제 나는 **"일반 은총"** 교의를 살피고자 한다. 이는 방금 여러분에게 제시했던 일반적 원리의 자연스러운 결과이지만, 그 결과는 그 일반적 원리를 우리 본성의 부패로 이해되는 죄에 구체적으로 적용하는 데서 생겼다. 죄는 우리 앞에 그 자체로 해결될 수 없는 수수께끼를 던진다. 만일 죄를 치명적인 독, 하나님께 대한 적의, 영원한 저주에 이르는 것으로 본다면, 그리고 죄인을 "선한 일이라곤 전혀 할 수 없고 죄만 지을 수밖에 없는" 자로 보고, 그래서 하나님이 중생으로 그의 마음을 바꾸시면 구원받을 수 있는 자로 본다면, 필연적으로 모든 불신자와 중생하지 못한 자는 마치 불의하고 불쾌한 사람인 것처럼

보일 것이다. 그러나 이는 실제 생활에서 얻는 우리의 경험과 전혀 다르다. 오히려 불신 세계는 많은 점에서 뛰어나다. 옛날 이교 문명은 우리에게 보화를 물려 주었다. 플라톤의 글 가운데에는 탐독할 만한 구절이 있다. 키케로는 여러분을 매료시키며 고상한 논조로 여러분을 이끌며 거룩한 느낌을 여러분의 속에서 솟아나게 한다.

그리고 주변을 보면, 여러분에게 펼쳐지는 일과 여러분이 연구서에서 얻는 것과 공인된 불신앙자의 문학 작품을 보면, 여러분을 매료시키며 공감을 일으키고 찬탄하게 하는 것이 얼마나 많은가. 불신자의 말과 행동에서 여러분을 기쁘게 하는 것은 천재의 불꽃이나 재능의 광채만이 아니다. 종종 그들의 아름다운 성품과 열정과 헌신과 사랑과 솔직함과 신실함과 성실감 때문에 그렇게 된다. 그렇다. 우리는 침묵하며 그런 것을 무시할 수 없고, 자주 어떤 신자가 이와 같은 매력을 더욱 가지기를 바라는 소원을 갖는다. 그리고 우리 가운데 소위 '이교도의 덕'을 보고 가끔 얼굴을 붉힌 적이 없는 사람이 있는가?

그래서 사실 죄로 인한 전적 부패라는 교의는 언제나 여러분의 생활 경험과 부합하는 것은 아니다. 하지만 여러분이 이제 정반대로 방향을 돌려 이런 경험 사실에서 출발하면, 여러분의 모든 기독교적 신앙고백이 땅에 떨어진다는 것을 잊지 말아야 한다. 왜냐하면 그렇게 되면 인간 본성을 선하고 부패하지 않은 것으로 보기 때문이다. 범죄한 악인이 윤리적으로 정상적인 사람으로 동정을 받아야 하고, 중생이 존귀하게 사는 데 전혀 불필요한 것이 된다. 그리고 좀더 높은 은혜에 대한 여러분의 상상은 종종 전혀 효력없는 약품을 다루는 것과 다르지 않아 보이게 된다. 참으로 어떤 사람은 불신자의 덕을 '찬란한 악덕'이라고 말함으로써 이 어색한 입장에서 벗어난다. 반대로 여러분은 신자의 죄를 옛날 아담에게 돌림으로써 이것이 진실성이 결여된 속임수라고 느낀다.

로마는 pura naturalia(순수한 자연적인 것)이라는 유명한 교리로 좀더 나은 탈출구를 발견하려 했다. 로마주의자들은 삶의 두 영역이 존재하는데, 이곳 아래 있는 지상적인 것 혹은 순전히 인간적인 것과, 인간적인 것보다 높은 천상적인 것이 있다고 가르쳤다. 후자는 하나님의 전망으로 천상적 즐거움을 제공한다. 그런데 이 이론에 따르면, 아담은 하나님에 의하여 두 영역에 대한 준비를 잘 갖추었다. 일반적인 생활 영역에서는 하나님이 주신 본성으로, 특별한 영역에서는 원의(原義)의 초자연적 선물을 받음으로 준비를 갖추었다. 이런 식으로 아담은 이중으로 천상적 생활뿐만 아니라 자연적 생활에 대하여 필요한 것을 갖추었다.

타락으로 그는 후자는 잃었지만 전자는 잃지 않았다. 지상 생활을 위한 그의 자연적 능력은 거의 손상되지 않았다. 참으로 인간의 본성은 연약해졌지만, 전체로 그 본성은 여전히 온전했다. 아담의 자연적 재능은 타락 이후에도 여전히 그의 소유로 남았다. 이는 타락한 사람이 종종 자연적인 생활 질서에서 탁월함을 보이는 이유를 설명한다. 이 생활 질서는 사실상 인간적인 것일 따름이다. 여러분은 이것이 타락 교의와 우리 주변 사물의 현재 상태를 조화시키려고 노력하는 체계임을 파악한다. 그리고 이 주목할 만한 인간론 위에 전체 로마 가톨릭 종교가 서 있다.

이 체계에는 두 가지만 잘못이다. 한편으로 이 체계는 깊은 성경적 죄 개념이 빠져 있고, 다른 한편으로 그 죄 개념이 도달하는 인간 본성에 대한 평가 절하로 인하여 오류에 빠진다. 이는 그릇된 이원론으로, 앞의 강연에서 사육제(carnival)에서 지적되었던 것이다. "육신이여 안녕"(Caro vale) 하고 고하기 전 사육제 동안 세계는 다시금 충분히 향유된다. 그러나 사육제 이후에는 이상(理想)을 구제하기 위하여 잠시 좀더 높은 생활 영역으로의 영적 고양이 따른다. 이런 이유로 성직자는 독신으로 지상적 유대를 끊고 평신도보다 좀더 높은 자리를 차지하며, 또 지상적 소유를 버리고 자신의 의지를 희생하는 수도

사는 윤리적으로 볼 때 성직자보다 좀더 높은 위치에 선다.

그리고 마지막으로, 기둥을 오르며 모든 지상적인 것에서 단절하는 주상 고행자나 지하 동굴에서 틀어 박히는 좀더 조용한 고행자는 최고의 완전에 도달한다. 이런 표현을 써도 된다면, 동일한 사고가 수직적으로 신성한 근거와 세속적 근거의 분리에서 표현된다. 교회가 찬성하지 않고 돌보지 않는 것은 모두 저급한 것으로 간주된다. 세례의 축신(귀신을 쫓아냄)은 이 저급한 것들이 실제로 거룩하지 않은 것을 뜻함을 말해 준다. 그런데 그런 입장 때문에 그리스도인은 지상적 사물의 영역을 연구하는 게 아님이 분명하다. 천상적 영역에 속하는 연구와 명상 외에는 그런 기치 아래 이상의 성소를 방어하던 자들을 끌수 있는 것이 없었다.

타락한 사람의 도덕적 상황에 대한 이런 개념을 칼빈주의는 원칙적으로 반대하되, 한편으로는 가장 절대적 의미에서 우리의 죄 개념을 택함으로써, 다른 한편으로는 일반 은총 교의로 타락한 사람 안에 있는 선한 것을 설명함으로써 반대했다. 칼빈주의에 따르면, 성경에 전적으로 일치하여 억제되지 않고 구속되지 않은 죄를 그대로 두면, 곧 홍수 이전 시대에 보였던 것에서 유추할 수 있듯이 인간 생활의 완전한 타락이 생길 것이다. 그러나 하나님은 하나님의 손으로 만드신 것이 완전히 전멸하지 않도록 하려고 죄를 그 과정에서 붙드셨다. 그러지 않았더라면 죄의 과정으로 자연스럽게 하나님이 만드신 것이 완전히 전멸했을 것이다. 하나님은 일반 은총으로 개인의 생활과 전체 인류의 생활과 자연의 생활에 개입하셨다.

하지만 이 은혜는 죄의 핵심을 죽이지 않으며 영원한 생명으로 구원하지 못한다. 그러나 인간의 통찰력이 야생 짐승의 격분을 억제하듯이, 이는 죄의 완전한 실현을 억제한다. 사람은 다음과 같이 짐승이 해를 끼치지 못하게 할 수 있다:

첫째로 짐승 앞에 방책을 침으로써; 둘째로 짐승을 길들여 자신의 뜻에 순종하도록 할 수 있다; 셋째로, 사람은 한 걸음 더 나아가 원래 야생 개와 고양이를 변화시켜 가축이 되게 하듯이 그 짐승을 길들여 마음에 끌리도록 만들 수 있다.

그처럼, 하나님은 '일반 은총'으로 사람 안에서 죄의 활동을 억제 하되, 부분적으로는 그 세력을 부수심으로써, 부분적으로는 사람의 악 한 영을 길들이심으로써, 그의 나라와 가정을 교화시키심으로써 억제 하신다. 그래서 일반 은총은 중생하지 못한 죄인이 마치 우리의 가축 처럼 사랑스럽고 힘이 넘치는 많은 것으로 우리의 마음을 사로잡는 결 과에 이르게 되었다. 물론 중생하지 못한 자의 매력은 사람의 방식을 따른 것이다. 하지만 죄의 본성은 예전처럼 해롭다.

이런 점은 숲에서 데리고 왔지만 두 세대가 지나 이전의 야생 상 태로 돌아가자 처음의 상태가 된 고양이에게서 나타난다. 그리고 지금 아르메니아와 쿠바처럼 인간 본성도 동일한 경험을 겪고 있다. 성 바 돌로뮤의 대학살 이야기를 읽은 사람은 쉽게 그 당시의 저급한 문화 상태에 관한 이야기를 보고는 두려워 치를 떨 것이다. 그러나 우리의 19세기에도 아르메니아의 대학살은 그보다 훨씬 두렵다. 그리고 16세 기 스페인 사람들이 네덜란드 마을과 도시에서 막을 힘이 없는 노인에 게 자행한 잔악상을 읽는 사람은, 그리고 오늘날 쿠바에서 일어난 일 의 소문을 들은 사람은 16세기에 부끄러운 일이 19세기에 되풀이되었 다는 것을 시인하지 않을 수 없다.

악이 표면에 나타나지 않거나 온갖 끔찍한 모습을 드러내지 않는 곳에서, 우리는 그것을 우리 본성이 그다지 심각하게 부패하지 않았다 고 하지 않고 '일반 은총'으로 불꽃이 연기나는 불로 번지지 않도록 막으시는 하나님께 그 덕을 돌린다. 그리고 어떻게 해서 그런 식으로 억제된 악에서 여러분의 마음을 끌고 기쁘게 하고 관심있게 만드는 일 이 생길 수 있는지 묻는다면, 나룻배를 예로 들겠다.

이 배는 조류에 의하여 움직여 화살처럼 빠르게 시내를 따라 내려가다가 부서질 것이다. 그러나 나룻배를 묶어 둔 고리줄 때문에 나룻배는 같은 힘으로 앞으로 밀리면서 반대편으로 안전하게 도착한다. 고리줄이 아니었다면 그 힘 때문에 나룻배를 망가졌을 것이다. 이처럼 하나님은 악을 억제하신다. 그리고 악에서 선을 내는 것은 하나님이시다.

그리고 우리 칼빈주의자는 우리의 죄악된 본성을 비난하는 일에 결코 태만하지 않지만, 사람이 질서 정연한 사회에서 함께 살 수 있게 하시고 우리를 개인적으로 두려운 죄에 빠지지 않도록 하시는 하나님께 찬송하며 감사한다. 게다가 우리는 우리 인류에게 감추어져 있는 모든 재능을 드러나게 하시고 일상적인 절차를 따라 인류의 역사를 발전시키시며 지상에 있는 자기의 교회를 위하여 동일한 은혜로 교회의 발바닥을 디딜 자리를 확보하여 주시는 하나님께 감사한다.

하지만 이 고백 때문에 그리스도인은 삶에 대하여 전혀 다른 입장을 취한다. 왜냐하면 그는 교회뿐만 아니라 세상도 하나님께 속하며 이 둘에서 최고의 경영자와 건축가의 걸작을 탐구해야 한다고 판단하기 때문이다.

하나님을 추구하는 칼빈주의자는 잠시라도 다른 학문을 저급한 것으로 여기고 불신자의 손에 넘겨주고 신학과 명상에만 전념하겠다고 생각하지 않는다. 오히려 하나님의 모든 작품에서 하나님을 아는 것을 자신의 사명으로 여기고 지성이 모든 능력을 다하여 천상적인 사물뿐만 아니라 지상적인 사물을 궁구하고, 마음을 열어 창조 질서와 그가 숭앙하는 하나님의 '일반 은총'을 자연과 그 놀라운 특성에서, 인간 산업의 생산물에서, 인류의 생활에서, 사회학과 인류의 역사에서 보도록 부르심을 받은 것을 안다. 그래서 여러분은 세속의 생활이 세속적 연구를 향한 편협한 사랑을 좋아하여 반발할 위험에 처했을 지경에도 '일반 은총'의 교의가 어떻게 그 생활을 구속하는 명령을 갑자기 제거했던 것을 잘 안다.

네번째 강연 : 칼빈주의와 학문 153

이제 하나님의 '일반 은총'이 고대 그리스 로마에 철학적 빛의 보화를 만들었고, 그렇게 찬란한 유산의 유익을 우리에게 새롭게 제공하기 위하여 고전 연구에 대한 사랑을 불러일으켰던 예술과 정의의 보화를 우리에게 드러내 보여 주었던 사실이 이해된다. 확실히 인류의 역사는 잔인한 정념의 살풍경이 아니라 중앙에 십자가를 두고 진행하는 일관된 과정임이 분명하다. 이 과정은 모든 국가가 나름대로의 사명을 가지고 행하는 과정이며, 그 과정에 대한 지식은 모든 사람에게 복의 원천이 될 것이다. 그래서 정치학과 국민 경제가 학자와 사상가의 세심한 관심을 받았던 사실이 납득된다. 그렇다. 우리 주위의 자연 생활이나 인간 생활의 모든 것이 탐구할 만한 대상이 되어 그로써 가시적 현상과 불가시적 작용으로 나타나는 전체 우주의 영광에 새로운 빛이 비치게 한다는 사실이 직관적으로 파악된다.

그리고 다른 관점에서 이 노선들을 따르는 철저한 학문적 지식의 과정이 종종 교만에 이르며 인간의 마음이 하나님으로부터 벗어나게 한다 해도, 칼빈주의 진영에서 가장 심오한 탐구자가 스스로를 부단없이 하나님 앞에 범죄한 죄인으로 여기고, 세상 일에 대한 그의 찬란한 깨달음이 오직 하나님의 긍휼로 인함이라고 여기는 것은 이 영광스러운 일반 은총 교의 덕분이다.

———————————

칼빈주의가 학문에 대한 사랑을 장려하고, 학문에게 그 영역을 회복시켰음을 입증하였으므로, 이제 세번째로 칼빈주의가 학문의 본질적인 자유를 어떤 식으로 발전시켰는지를 보이고자 한다. 자유와 진정한 학문의 관계는 우리가 호흡하는 공기와 우리의 관계와 같다. 이 말은 학문이 자유의 사용에서 전혀 구속받지 않으며 아무런 법칙에 복종할 필요가 없다는 뜻이 아니다. 오히려 메마른 땅에 누워 있는 물고기는 전적으로 구속에서 풀려난다. 즉 죽고 사라진다. 반면에 물고기가 참으로 자유롭게 살고 번성하려면 온전히 물 속에 있고 자신의 지느러미로 움직여야 한다. 그처럼 모든 학문은 자신의 **주제**와 지극히 밀접한 관계를 유지하고, 자신의 고유한 **방법**이 요구하는 바를 엄격하게 지켜야 한다. 그리고 이런 이중의 끈에 단단히 묶여 있을 때에야 학문은 자유롭게 움직일 수 있다.

학문의 자유는 방종이나 무법에 있지 아니하고 모든 부자연스러운 속박에서 자유로운 데 있다. 그 속박이 부자연스럽다 함은 학문에 꼭 필요한 원칙에 뿌리를 박지 않았기 때문이다. 그런데 칼빈이 취했던 입장을 충분히 이해하기 위하여 우리는 중세의 대학 생활에 대한 모든 그릇된 개념을 삼가야 한다. 그 당시에는 국립 대학이 없었다. 대학은 자유로운 단체이며 그런 한에서 미국 대부분의 대학의 원형이다. 그 당시에는 학문이 respublica litterarum 즉 '학자의 공화국'을 만들었다고들 흔히 생각했다. 이 학자의 공화국은 자신의 자본으로 존립해야지 그렇지 않으면 재능과 힘이 부족하여 사멸되고 만다. 그 당시 학문의 자유의 침해는 국가에서 온 게 아니라 전혀 다른 영역에서 왔다.

수세기 동안 인간 생활에는 두 가지 지배적인 권력이 있었는데, 곧 **교회**와 **국가**였다. 몸과 영혼의 이분법이 이런 인생관에 반영되었다. 교회는 영혼이며, 국가는 **몸**이었다. 제3의 권력은 없었다. 교회 생활은 교황에게 집중되어 있었던 반면, 국가의 정치 생활은 황제에게서 통일점을 발견했다. 그리고 이 이원론을 분해하여 좀더 높은 통일성으로 나아가고자 하는 노력 때문에, 호헨슈타우펜 가와 구엘프 가의 갈등에서 나타나듯이 황제의 대권이냐 교황의 대권이냐를 두고 격렬한 전쟁의 불꽃이 타올랐다. 하지만 그 이후로 르네상스 덕택에 제삼의 권력으로서 학문이 그 사이에 비집고 들었다. 13세기가 끝나기 전에 학문은 떠오르는 대학 생활로 자신의 모습을 드러냈고 교황과 황제에 독립된 존재를 주장했다.

남아 있는 문제는 이 새로운 권력이 교황과 황제 옆에서 제3의 큰 권력으로 자신을 나타내기 위하여 위계제적 중심을 창출할 수 있었는가 하는 것이다.

반대로 대학의 공화제적 특성은 모든 군주적 열망의 배제를 요구했다. 그러나 자신의 가운데에서 전체 생활 영역을 구획화했던 교황과 황제에게는 세번째 전혀 독립적인 권력의 성장을 의심의 눈초리로 관찰하고, 대학을 자신의 통치 아래 복속시키기 위하여 모든 일을 시도하는 것이 자연스러웠다. 그 당시에 존재하는 모든 대학이 확고한 태도를 취했다면, 그런 계획은 결코 성공하지 못했을 것이다. 그러나 자유로운 단체에 흔히 나타나듯, 경쟁 때문에 약한 대학들은 바깥에서 지원을 구하고 그래서 그들은 바티칸에 도움을 청하게 되었다. 이리하여 강한 대학도 그 뒤를 따랐고, 세속적인 특권을 확보하기 위하여 곧 교황의 호의를 탐하게 되었다. 여기 근본악이 나타났다. 이런 식으로 학문은 독립적 특성을 포기했다.

모든 학문이 존재하는 우주에 대한 우리의 의식이 지적인 내용을 수용하고 그러한 우리의 의식에서 반성하는 일이 교회와 전혀 다른 영역을 형성한다는 사실이 간과되었다. 그런데 종교개혁이 이 악을 억제했으며, 특별히 칼빈주의는 그 악을 정복해 버렸다. 형식적으로도 정복했으니, 이는 교회 안에서 군주제적 위계제가 제거되고, 그리스도의 군주제적 권위 아래 공화제적이며 연방적인 조직이 도입되어 우리 칼빈주의자들에게는 대학을 다스리는 일을 맡을 영적인 교회라는 머리가 더 이상 존재하지 않게 되었기 때문이다.

루터교도들에게는 그런 가시적 머리가 땅의 통치자였다. 그들은 이 통치자를 '제1 주교'로 존경했다. 그러나 교회와 국가를 생활의 다른 영역으로 구분했던 칼빈주의의 나라에서는 그런 일이 없었다. 그들의 체계에서 박사의 학위 증서는 여론이나 교황의 동의나 교회의 규례로부터 의미를 갖는 것이 아니라 오직 그 기관의 학문적 특성에서 의미를 가질 것이다.

여기에 두번째 요점을 덧붙여야 한다. 대학에 대한 교황의 보호와 상관없이 교회는 혁신자들이 표현한 의견과 출판한 저술 때문에 그들을 괴롭히고 비난하고 핍박함으로써 학문에 압력을 가했다. 로마는 교회 안에서 옳은 것을 반대했을 뿐만 아니라 교회의 경계를 넘어서도 말의 자유를 반대했다. 오류가 아닌 오직 진리만이 사회에서 자신을 선전할 권리를 갖고 있었으며, 진리는 정직한 투쟁에서 오류를 정복함으로써가 아니라 법정에서 오류를 비난함으로써 그 기반을 유지하게 되어 있었다.

이는 학문의 자유를 해쳤다. 왜냐하면 학문이 교회 관할권이 해결할 수 없는 학문적 문제를 시민 법정의 판단에 제출했기 때문이다. 갈등으로 움츠러든 사람은 침묵을 지키거나 상황에 순순히 따랐다. 그리고 영웅적 기질을 많이 갖고 반대에 맞섰던 사람은 날개가 잘린 채로 벌을 받았다. 그런데다가 그가 잘린 날개로 날아 보려고 하면, 목이 비틀어진다. 아주 대담한 의견을 제시하는 책을 출판한 사람은 범죄자로 간주되고 결국 종교 재판과 단두대를 만나고 말았다.

자유로운 탐구의 권리는 알려져 있지 않았다. 알 수 있고 알 만한 가치가 있는 것은 모두 이미 알려져 있고, 그것도 분명히 잘 알려져 있다고 굳게 믿은 그 당시 교회는 단지 중세의 선잠에서 깨어날 뿐 학문에 있는 엄청난 일을 전혀 몰랐고, 그 일을 수행하는 데 필수적인 원리인 '삶을 위한 투쟁'도 몰랐다.

교회는 학문의 새벽에 새로운 태양이 돋는 것을 지평선에 알리는 장미빛 아침으로 반길 수 없었고, 다만 그 반짝임에서 오히려 세상을 불지른다고 위협하는 연기 나는 불꽃을 보았다. 그러므로 교회는 이 불을 끄고 폭동이 일어난 곳에서 이 화염을 소멸하는 일을 자신이 해야 할 정당한 일로 보았다. 그 당시로 돌아가 볼 때 우리는 이런 태도를 이해할 수 있지만, 그것을 떠받치는 원리를 단호하게 비난하지 않을 수 없다. 왜냐하면 온세상이 그 원리를 줄기차게 옹호했더라면 그것은 요람에서 막 태어난 학문을 질식시켰을 것이기 때문이다.

　그러므로 무엇보다 효과적인 결과를 낳으며 이 해로운 입장을 버린 칼빈주의에게 영광이 돌아간다. 이론적으로는 일반 은총의 영역을 발견함으로써, 실천적으로는 오래 전부터 다른 데서 폭풍우에 사로잡힌 모든 사람에게 안전한 포구를 제공함으로써 그런 입장을 버렸던 것이다. 참으로 그런 일이 일어날 때 늘 그러듯이 칼빈주의는 그 반대 입장의 완전한 함의를 즉시 깨닫지는 못했다. 왜냐하면 칼빈주의는 먼저 자신의 법전에서 다루지 않는 오류를 근절하는 의무를 내버렸기 때문이다. 그러나 말의 자유에 도달할 수밖에 없었고, 시간이 지나면서 그 자유에 도달했던 불굴의 이념은 교회가 특별 은혜의 영역으로 돌아가야 하며, '일반 은총'의 넓고 자유로운 영역이 교회의 통치에서 벗어난 곳에 있다는 원칙에서 절대적인 표현을 발견했다. 이 결과로, 형법의 형벌은 점점 사문화한 법률로 축소되었다.

　한 가지 예만 들어 보면, 로마 가톨릭의 프랑스를 떠나야 했던 데카르트는 네덜란드의 칼빈주의자 가운데서 보에티우스라는 학문적 적수를 발견했지만, 네덜란드 공화국에서 안전한 은신처를 얻었다.

　그 외에도 나는 학문이 융성하게 하기 위하여 **학문을 위한 한 가지 요구**가 생겨야 했으며 결국 대중의 마음이 자유롭게 되어야 했다는 것을 덧붙이지 않을 수 없다. 하지만 교회가 자신의 역할을 공적 생활의 전체 드라마에 관여하는 것으로 고집하는 한, 속박의 상태는 자연스럽게 지속되었다. 왜냐하면 삶의 유일한 목적은 공로로 하늘을 얻고 교회가 이 주된 목적과 일치한다고 인정하는 만큼을 세상에서 향유하는 것뿐이었기 때문이다.

　이런 관점에서 어느 누가 우리의 지상적 실존에 대한 연구에 공감을 갖고 또한 탐구자의 사랑을 갖고 헌신하려 한다는 것은 상상할 수 없는 일이었다. 모든 사람의 추구적 사랑은 영원한 생활을 지향했다.

그리고 기독교가 영원한 구원을 열망하는 일말고 지상에서 하나님의
명령에 따라 우주에 관하여 웅대한 일을 수행해야 한다는 점은 납득될
수 없었다. 칼빈주의는, 지상의 삶이란 하늘의 복된 상태를 공로로 얻
도록 정해져 있다는 모든 생각을 가장 절대적인 의미에서 뿌리째 잘라
버릴 때 이 새로운 개념을 처음으로 도입했다.

　　모든 참된 칼빈주의자에게 이 복된 상태는 중생에서 자라며 성도
의 견인에 의하여 보증된다. 이런 식으로 '믿음의 확실성'이 대사(大
赦)의 수단을 대신했던 곳에서, 칼빈주의는 기독교 세계에게 창조의
명령으로 돌아갈 것을 촉구했다: "땅에 충만하라. 땅을 정복하라. 그
가운데 모든 생물을 다스리라." 순례자로서 그리스도인의 생활은 변하
지 않았지만, 칼빈주의는 영원한 본향을 향하여 가는 길에서 지상의
중요한 일을 행해야 하는 순례자가 되었다. 자연계의 모든 부요로운
것을 가진 우주는 사람 앞과 아래와 위에 펼쳐져 있었다.

　　인간은 이 무한한 전체 영역에서 일해야 했다. 칼빈주의는 열정과
정력을 갖고 이 노동에 자신을 드렸다. 하나님의 뜻에 따르면 땅의 모
든 것은 사람에게 종속되어야 했기 때문이다. 그래서 그 당시 내 조국
(화란)에서는 농업과 산업, 상업과 항해가 그 이전보다 융성했다. 이
와 같이 새로운 탄생한 국민 생활은 새로운 필요를 일깨웠다. 땅을 정
복하기 위하여 땅에 대한 지식은 필수적이었고, 대양과 자연에 대한
지식, 그리고 이 자연의 속성과 법칙에 대한 지식은 필수적이었다. 그
래서 지금까지 학문을 권장하기를 꺼리는 백성이 새롭고 활기 넘치는
힘으로 갑자기 행동을 취하면서 지금까지는 전혀 알려져 있지 않았던
자유의 느낌을 향유하도록 학문에 박차를 가했다.

　　이제 나는 마지막 요점을 살피고자 한다. 즉 학문의 해방은 필연
적으로 **원리의 첨예한 갈등**에 도달하며, 칼빈주의만이 이 갈등에 **신속**

한 해답을 제공했다. 여러분은 내가 어떤 갈등을 염두에 두는지 잘 알고 있다. 자유로운 탐구는 충돌에 이른다. 인생의 지도에서 이웃과 전혀 다르게 선을 긋게 되는 법이다. 그 결과, 학파와 사조가 생긴다. 낙관주의와 비관주의가 생긴다. 칸트학파와 헤겔학파가 생긴다. 법학자 가운데서 결정론자는 도덕론자와 대립한다. 의학자들 가운데서는 동종 요법 의사가 대증 요법 의사와 대립한다.

지각 화성론과 암석 수성론, 다윈주의와 반다윈주의가 자연 과학에서 서로 대립한다. 빌헬름 판 훔볼트와 야콥 그림과 막스 뮐러는 언어학 영역에서 각각의 학파를 형성한다. 형식주의자와 실재주의자는 철학이라는 성전의 고전적 벽 안에서 서로 다툰다. 모든 곳에서 때때로 격렬하고 날카로운 다툼과 갈등과 싸움이 자주 개인의 무뚝뚝함과 결부된다. 하지만 원리의 상이성이 이 모든 논쟁의 뿌리에서 힘을 발휘하지만, 이 종속적 갈등은 **모든** 나라에서 지성을 지극히 심하게 혼란시키는 **원리의 갈등**에 의하여, 삼위일체 하나님과 그 말씀에 대한 신앙고백을 고수하는 사람들과 이신론과 범신론과 자연주의로 세계 문제의 해결책을 찾는 사람들의 강력한 갈등에 의하여 그늘에 완전히 가린다.

내가 말하는 것은 신앙과 학문의 갈등이 아님을 주목하라. 그런 갈등은 존재하지 않는다. 모든 학문은 어느 정도 **신앙**에서 출발하지만, 반대로 학문에 이르지 못하는 신앙은 잘못된 신앙이거나 미신이다. 참되고 진정한 신앙은 그렇지 않다. 모든 학문은 우리의 자기 의식에서 신앙을 전제한다. 감각의 정확한 작용에서 신앙을 전제한다. 사유 법칙의 정확함에서 신앙을 전제한다. 구체적 현상 뒤에 숨어 있는 보편적인 것에서 신앙을 전제한다. 삶에서 신앙을 전제한다. 특별히 우리가 출발점으로 삼는 원리에서 신앙을 전제한다. 이는 생산적인 학문적 탐구에 필요한 이 모든 필수 불가결한 공리가 증명에 의하여 우리에게 오는 것이 아니라 우리의 내적 개념에 의하여 우리의 판단에 수립되어 있으며 우리의 자기 의식과 더불어 주어져 있음을 뜻한다.

반면에 모든 신앙은 발언하려는 충동을 내적으로 갖고 있다. 이를 위하여 신앙은 말과 용어와 표현을 필요로 한다. 이 말은 사유의 구현이 되어야 한다. 이 사유는 스스로와 상호적으로 결합되어야 할 뿐만 아니라 시간과 영원과 더불어 우리의 상황과 결합되어야 한다. 그래서 신앙이 우리의 의식에 빛을 비추자마자, 학문과 증거의 필요가 생긴다. 따라서 갈등은 신앙과 학문 사이에 있는 것이 아니라, 오늘날 존재하는 우주가 **정상적** 상태라고 하는 확언과 **비정상적** 상태라고 하는 확언 사이에 존재한다.

만일 우주가 정상이라면, 우주는 가능성에서 이상으로 영원히 진화함으로써 움직인다. 그러나 현재 상태의 우주가 **비정상**이라면, 과거에 혼란이 일어났고 오직 **중생적** 능력이 우주의 목적의 최종적 달성을 우주에 보증할 수 있다. 바로 이것이 주된 대립이다. 이 대립은 학문의 영역에서 사유하는 지성을 두 가지 대립되는 전투 대형으로 나눈다.

정상론자들은 자연적 자료 이외에는 의존하지 않으려 하며, 모든 현상의 동일한 해석을 기어코 발견하려 하며, 있는 힘을 다해서 고비마다 원인과 결과의 논리적 추론을 파괴하거나 제어하려는 모든 시도를 반대한다. 그러므로 그들도 **형식적** 의미에서 신앙을 존중하지만, 신앙이 인간 의식의 일반적 자료와 조화를 이루는 한에서 그러할 뿐이다. 그리고 인간의 의식을 정상적인 것으로 간주한다. 하지만 **실제로** 그들은 창조 개념을 거부하며, 진화만 받아들일 수 있다. 이는 과거에 출발점을 갖고 있지 않으며 한정 없는 무한 속으로 사라질 때까지 영원히 미래에 발전하는 진화이다.

어느 종도 심지어 호모 사피엔스 종도 스스로 생기지 않았고, 자연적 자료의 영역 안에서 생명의 저급하고 선행하는 형태로부터 발전했다. 특별히 기적은 존재하지 않으며, 기적 대신 냉혹한 방식으로 지

배하는 자연법만 존재한다. 죄는 없고 저급한 도덕적 입장에서 고등한
도덕적 입장으로 진화가 있다. 그들이 아무튼 성경을 허용한다면, 인
간의 작품으로 논리적으로 설명할 수 없는 부분을 모두 잘라내는 조건
에서 허용한다. 필요하다면 그리스도를 인정하지만, 그런 그리스도는
이스라엘의 인간적 발달에서 생긴 산물이다. 동일한 방식으로 한 신
(神), 좀더 정확하게 말하면 불가지론의 방식을 따라, 가시적 우주 뒤
에 숨어 있거나 범신론적으로 모든 존재하는 사물 속에 숨어 있거나
인간 지성의 이상적 반영으로 간주되는 최고의 존재를 인정한다.

반면에 상대적 진화를 공정하게 판단하지만 무한한 진화를 반대하
여 원초적 창조를 고수하는 **비정상론자**는 온 힘을 다해서 정상론자의
입장을 반대한다. 그들은 냉정하게 인간을 독립적 종으로 보는 개념을
지지한다. 왜냐하면 오직 인간 안에 하나님의 형상이 반영되어 있기
때문이다. 그들은 죄를 우리의 원래 본성의 파괴로, 따라서 하나님을
거스르는 거역으로 본다. 그리고 그런 이유 때문에 그들은 기적적인
것을 비정상적인 것을 회복하는 유일한 수단으로 가정하고 주장한다.
중생의 기적, 성경의 기적, 스스로의 생명을 가지신 하나님으로서 우
리의 생활로 내려오신 그리스도 안에 있는 이적을 주장한다. 그래서
그들은 비정상적인 것의 이런 중생 때문에 자연적인 것이 아니라 삼위
일체 하나님 안에서 이상적 규범을 계속 발견한다.

그러므로 신앙과 학문이 대립하는 게 아니라 **두 개의 학문적 체계
혹은 학문적 노력이 각자 자신의 신앙을 가지고 서로 대립한다. 신학
과 대립하는 것이 학문**이라고 말하지 않는다. 왜냐하면 우리는 두 가
지 절대적인 학문 형식과 상관있기 때문이다. 이 두 학문은 모두 인간
지식의 전체 영역을 주장하며 자신의 최고 존재에 관한 제안을 자신의
세계관을 위한 출발점으로 갖는다. 이신론뿐만 아니라 범신론도 하나
님에 대한 하나의 체계이며, 주저없이 전체 현대 신학은 정상론자의
학문에서 그 고향을 발견한다.

그리고 마지막으로 정상론자와 비정상론자의 이 두 가지 학문 체계는 함께 중도를 취하며 점차로 평화롭게 서로 다른 길을 택하도록 인정하는 상대적인 대립자가 아니다. 그것들은 진지하게 **전체 생활 영역**을 서로 다투고 있으며, 각자 자신의 논쟁되는 확언이라는 **전체 건물**을 그 모든 지지물과 더불어 굳건한 터에 세우려는 노력을 조금도 단념할 수 없다. 만일 그들이 이런 일을 하지 않는다면, 그로써 그들은 자신의 출발점을 정직하게 믿지 않으며, 진지한 전사가 아니며, 개념의 통일을 당연히 요구하는 학문의 원초적 요구를 이해하지 못한다는 것을 양편에 보여 주게 될 것이다.

창조, 인간 안에 있는 하나님의 특수한 형상, 타락으로서의 죄, 인간을 초월하시는 그리스도, 진화와는 다른 중생, 하나님의 참된 계시를 우리에게 가져다 주는 성경의 가능성을 자신의 체계에 아주 작게라도 갖고 있는 정상론자는 이중적인 학자이며 학자의 이름을 상실한다.

그러나 반면에 비정상론자이지만 창조를 진화로 어느 정도 변형시키며, 인간을 사람의 형상으로 만들어진 원형질적 피조물을 보지 않고 동물에게서 그 기원을 보며, 원의(原義)를 지닌 인간의 창조를 포기하며, 게다가 중생과 그리스도와 성경을, 모든 인간적 자료를 지배하는 것으로 신적 원인을 붙들기보다 영혼의 모든 힘을 쏟아 단지 인간적 원인의 결과로 설명하려고 갖은 방법을 쓰는 사람은 결단코 이중적이며 비학문적인 사람으로 우리의 대열에서 추방해야 한다.

정상적인 것과 비정상적인 것은 절대적으로 다른 출발점으로서 그 기원에 공통점이 전혀 없다. 평행선은 결코 교차되지 않는 법이다. 여러분은 이것을 택하든지 저것을 택해야 한다. 그러나 어떤 것을 선택하든, 여러분이 학자로서 어떻게 하든, 여러분은 신학부에서 뿐만 아니라 모든 학과에서, 자신의 전체 세계관에서, 여러분의 인간 의식이라는 거울에 비친 전체 세계상의 모든 반영에서 일관성 있게 해야 한다.

　연대기적으로 우리 비정상론자는 참으로 오랜 세월 동안 계속해서 발언하고 별로 도전을 받지않아 왔지만, 우리의 대적들은 우리의 원리를 논박할 기회를 거의 갖지 못했다. 옛 이교도의 부패와 기독교 세계관의 발흥과 더불어, 모든 것이 하나님에 의하여 지음 받고 존재하는 종들이 특별한 창조 행위에 의하여 존재하게 되었으며, 이 존재하는 종들 가운데 사람은 원의(原義) 가운데서 하나님의 형상을 가진 자로 지음 받았으며, 더 나아가 원초적 조화가 죄의 개입으로 부서졌으며, 이 비정상적인 사태를 그 원초적 상황으로 회복시키기 위하여 하나님이 중생과 우리의 중보자로서 그리스도와 성경이라는 비정상적 수단을 이끌어들이셨다는 일반적 확신이 모든 학자 가운데 뿌리깊이 박혔다.

　물론 모든 시대에 걸쳐 심지어 수많은 조소자가 있어서 이 사실들을 비웃었고, 무관심한 사람들이 이 사실들에 아무런 관심을 갖지 않았다. 그러나 1000년 동안 학문적으로 이 보편적 확신을 반대했던 사람이 거의 없다. 여러분은 그 수를 손가락으로 한 번에 꼽을 수 있을 것이다. 르네상스는 의심할 나위 없이 바티칸에서도 감지했던 불신앙의 경향의 발흥을 은근히 장려했고, 인문주의는 그리스 로마의 이상을 향한 열정을 창출했다. 그러나 중세의 말엽 이후에 정상론자의 반대가 시작되었다고 하더라도, 많은 문헌학자와 법학자와 물리학자와 의사가 그후 수세기 동안 아주 오래된 그 확신이 근거했던 이 기초를 손대지 않았다. 18세기에 반대의 의견이 주변을 떠나서 중앙의 자리를 차지함으로써 변화가 일어났다. 그리고 새로운 철학은 최초로 일반적인 수준에서 기독교 세계관의 원리를 전적으로 지지할 수 없는 것으로 선언했다.

　이런 식으로 정상론자는 자신들의 근본적 반대 의견을 처음에는 긴가민가하다가 차츰 의식하게 되었다. 지금까지 만연한 확신에 대한 이런 반발에서 사용할 수 있는 모든 가능한 입장은 그때 이후로 특수한 철학적 체계로 서서히 발전되었다. 이 체계는 다양하며 서로 비교되는 것이지만 비정상론자를 반대하는 데는 완벽한 의견 일치를 보인다. 이 철학 체계가 주도적인 사람들의 동의를 확보한 이후에, 몇몇 학문이 뒤따랐고 곧 바로 법학과 의학과 자연과학과 역사학의 영역에서 무한한 정상적 과정이라는 새로운 가설을 그들의 개별 탐구의 출발점으로 도입했다.

그런 다음, 확실히 여론은 잠시 급작스러운 두려움에 무감각해졌으나, 많은 사람이 개인적 신앙이 없었기 때문에 이 피상적 망설임은 조금 지속되다가 말 뿐이었다. 사반세기 안에 정상론자의 세계관이 문자 그대로 주도적 중심에서 세계를 정복했다. 그리고 개인적 신앙 때문에 비정상론적 견해를 고수했던 사람은 '현대 사상'의 노래를 부르던 사람들의 찬양대에 합류하기를 거부했고, 첫 공격에 신비주의의 장막으로 물러나면서 모든 학문을 저주하고 싶은 심정이 생겼다. 참으로 짧은 기간에 신학자들은 변증학적으로 자신의 대의 명분을 옹호하려 했지만, 이런 변호는 굽은 창문 틀을 고치려 하면서도 건물 자체가 기초에서 흔들리고 있다는 사실을 의식하지 못하는 사람에 비할 수 있을 것이다.

그래서 특별히 독일의 유능한 신학자들은 이 철학 체계 가운데 하나를 기독교를 지지하는 버팀목으로 사용하는 것이 최선일 것으로 생각했다. 이와 같은 철학과 신학의 혼합에서 생긴 첫번째 결과는 소위 화해의 신학(mediating theology)이었다. 이 신학은 신학적인 부분에서는 좀더 빈곤해지고, 철학적인 부분에서는 점점 풍요로워져서, 마침내 현대 신학이 고개를 들고, 그리스도가 인간이 되시고 우리처럼 나시고, 심지어 죄에서 완전히 자유롭지 못하셨다고 하고, 성경을 저술 모음으로 바꾸고, 위경이 대부분을 차지하고 가능한 한 신화와 전설과 우화를 끼워놓고 그런 것들로 채우는 그런 철저한 방식으로 신학에서 비정상적 요소를 일소하려는 노력에서 그 영광을 발견했다.

"우리의 표적은 보이지 아니하며 … 주의 대적이 자기 기를 세워 표적을 삼았으니"라고 하는 시편 기자의 노래는 문자 그대로 그들에 의하여 성취되었다. 그리스도와 성경을 포함하여, 비정상적인 것의 모든 표시가 제거되고 정상적 과정의 표시가 진리의 유일한 참된 기준으로 받아들여졌다. 이 결과, 나는 이미 말했던 것을 다시 되풀이 하지만, 우리를 놀라게 하는 것은 없다.

주관적으로 자신의 내적 존재와 객관적으로 자기 주변의 세계를 정상적인 것으로 보는 사람은 상이한 빛으로 사물을 표상하려 할 경우 현재와 마찬가지로 말할 수밖에 없고, 상이한 결과에 도달할 수 없고, 학자로서 자신의 입장이 **진실되지 못하게** 될 것이다. 그러므로 도덕적 관점에서 볼 때, 잠시 하나님의 심판에서 그런 인간이 당할 책임을 고려하지 않을 경우, 그가 현재처럼 생각하면서 모든 교파의 기독교 교회를 자발적으로 떠나려는 용기를 보여 준다면 그의 개인적 출발점을 반박할 수 있는 것은 없다.

민감하고 회피할 수 없는 그 갈등의 특성이 바로 그렇다면, 이 갈등에서 생기는 긴장과 투쟁에서 칼빈주의가 우리에게 가리켜 보여 주는 난공 불락의 입장을 주목하라. 이는 쓸모없는 변증학과 무관하다. 큰 전투를 외면한 채 외부 보루에서 벌어지는 사소한 충돌에 골몰하지 않고 즉시로 인간 의식으로 돌아간다. 모든 학자는 자신의 의식으로서 이 인간 의식에서 출발하지 않을 수 없다. 이 의식은 사물의 비정상적 특성 때문에 모든 사람에게 동일하지 않다. 사물의 정상적 조건이 부서지지 않았다면, 의식은 모든 사람에게서 동일한 소리를 발할 것이다. 그러나 실제로는 그렇지 않다. 한 사람에게는 **죄의식**이 매우 강력하고 힘있으며, 다른 사람에게는 약하거나 전혀 없다. 한 사람에게는 **신앙의 확실성**이 중생의 결과로 단호하고 분명하게 말하지만, 다른 사

람은 그것이 무엇인지도 이해하지 못한다. 그래서 한 사람에게는 성령의 증거가 크게 울려퍼지고 그 어조가 견고하고 강력한 반면, 다른 사람은 그 증거를 전혀 듣지 못했다고 선언한다. 그런데 죄의식과 신앙의 확실성과 성령의 증거, 이 세 가지는 모든 칼빈주의자의 의식을 구성하는 요소이다.

이들은 그 의식의 즉각적인 내용을 형성한다. 이것이 없이는 세 가지 의식이 그에게 존재하지 않는다. 정상론자는 이를 인정하지 않으며 따라서 그는 자기의 의식을 강요하려 하며 우리의 의식이 자신의 의식과 동일해야 한다고 주장한다. 이런 관점에서는 달리 기대할 수 있는 것이 없다. 왜냐하면 그 자신의 의식과 우리의 의식이 실제로 다를 수 있다는 점을 그가 동의한다면, 그로써 그는 사물의 정상적 조건에서 단절을 인정하게 되었을 것이다.

반대로 우리는 우리의 의식이 정상론자 안에 나타나야 한다고 주장하지 않는다. 칼빈이 주장하듯이, 사실 모든 사람의 마음에서는 '종교의 씨'(semen religionis)가 숨어 있고, 고백하든 하지 않든 '하나님에 대한 느낌'(sensus divintatis)이 강렬한 정신적 긴장의 순간에 영혼으로 하여금 떨리게 한다.

그러나 또한 칼빈의 체계는, 믿는 사람 속의 인간 의식과 믿지 않는 사람 속의 인간 의식이 일치하지 않을 수 있고, 오히려 그런 불일치가 불가피하다고 가르치는 것 또한 사실이다. 거듭나지 않은 사람은 죄에 대한 참된 지식을 가질 수 없으며, 회개하지 않은 사람은 신앙의 확실성을 가질 수 없으며, 성령의 증거가 없는 사람은 성경을 믿을 수 없다. 이 모든 것은 그리스도의 떨리는 말씀과 일치한다. "사람이 거듭나지 않고서는 하나님의 나라를 볼 수 없느니라." 또한 사도의 말씀과도 일치한다. "육에 속한 사람은 하나님의 성령의 일을 받지 아니하나니." 하지만 칼빈은 이 때문에 불신자를 용서하지 않는다. 그들이 자신의 양심으로 확신하게 될 날이 올 것이다.

네번째 강연 : 칼빈주의와 학문 167

그러나 사물의 현재 조건에 관해서 우리는 물론 **두 종류의 인간** 의식을 인정하지 않을 수 없다. 즉 중생자의 의식과 비중생자의 의식이다. 이 둘은 동일할 수 없다. 하나에는 다른 하나에 없는 것이 나타난다. 하나는 단절을 모르며 따라서 **정상적인** 것을 고수한다. 다른 하나는 단절과 변화에 대한 경험을 가지며, 따라서 자신의 의식에서 **비정상적인** 것에 대한 지식을 소유한다. 그러므로 사람의 의식이 그의 **원초적 진리**이지만, 여기에 모든 학자의 출발점이 틀림없이 있다. 따라서 논리적 결론은 둘이 일치할 수 없으며, 둘을 일치하게 만드는 모든 노력이 실패로 돌아갈 운명이라는 것이다. 정직한 사람으로서 둘은 전체 우주에 대한 그런 학문적 건물을 자신의 의식에 주어진 근본적 자료와 조화를 이루도록 세워야 할 의무를 느끼게 될 것이다.

여러분은 즉각 혼란스러운 문제에 대한 이 칼빈주의적 해결책이 얼마나 근본적이며 기초적인지를 파악한다. 학문은 평가 절하되거나 무시되지 않으며 전체와 모든 부분으로서 우주을 위하여 요구된다. 그리고 정상론자의 학문과 비정상론자의 학문의 차이는 탐구의 상이한 결과 위에 서 있는 것이 아니라 한 사람의 자기 의식과 다른 사람의 자기 의식을 구분하는 부인할 수 없는 차이점 위에 서 있다.

자유로운 학문은 우리가 독재적인 쌍둥이 자매의 공격을 막는 거점이다. 정상론자는, 우리의 의식이 자신의 의식과 하나가 되어야 할 필요가 분명 있으며 우리가 상상하는 그 밖의 모든 것이 우리 자신의 입장에서도 자기 기만으로 비난받는다고 말한다. 달리 말하면, 정상론자는 우리의 마음에서 하나님께로 끊임없이 감사의 시냇물이 솟구치게 되는 우리의 자기 의식의 가장 높고 거룩한 선물을 우리에게서 억지로 얻어 내려고 한다. 그는 우리의 삶보다 귀하고 확실한 것을 우리의 영혼 안에 있는 거짓이라고 말한다. 신앙에 대한 우리의 의식과 우리 마음의 의분은 왕자의 긍지를 가지고 이 모든 것에 맞서 일어선다. 우리는 세상에서 무시당하고 압제당하는 운명을 받아들이지만, 우리 마음의 성소에서는 어떤 사람의 명령이라도 받지 않으려 한다. 우리는 정상론자가 자신의 의식이라는 전제에서 잘 구축된 학문을 세울 수 있는 자유를 공격하지 않는다. 우리는 필요하다면 어떤 대가를 치르고서라도 동일한 일을 할 수 있는 우리의 권리와 자유를 결연히 보호하려 한다.

이제 부분적으로 변화가 일어났다. 얼마 전에는 모든 대학에서 비정상론의 주된 입장을 모든 학문의 공리로 보았다. 그리고 그 당시에 반대자의 원리를 반대했던 소수의 정상론자는 교수직 얻기를 어려워했다. 처음에 그들은 박해를 받았고 그 다음에는 무법자 취급을 받고 그 이후로 가장 관대한 대우를 받았다. 그러나 지금 그들은 상황을 주도하고 모든 영향력을 통제하고 전체 교수직 가운데 90%를 차지한다. 그 결과, 공적 위치에서 내쫓긴 비정상론자는 이제 머리 누일 곳을 찾아야 한다.

전에는 우리가 그들을 문밖으로 내쫓았는데, 이제는 그들이 우리를 거리로 내몰아 앙갚음했던 하나님의 의로운 심판에 의하여 그들의 자유는 이렇게 사악한 공격을 받는다. 그래서 최후까지 소송에서 승리할 수 있게 하는 용기와 인내와 힘이 이제 훨씬 높은 수준으로 기독교 학자에게 있는지가 문제가 된다. 하나님이 그걸 주시기를 바란다. 여러분은 여러분과 다른 의식을 갖고 있는 자들에게 사상의 자유와 언론의 자유와 출판의 자유를 빼앗겠다는 생각을 할 수 없으며 그럴 생각을 하지도 않을 것이다.

그들이 자신의 입장에서 여러분 보기에 거룩한 모든 것을 없애버리는 일은 불가피하다. 모든 기독교 학자는 자신의 학문적 양심을 위하여 낙담의 불평에서나 신비적 감정에서나 비신앙고백적 활동에서 도움을 얻기보다, 우리의 원수의 정력과 철저함에서, **자신의 원리에 따라 사유하고 이 원리의 노선에서 모든 학문적 탐구를 새롭게 하고 자신의 힘있는 연구를 출판계가 받아주지 않으면 안 되게 만들겠다는 강렬한 자극제를 얻어야 한다.

우리가 반대자에게 세속 학문을 맡겨도 아무런 위험이 없을 것이라는 생각으로 자위하면, 신학을 건지기만 한다면, 우리의 전술은 타조의 전술이 될 것이다. 집이 온통 불타고 있을 때 윗층을 건지는 데 급급한다면 참으로 어리석은 짓이다. 칼빈은 오래 전에 기독교 철학의 필요를 느꼈을 때 상황을 훨씬 잘 알았다.

그리고 결국 모든 학부는 그리고 이 학부에서 이루어지는 모든 개별 학문은 원리의 대립과 다소간 연관되고 따라서 원리의 대립에 틀림없이 개입한다. 여러분이 사물의 실제 조건에 눈을 감는 것으로 안전함을 조금씩 추구할 때, 아주 많은 그리스도인들이 거기서 안전한 방패를 발견하려고 생각한다. 천문학자나 지질학자나 물리학자나 화학자나 동물학자나 세균학자나 역사학자나 고고학자가 밝히는 모든 것은 기록되어야 한다. 물론 그들이 몰래 숨기는 가설로부터 그 가설에서 이끌어내는 결론으로부터 분리되어 기록되어야 한다. 그러나 여러분은 모든 사실을 사실로 그들의 학문뿐만 여러분의 학문에서도 통합되어야 할 사실로 기록해야 한다.

———

하지만 이를 가능하게 하려고 대학 생활은 칼빈주의가 찬란한 활동을 시작했을 때처럼 다시금 근본적 변화를 거쳐야 한다. 최근에 전 세계 대학 생활은 학문이 하나의 동질적 인간 의식에서만 발전하며 학문과 능력만이 전문 교수직을 차지하느냐 마느냐를 결정한다고 가정했다. 침묵공 윌리엄이 루벵 대학에 맞서 레이덴 대학을 세웠을 때처럼, 아무도 원리의 근본적 차이 때문에 두 노선의 대학이 서로 대립한다고 생각하지 않았다. 하지만 정상론자와 비정상론자의 범세계적 갈등이 완전히 불거져 나온 이후로, 대학 생활을 분리할 필요를 양쪽에서 좀 더 일반적으로 느끼기 시작했다.

(유럽에 관해서만 말하면) 이 영역에서 첫번째는 브뤼셀의 자유 대학을 설립한 불신 정상론자였다. 이전에는 역시 벨기에 루벵의 로마 가톨릭 대학이 오랜 전통 덕택에 리에와 헨트의 중립 대학에 맞서서 세워졌다. 스위스에서는 프라이부르크에 (역사는 얼마되지 않지만) 로마 가톨릭 원리를 구현한 유명한 대학이 생겼다. 영국에는 동일한 원리를 더블린에서 따랐다. 프랑스에서는 로마 가톨릭 학부가 국가 기관의 학부와 대립했다. 또한 네덜란드에서는 암스테르담에 칼빈주의 원리의 기초에서 학문의 전반적 계발을 도모하는 자유 대학이 생겼다.

칼빈주의의 요구에 따라, 대학이 자신의 토양에 뿌리를 박고 번성하도록 하려고 교회와 국가가 대가 없는 지원이 아니라 자신의 높은 권위를 대학 생활로부터 제거하면, 이미 시작된 분리는 자동적으로 견실히 달성될 것이며, 이 영역에서 또한 대립 원리의 지지자들이 평화롭게 분리되어 정직한 진보와 상호 이해가 보장될 것이다. 여기서 우리는 역사를 증인으로 소환한다.

첫째로, 로마의 황제들은 하나의 국가라는 그릇된 이념을 실현하려고 노력했지만, 유럽의 숨어 있는 정치력을 발전시키려면 그들의 보편적 군주제가 다양한 독립된 민족으로 나누어져야 할 필요가 있었다. 로마 제국이 몰락한 후에, 유럽은 하나의 세계 교회의 매력에 굴복하되, 종교개혁이 이 속임수를 추방하여 그리스도인의 생활의 좀더 높은 발전으로 나아가는 길을 열 때까지 그렇게 했다.

미국처럼 이것이 분명하게 보이는 경우는 없다. 미국에서는 교단이 다양하여 개별 교회가 온갖 원리를 구현하게 되었다. 오직 하나의 학문이라는 이념에서 단일성의 오랜 저주가 여전히 유지된다. 그러나 이 점에 관해서, 학문의 피상적 통일성이 나타나던 시대가 얼마 남지 않았으며 학문이 분열될 것이며, 또한 이 영역에서 적어도 로마 가톨릭의 원리와 칼빈주의의 원리와 진화론의 원리가 학문 생활의 다양한 영역을 일어나도록 할 것이며 그리하여 다양한 대학이 번창하게 될 것이라고 예언할 수 있다.

우리는 학문에서 체계를, 교훈에서 일관성을, 교육에서 통일성을 가져야 한다. 그것이야말로 참으로 자유로운 것이다. 그리하여 자신의 원칙에 엄격하게 매여 있는 한 모든 부자연스러운 속박에서 벗어날 힘을 갖는다. 하지만 우리에게 길을 열어준 칼빈주의 덕택에 최종적 결과는 학문의 자유가 결국 승리하게 될 것이라는 점이다.

첫째로, 모든 주도적 삶의 체계가 자신의 원리로부터 학문의 추수를 거둘 수 있는 충분한 힘을 보장함으로써, 둘째는, 자신의 기치의 색상을 보이지 않고, 삶의 목적이며 자신의 결론에 힘을 실어 주는 원리를 황금 글씨로 문장에 새겨 놓고서 보이지 않으려 하는 탐구자에게 학문의 이름을 주지 않으려 함으로써 그리할 것이다.

다섯번째 강연

칼빈주의와 예술

끝에서 두번째인 이 다섯번째 강연에서 나는 칼빈주의와 예술에 관하여 말하고자 한다.[1] 이 강연을 하는 이유는 시대의 만연한 경향 때문이 아니다. 우리 시대가 장려하는 것처럼 거의 광적인 예술 숭배 앞에 비굴하게 무릎꿇는 태도는, 칼빈주의가 작업장에서 펜이나 끌로 각인한 게 아니라 화형주와 전쟁터에서 온 생명을 바쳐 각인하며 옹호한 삶의 높은 진지함과 분명 거의 상관없다.

게다가 우리 시대에 점점 광범위하게 증가 일로를 걷는 예술에 대한 사랑에 우리는 눈이 멀어서는 안 되고 사랑을 정신을 차려 비판적으로 검토해야 한다. 이는 모든 방식에서 설명 가능한 사실을 반영하는데, 이 사실은 지금까지 소수 애호 집단에 국한되었던 예술적 세련이 좀더 광범위하게 중산 계급 가운데 파고들어가는 추세이며, 가끔씩

---

1) 예술은 가령 대리석이나 언어처럼 감각적 형태로 아름다운 사유를 구현하는 것으로 정의되어 왔다. 카이퍼 박사는 「칼빈주의와 예술」(*Calvinisme en Kunst*)에서 이렇게 진술한다. "인간은 하나님의 형상을 지닌 자로서, 아름다운 것을 창조하고 그것을 즐길 수 있는 가능성을 소유한다. 이 '예술 능력'(kunstvermogen)은 인간 안에서 영혼의 개별 기능이 아니라 하나님의 형상의 단절 없는(연속적) 표현이다."

사회의 낮은 계층에 매우 광범위하게 확산되는 모습을 취한다는 것이다.

이런 표현을 쓰고자 한다면, 지금까지 귀족주의적 매력으로 호감 있게 보였던 생활 표현의 민주화라고 할 수 있다. 그리고 참으로 영감 있는 예술가는 대체로 피아노 연주가 단순히 가벼운 두들김에 지나지 않으며, 그림이 칠하기에 지나지 않는다고 불평할 것이지만, 예술의 특권에 참여한다는 넘치는 감정은 너무 압도적인 것이라서 예술가의 그런 조롱을 들을지라도 교육에서 예술 훈련을 포기하지 않는다. 아무리 형편 없는 것이라도 예술의 제단에 여러분의 작품을 놓은 일은 더욱더 뛰어난 문명의 특성이 된다.

마지막으로, 이 모든 것에서 눈과 귀를 통하여 즐기고자 하는 욕구는 특별히 음악과 연극을 통하여 표출된다. 그리고 많은 사람이 고상하지 못하고 아주 자주 죄악된 방식으로 이런 감각적 쾌락을 추구하는 사실을 부인할 수 없다 해도, 많은 경우 예술에 대한 이런 사랑이 사람들을 좀더 고상한 방향으로 즐거움을 찾게 하고 저급한 관능성에 대한 기호를 줄이는 것도 역시 확실하다. 특별히 우리의 대도시에서 무대 감독들이 일급 오락을 제공할 능력이 있고 국가간의 의사소통이 쉬워져서 우리의 최고 가수와 연극인이 국제적인 역할을 맡게 되어, 이제 거의 아무런 대가 없이 점점 많은 계층이 가장 세련된 예술적 향유를 누리게 된다.

게다가 유물론과 합리론에 의하여 위축되어 있는 인간 마음이 자연스럽게 시들어져가는 과정에 대한 해독제를 예술적 본능에서 찾는 사실을 인정하는 것은 공평한 처사이다. 돈과 메마른 지성주의의 지배적인 영향력은 아무런 구속을 받지 않고 감정 생활을 빙점으로 얼어붙게 하려 한다. 그리고 마음의 신비주의는 종교의 좀더 거룩한 유익을 파악할 수 없어 예술 중독으로 반응한다. 그래서 예술의 진정한 천재가 저 아래 평원보다 높은 정상을 찾고, 참된 창의적 예술을 매우 빈

곤하게 창출하는 우리 시대가 과거의 찬란한 빛에 몸을 데우는 모습을 보이는 점을 나는 망각하지 않는다. 물론 나는 세속 민중이 예술에 경의를 표하므로 필연적으로 예술이 타락하게 된 것을 인정하지만, 내 평가로는, 가장 분별 없는 미적 환상주의가 부를 추구하는 공통적 특징이나 박쿠스와 비너스의 전당 앞에 거룩하지 못하게 절하는 것보다 훨씬 고상하다.

이 냉랭하고 비종교적이고 실제적인 시대에 예술에 대한 이 헌신의 따뜻함은 우리 영혼의 많은 고상한 열망을 여전히 살아 있도록 했다. 그렇지 않았다면 지난 세기 중반에 그랬듯이 이 열망은 이미 죽어 버렸을 것이다. 그래서 아시다시피, 나는 현재의 미적 운동을 과소 평가하지 않는다. 그러나 역사에 비추어 볼 때 찬동해서는 안 되는 것은, 이 운동을 16세기의 종교적 운동보다 높이거나 똑같은 가치를 가진 것으로 보려는 미친 노력이다.

내가 칼빈주의를 위하여 이 새로운 미적 운동에 구걸한다면, 바로 그런 미친 노력을 하는 것이다. 그러므로 나는 예술 영역에서 칼빈주의의 의의를 내세울 때 예술의 이런 통속화를 들어 내세우지 아니하고 오히려 칼빈주의의 영원한 의의에 비추어 아름다운 것과 숭고한 것에, 그리고 하나님이 인류에게 주신 가장 부요로운 선물 가운데 하나로서 예술에 집중할 것이다.

하지만 여기서 모든 역사 학도는 내가 깊이 뿌리박은 편견을 허물어 뜨린다는 것을 안다. 흔히 칼빈이 개인적으로 예술적 재능이 없었고, 네덜란드에서 성상 파괴의 죄를 지었던 칼빈주의가 예술 발전을 이룩하거나 참되고 주목할 만한 예술 작품을 낼 수 없었다고들 말한다.

그러므로 여기서 이 강력한 편견에 대하여 짧은 한 마디의 말로 정리하겠다. "누가 고기와 포도주와 노래를 좋아하지 않는가"라는 루터의 말을 높이 평가하지 않더라도 루터가 칼빈보다 예술적 성향이 강했다는 것은 논박할 수 없다. 그러나 그 증거가 무엇인가?

　여러분은 소크라테스가 아름다운 것에 대한 감각이 전혀 없이 자신의 큰 코가 숨쉬기를 좀더 편하게 한다 하여 자신의 코가 아름답다고 자랑했기 때문에 헬레니즘의 예술적 영예를 부인할 것인가? 기독교 교회의 세 기둥인 요한과 베드로와 바울의 글이 한 마디로 예술 생활에 대하여 특별한 이해를 드러내는가? 그렇다. 경건하게 질문하면, 그리스도의 복음에서 예술 자체를 변호하거나 예술의 향유를 추구하는 경우가 어디 있는가? 그리고 이런 질문에 하나씩 부정의 대답을 하지 않을 수 없다고 해서 여러분은 그래서 기독교가 예술 발전에 거의 값으로 매길 수 없이 중요했다는 사실을 부정할 권리를 갖는가?

　그리고 그렇지 않다면 여러분은 왜 칼빈이 개인적으로 예술에 대하여 그다지 감각이 없다는 단순한 근거에서 칼빈주의를 비난할 이유가 있는가? 그리고 네덜란드 칼빈주의자들(Beggars)의 성상 파괴에 대하여 말할 때, 여러분은 8세기에 예술적이며 아름다운 그리스 세계의 한 가운데 레오 이사우루스의 대장부다운 정신이 훨씬 격렬한 성상 파괴를 사주했다는 것을 망각하고서 비잔티움이 매우 세련된 기념물을 만들었다는 명예를 부인해야 하는가?

　여러분은 반대로 훨씬 깊은 증거를 요구하는가? 8세기 레오 이사우루스나 16세기 네덜란드의 칼빈주의자들(Beggars)보다 훨씬 명백하게 코란에서 마호메트는 모든 종류의 형상에 반대하지 않았는가? 그런데 이것이 그레나다의 알함브라와 세빌의 알카자르가 건축 예술의 정말 아름다운 작품이 아니라는 비난을 정당화하는가?

　우리는 예술적 본능이 보편적 인간 현상이지만 민족 유형과 기후와 나라와 관련되면서 그 예술적 본능의 발전이 국민 가운데 전혀 다르게 구분된다는 것을 잊어서는 안 된다. 아이슬란드에서 예술의 발전을 찾는 사람이 있으며, (반대로 이런 표현을 써도 된다면) 레반트의 화려한 자연 가운데서 예술의 발전을 알아보지 않으려는 사람이 있는가? 유럽 남부가 북부보다 이런 예술적 본능의 발전에 더욱 호의를 보였던 것은 놀라운 일인가? 그리고 역사를 보면 북부 사람들이 칼빈주의를 가장 광범위하게 받아들였는데, 하여튼 남부 민족의 경우와 달리 좀더 추운 기후와 형편없는 자연 환경에 사는 국민들에게서 그런 예술 생활이 진작될 수 없었던 사실은 예술에 대한 칼빈주의의 기여를 반대하는 증거가 되는가?

칼빈주의가 사제 제도의 풍요함보다 신령과 진정으로 하나님께 예배 드리는 것을 선호했기 때문에 예술적 이해가 없다는 비난을 로마에게 받아 왔으며, 여인이 예술가의 모델이 되어 스스로 추하게 되거나 발레로 자신의 명예를 내던지는 것을 찬성하지 않았기 때문에, 그 도덕적 진지함은 예술의 여신을 위하여 바치는 것보다 더한 희생이 없다고 생각하는 사람들의 관능주의와 충돌했다.

하지만 이 모든 것은 예술이 인생의 영역에서 차지해야 할 위치와 예술 영역의 경계선만 관계있지 예술 자체를 건드리지는 않는다. 그러므로 예술에 대한 칼빈주의의 의의를 좀더 높은 기준에서 볼 때 다음 세 요점을 탐구하기에 이른다: 1. 칼빈주의는 **자신의 예술 양식**을 발전시키지 못하게 되어 있었는가; 2. **예술의 본성**에 대한 칼빈주의의 원리에서 무엇이 나오는가; 3. 실제로 칼빈주의는 무슨 **진보**를 이루었는가?

칼빈주의가 자신의 건축 양식만 발전시켰다면 아무 문제 없었을 것이다. 아테네에서 파르테논을 자랑했고, 로마에서 판테온을 자랑했고, 비잔티움에서 성 소피아 사원을 자랑했고, 쾰른에서 대성당을 자랑했고, 바티칸에서 성 베드로 성당을 자랑했듯이, 칼빈주의는 자신의 이상의 모든 충만함을 구현하는 인상적인 구조물을 내보일 수 있어야 했다. 그리고 칼빈주의가 이 일을 하지 못했던 것은 칼빈주의의 예술

적 빈곤에 대한 충분한 증거로 간주되었다. 물론 칼빈주의는 동일한 예술적 호사에 오르려고 노력했지만 결국 그것을 달성할 수 없었다고 비난을 받았다. 칼빈주의의 열매없는 비융통성이 좀더 높은 미학적 발전을 가로막는 방해물이었다는 것이다. 그리고 인문주의자가 고대 헬라의 고전 예술을 자랑하고, 희랍 교회가 비잔틴을 자랑하고, 로마가 고딕 성당을 자랑할 때, 칼빈주의는 인간 생활의 충만함을 약화시켰다는 쓰린 비난에 당혹해 하는 것으로 보인다.

그런데 이런 철저히 불공평한 비난에 반대하여, 나는 칼빈주의가 그 높은 원리 때문에 자신의 건축 양식을 발전시키게 되어 있지 못했다고 주장한다. 내가 이 맥락에서 건축을 전면에 내세우지 않으면 안 되었던 것은, 고전 예술과 소위 기독교 예술에서 예술의 절대적이며 전포괄적 작품은 건축으로 나타났고 다른 모든 예술 분야는 결국 성전이나 예배당이나 모스크나 파고다(pagoda : 탑)에 따라 이루어졌기 때문이다. 신적 예배의 중심에서 일어나거나 그 예배를 위한 화려한 구조에서 그 이상을 추구하지 않은 예술 양식은 단 하나도 언급할 수 없다. 이는 그 자체로 고귀한 충동이 번성하는 것이었다.

예술은 종교에서 가장 부요로운 동기를 이끌어내었다. 종교적 열정은 가장 대담한 개념을 재정적으로 가능하게 했던 황금 광산이었다. 종교는 이 거룩한 영역에서 자신의 개념을 실현하기 위하여 예술 애호가라는 좁은 집단뿐만 아니라 온 나라가 자기 발 아래 있는 것을 발견했다. 신적 경배는 개별의 예술을 묶는 끈을 제공했다. 그리고 좀더 말하면, 영원자와의 이런 연관에 의하여 예술은 자신의 내면적 통일성과 이상적 신성화를 얻었다. 그리고 이는 궁전과 무대가 예술 발전을 위하여 어떤 일을 했을지라도, 예술에 구체적 성격의 직인을 찍고 창조적 양식을 결정적으로 제공하는 것은 언제나 성소였다. 예술 양식과 예배 양식은 일치했다. 물론 예술의 영감을 받은 예배와 예배의 영감을 받은 예술의 이런 결합이 획득되어야 할 중간 단계가 아니라 최고 목적이지만, 칼빈주의가 과실이 있다고 내세우지 않을 수 없음을 솔직히 인정해야 한다.

하지만 종교와 예술의 이 동맹이 종교적 발전 그리고 일반적으로 인간적 발전의 저급한 단계를 표상한다는 것을 보여 줄 수 있다면, 이처럼 특별한 건축 양식이 없는 점에서 칼빈주의가 훨씬 높은 장점을 발견한다는 것은 분명하다. 나는 사실이 이러함을 충분히 확신하므로 이 확신을 계속 설명하려고 한다.

그러므로 첫째로 파르테논과 판테온과 성 소피아와 성 베드로 성당이 돌로 장식되어 증거하는 저 이상적 절정에 도달한 신적 경배의 미적 발전은 동일한 예술 형식이 군주와 제사장에 의하여 온 나라에 강요되는 저급한 단계에서만 가능하다. 그런 경우, 영적 표현의 모든 차이는 하나의 상징적 경배 양태로 혼합된다. 그리고 이런 집단들의 연합 때문에 행정관과 성직자의 리더십 아래서 그처럼 거대한 구조물의 막대한 비용을 부담하고 그것들을 꾸미고 장식할 수 있는 가능성이 있게 된다.

하지만 개별적 특성이 이런 집단들의 통일성을 분열시켰을 때 민족들의 진보적 발전의 경우에 종교는 또한 좀더 높은 평원으로 올라 거기서 상징적인 생활에서 분명히 의식적인(clearly-conscious) 생활로 발전한다. 그리하여 예배가 많은 형식으로 나누어지며 성숙한 종교가 모든 사제적이며 정치적인 후견 관계에서 해방된다. 16세기 유럽은 느리긴 하지만 이런 좀더 높은 영적 발전 단계에 접근하고 있었다. 그리고 이 이행이 시작되게 한 것은 온 나라를 군주의 종교에 굴복시킨 루터주의가 아니라 종교적 자유의 심오한 개념을 갖고 있던 칼빈주의였다. 칼빈주의가 나타났던 모든 나라에는 이것이 다양한 형식의 삶의 경향에 이르렀고, 종교의 영역에서 국가의 권력을 부수었고 상당한 정도로 사제주의의 종언을 고하게 했다. 이 결과 **칼빈주의는 상징적 예**

배 형식을 버리고 예술의 요구에 따라 화려한 기념물로 종교적 정신을
구현하기를 거부했다.

그런 상징적 예배가 이스라엘에 자리잡고 있었지 않았느냐는 반론
은 나의 주장을 약하게 만들지 못하며 오히려 지지한다. 신학은 옛 경
륜 아래서 자연스럽게 발전했던 그림자의 사역이 실현된 예언의 경륜
에서 "낡아지고 쇠하는 것은 없어져 가는 것이니라" 하고 가르치지 않
는가? 우리는 이스라엘에서 전체 국민에게 동일한 국가 종교를 발견한
다. 이 종교는 사제의 리더십 아래 있다. 그리고 결국 이 때문에 그
종교는 상징으로 모습을 보이며 결과적으로 솔로몬의 찬란한 성전으로
구현된다.

그러나 이 그림자의 사역이 주의 목적에 이바지했을 때, 그리스도
께서는 하나님이 더 이상 예루살렘의 기념적인 성전에서 경배를 받지
아니하시고 신령과 진정으로 예배 받으실 때를 예언하시기에 이른다.
그리고 이 예언과 나란히 모든 사도적 문헌에서 예배를 위한 예술에
대한 흔적이나 그림자가 전혀 나오지 않는다. 지상에서 아론의 가시적
제사장직은 하늘에서 멜기세덱의 반차를 좇는 불가시적 대제사장직에
자리를 내어준다. 순수히 영적인 것이 상징적인 것의 흐릿한 안개를
뚫고 나온다.

나의 두번째 증거는, 이것이 종교와 예술의 좀더 높은 관계와 전
적으로 일치한다는 것이다. 여기서 나는 헤겔과 폰 하르트만에게 호소
한다. 그들은 둘다 칼빈주의 바깥에 있지만 공평 무사의 증인으로서
믿을 수 있다. 헤겔은 낮은 발전 단계에서 훨씬 감각적인 종교에 최고
의 표현을 제공하는 예술이 결국 이런 수단에 의하여 감각적 종교가
감성의 족쇄를 벗어던지도록 도움을 준다고 말한다. 그 이유는 다음과
같다. 낮은 단계에서 예술이 영혼을 해방시키는 미적인 예배일 뿐이라
는 것을 인정해야만 하지만, 그는 아름다운 예술이 불가시적이며 영적

인 것의 영역에서만 발견되기 때문에 "아름다운 예술은 최고의 해방이 아니다" 하고 말한다.

그리고 폰 하르트만은 그 점을 훨씬 더 강조적으로 선언한다: 원래 신적 경배는 예술에 불가분리적으로 연합되어 나타났으니, 낮은 단계에서 종교는 여전히 미적 형식에서 자신을 잃어버리는 경향이 있기 때문이다. 그는, 그런 시대에 모든 예술은 제의의 예식에 음악과 그림과 조각과 건축뿐만 아니라 춤과 모방과 극(劇)을 포함시킨다고 말한다. 다른 한편 종교는 영적 성숙으로 발전할수록 예술의 속박에서 더욱 벗어날 것이다. 이는 예술이 언제나 종교의 본질을 표현할 수 없기 때문이다. 그리고 이 분리의 역사적 과정에서 생기는 최종적 결과, 완전히 성숙할 때 종교가 순전히 종교적인 감정을 촉진하는 데 전적이며 배타적으로 집중하기 위하여 미적인 유사 감정이 종교를 혼란하게 하는 자극물에서 전적으로 벗어나려 한다고 그는 말한다.

그리고 헤겔과 폰 하르트만은 이 근본적 사상에서 옳다. 종교와 예술은 자신의 생활 영역을 각각 갖고 있다. 이들은 처음에 서로 거의 구분할 수 없고 따라서 밀접하게 연관되지만, 좀더 풍부한 발전과 더불어 이 두 영역이 필연적으로 구분된다. 요람에서 두 아이를 볼 때 남자 아이인지 여자 아이인지 말할 수 없을 정도이지만, 성숙한 연령에 이를 때 둘이 남자와 여자로 여러분 앞에 서 있을 때, 여러분은 독특한 모습과 특징과 표현 양식을 가진 그들을 본다.

그리고 종교와 예술은 최고의 발전 단계에 도달했을 때 독자적 실존을 요구하며 처음에 서로 연관되어 동일한 나무에 속하는 것처럼 보였던 두 개의 가지가 이제 자신의 뿌리에서 뻗어나는 것처럼 보인다. 아론으로부터 그리스도에게로, 브살렐과 오홀리압으로부터 사도들로 나아가는 과정은 바로 이렇다. 그리고 동일한 과정에 의하여, 16세기 칼빈주의는 로마주의가 도달할 수 있었던 것보다 높은 입장을 차지한다. 따라서 칼빈주의는 자신의 종교적 원리에서 예술 양식을 발전시킬 수도 없었고 그렇게 되어 있지 못했다. 이렇게 했다면, 낮은 종교 생활 수준으로 후퇴하게 되었을 것이다. 반대로 칼빈주의의 더욱 고상한 노력은 종교와 신적 경배를 감각적 형식에서 점점 해방시키고 그 활기찬 영성을 고무시키는 일임에 틀림없다.

칼빈주의가 이렇게 할 수 있었던 것은, 그 당시 종교 생활이 인류의 동맥을 통과할 때 힘찬 맥박을 일으켰기 때문이다. 그리고 이 시대에 우리의 칼빈주의 교회들이 냉담하고 서먹서먹하게(unheimisch) 보이며, 우리의 예배 처소에 상징적인 것을 재도입하기를 바라는 사실은, 우리 시대의 종교 생활의 맥박이 순교자의 시대보다 훨씬 희미하다는 슬픈 현실 때문이다. 그러나 낮은 종교 수준으로 내려가는 이 권리, 이와 같은 종교 생활의 활기 없음은 이런 점에서 전혀 도움 받을 것이 없고 성령의 좀더 강력한 내적 활동을 구하는 기도를 불러일으킴에 틀림없다. 여러분처럼 지긋한 나이에 다시 어린 시절로 돌아가는 것은 고통스럽고 퇴보하는 움직임이다. 하나님을 경외하며 그 기능이 분명하고 손상되지 않은 사람은 나이를 먹어 갈 때 유아기의 놀이감으로 돌아가지 않는다.

이 증명에 또 한 가지 반론이 있을 것이며, 나는 이 반론 또한 다루고자 한다. 이 질문은, 참으로 독립적인 삶의 경향이 전적으로 세속적으로 발전된다 해도 자신의 예술 양식을 창조하지 않는가 하는 것일 것이다. 이 반론의 진의를 충분히 이해하자. 이 반론은, 칼빈주의가 미적 의의를 참으로 갖고 있다면 예술의 실천으로 어떤 방향을 제시했어야 하는데, 사실 칼빈주의가 참으로 그렇게 했기 때문에 현재 그런 점이 드러날 것이라고 주장하지 않는다.

이 반론의 요점은 좀더 깊은 것을 거론하며, 먼저 세속적 예술 양식을 파악할 수 있는가 없는가 하는 질문을 제기한다. 그리고 두번째로 그처럼 순전히 세속적인 지배적 예술 양식의 창출을 칼빈주의에게 요구할 수 있었지 않는가 하는 질문을 제기한다.

첫번째 질문에 대한 나의 대답은, 예술사에서 종교와 독립한 그런 전포괄적인 예술 양식의 발흥에 대한 기록이 없다는 것이다. 내 말에 주의하라. 여기서 나는 단일 예술파에 대하여 말하는 게 아니라 모든 예술에 집중적인 영향을 끼치는 예술 양식에 대하여 말한다. 로마의 예술과 르네상스의 예술에 대해서는 이 예술들이 주도적인 종교적 추진력이 없어도 예술 양식에서 전면적인 계시에 도달했다고 어느 정도로 확언할 수 있다. 건축에 관하여 말하면, 로마와 비잔틴 예술의 돔은 종교적 사유의 표현이 아니라 정치적 힘의 표현이다. 돔은 세계 권력을 상징하며, 다른 의미이긴 해도 르네상스가 종교에서 생기지 않았고 시민적 사회적 생활의 영역에서 생겼다고 고백해야 한다.

그런데 르네상스는 이 강의의 세번째 부분에서 좀더 충분히 다루어질 것이다. 여기서 나는 로마의 예술 양식에 관해서 먼저 그리스 예술에서 거의 모든 동기를 빌린 양식이 독립적 특성을 자랑할 수 없다는 점을, 둘째로 로마에서 국가 이념이 종교적 이념과 아주 동일시되어 황제 시대에 예술이 번영의 절정에 도달했지만 Divus Augustus(신격화된 아우구스투스)에게 제물을 태워 드렸던 그 당시에 종교와 역사를 더 이상 개별적 영역으로 본다는 것이 비역사적인 태도라고 대답한다.

그러나 이런 역사적 결과와 무관하게 그런 전포괄적인 예술 양식이 종교 바깥에서 생겨날 가능성이 있었는지 물을 수 있다. 그런 양식의 발흥은 한 민족의 정신적 정서적 생활에서 중심적 동기를 요구한다. 이 동기는 따라서 이 영적 중심에서 가장 바깥의 주변으로 그 영향을 끼친다. 물론 민족의 예술 세계가 지적 사유의 산물이 될 수 있는 것처럼은 아니다. 지적 예술은 예술이 아니며 헤겔이 사유에서 이 끌어내려고 쏟았던 노력은 예술의 본질에 대립했다.

우리의 지적·도덕적·종교적·미적 생활은 자신의 영역을 요구한다. 이 영역은 평행선을 달리며 다른 것에서 하나를 도출하는 것을 허용하지 않는다. 이 사중적 구분으로 외부 세계에 자신을 드러내려고 하는 것은 우리 존재의 신비적 뿌리에 있는 중심적 정서, 중심적 충동, 중심적 생기이다. 예술은 원리의 줄기에 난 곁가지가 아니라 우리의 삶이라는 나무 몸통에서 자라는 독립된 줄기이다.

물론 예술은 우리의 사유 방식이나 우리의 윤리적 본질보다 종교에 훨씬 가까이 결합되어 있다. 하지만 이 네 가지 영역을 포괄하는 개념의 통일성이 어떻게 발생할 수 있는지를 물으면, 유한자에게서 이 통일성이 언제나 유한자가 무한자의 샘에서 나오는 지점에서만 발견되는 것처럼 보인다. 잘 구성된 철학 체계가 아니면 여러분 사유 방식에서는 통일성이 없으며, 무한자의 문제로 올라가지 않는 철학 체계는 없다. 동일한 방식으로 여러분의 내면 실존과 도덕적 세계 질서의 연합에 의하지 않고는 여러분의 도덕적 실존에는 통일성이 없으며, 이 도덕적 세계에서 질서를 구성한 무한한 힘의 영향이 아니고는 파악할 수 있는 도덕적 세계 질서가 없다.

그래서 무한자의 샘에서 흘러나오는 영원한 아름다움에 대한 예술적 영감이 아니고는 예술의 계시에서 통일성을 파악할 수 없다. 그래서 독특한 전포괄적 예술 양식은 우리의 가장 내면적 존재에서 작용하는, 무한자로부터 온 독특한 충동의 결과가 아니고는 일어날 수 없다. 그리고 이는 지성과 도덕과 예술에 대한 종교의 특권이므로, 오직 종교만이 우리의 자기 의식에서 무한자와의 교통을 일으키며 어떤 종교적 원리와 독립하여 세속적이며 전포괄적인 예술 양식에 대한 요청을 일으킨다는 것은 간단히 말해 부조리하다.

예술이 옷에 붙은 가장자리가 아니며 삶에 덧붙은 오락이 아니라 우리의 현실존에서 매우 중대한 힘이라는 것을 이해하라. 그러므로 예술의 주된 변화는 예술적 표현에서 우리의 전생활의 중요한 변화와 밀접한 관계를 유지함에 틀림없다. 그리고 예외없이 전체 인간 실존의 이 중요한 변화가 우리와 하나님의 관계에 의하여 지배되므로, 모든 인간 생활이 하나님 안에 갖고 있는 가장 깊은 뿌리와 독립한다는 것은, 예술이라는 나무 줄기가 나누어지는 이런 분지(分枝)를 생각할 경우, 예술의 타락과 예술에 대한 평가 절하가 아닐까? 따라서 18세기의 합리주의나 1789년의 원리에서는 아무 예술 양식이 생기지 않았다. 그리고 우리의 19세기에게는 그것이 얼마나 심각할 수 있는가. 19세기가 자신의 새로운 예술 양식을 창출하려는 그 모든 노력은 결국 완전히 실패로 끝났으며, 오직 19세기의 예술적 작품은 과거의 불가사의한 업적에 영감을 받을 때 참된 매력을 갖는다.

그래서 적절한 예술 양식이 종교와 독립하여 생길 수 있는 가능성 자체는 부인되어야 한다. 그러나 그렇지 않더라도 칼빈주의에게 그런 세속적 경향을 요구하는 것은 여전히 비논리적일 것이며, 이것이 바로 나의 두번째 논거였다. 하나님의 면전에서 모든 사람과 모든 인간 생활의 죄상을 따지는 데서 그 능력의 기원을 발견한 삶의 운동이, 강력한 예술 영역처럼 지극히 중요한 영역에서 하나님을 떠나 자신의 삶을 위한 충동과 열정과 영감을 가지려고 했다고 어찌 바랄 수 있겠는가?

그러므로 자신의 건축 양식이 없다는 것을 칼빈주의의 예술적 빈곤에 대한 결론적 증거라고 말하는 조롱어린 비난에는 진상의 그림자가 전혀 없다. 칼빈주의는 오직 종교적 원리의 도움을 받아 일반적 예술 양식을 창출했으며, 칼빈주의가 종교적 발달의 훨씬 높은 단계에 도달했기 때문에 그 원리는 가시적 감각적 형상으로 이루어지는 종교의 상징적 표현을 금지했다.

─────────

그러므로 이 물음은 다르게 진술되어야 한다. 그래서 우리는 두번째 요점에 이르게 된다. 이 물음은 칼빈주의가 그 높은 관점에서 더 이상 창출하도록 되어 있지 않은 것, 즉 자신의 전반적 예술 양식을

산출했는가 하지 않았는가가 아니라 예술의 본성에 대한 어떤 해석이
그 원리에서 나오는가이다. 다른 말로 하면, 칼빈주의의 인생관 및
세계관에는 예술을 위한 자리가 있는가? 있다면 어떤 자리인가? 칼빈
주의의 원리는 예술에 대립하는가? 그렇지 않으면 칼빈주의적 원리의
표준으로 판단하면, 예술이 없는 세계는 그 이상적 영역들 가운데 하
나를 잃게 되는가?

　　지금 나는 예술의 남용을 말하는 게 아니라 예술의 용도를 말할
뿐이다. 모든 영역에서 삶은 이 영역의 차원들을 존중하지 않을 수 없
다. 다른 영역으로의 침략은 언제나 불법이다. 그리고 우리의 인간 생
활은 그 모든 기능이 우리의 일반적 발달과 정비례하여 협력할 때에만
좀더 고상한 조화를 획득할 것이다. 지성의 논리는 마음의 감정을 조
롱하지 않을 것이며, 아름다움에 대한 사랑은 분명 양심의 소리를 잠
재우지 못한다. 종교가 아무리 거룩할지라도, 종교는 자신의 경계를
넘어 미신이나 광기나 환상주의로 퇴락하지 않도록 자신의 영역에 머
물러 있어야 한다. 동일하게 양심의 속삭임을 비웃는 예술을 위한 지
나 치 게 넘 쳐 흐 르 는 열 정 은 결 국 그 리 스 인 이 자 신 의
kalokagathos(善美)로 높였던 것과 전혀 다른 추한 부조화에 도달한
다.

　　그러므로 가령 칼빈주의가 여성의 명예에 관하여 모든 거룩하지
못한 연극을 반대하고, 모든 형식이 부도덕한 예술적 향유를 타락으로
낙인찍었다는 사실은 우리의 범주에서 벗어난다. 이 모든 것은 적절하
게 남용을 비난하지만, 합법적 사용의 문제에 도무지 무게를 두지 않
는다. 그리고 칼빈이 예술의 합법적 사용을 반대한 것이 아니라 격려
하고 심지어 권장했다는 것은 그의 말을 보면 바로 입증된다. 성경이
수금과 퉁소를 만든 유발의 장막에서 예술이 맨처음 출현한 일을 언급
할 때, 칼빈은 이 구절이 '성령의 탁월한 선물'을 다룬다고 역점을 주
어 우리에게 상기시킨다. 그는 하나님이 예술적 본능으로 유발과 그

후손을 희귀한 재능으로 부요케 하셨음을 선언한다. 그리고 그는 예술의 창조적 능력이 하나님의 관대하심에 대한 가장 분명한 증거임을 솔직하게 말한다.

출애굽기 주석에서 그는 더욱 힘을 주어 "모든 예술은 하나님으로부터 오며 예술을 하나님의 만드신 것으로 존중해야 한다"고 선언한다. 칼빈에 따르면, 자연 생활의 이 고귀한 것들은 원래 성령님 덕택이다. 가장 사소한 교양 학문뿐만 아니라 가장 중요한 모든 학문에서 하나님께 대한 찬미와 하나님의 영광이 커져야 한다. 예술은 이와 같이 낙담스러운 인생 시기에 우리를 위로하기 위하여 주신 것이라고 그는 말한다. 예술은 저주에 의한 삶과 자연의 부패를 막는다.

칼빈의 동료인 제네바의 코프 교수가 예술을 반대했을 때, 칼빈은 이 어리석은 사람이 좀더 건전한 감각과 이성을 회복하는 대책을 의도적으로 정했다. 제2계명을 근거로 조각을 반대하는 맹목적 편견을 칼빈은 논박할 가치가 없는 것이라고 선언한다. 그는 음악을 마음에 감동을 주고 성향과 도덕을 고상하게 하는 기이한 능력으로 여기고 즐거워한다.

우리의 오락과 향유를 위하여 베푸신 하나님의 탁월한 호의 가운데 예술은 칼빈의 마음에서 가장 높은 자리를 차지한다. 그리고 예술이 대중에게 단순한 오락의 수단으로 전락할 때, 이런 유의 쾌락을 대중에게 막아서는 안 된다고 확언한다. 이 모든 점에서 우리는 칼빈이 온갖 종류의 예술을 하나님의 선물이나 좀더 특수하게는 성령의 선물로 존중했으며, 그가 정서 생활에 예술이 일으킨 심대한 영향을 충분히 파악했으며, 그가 예술을 주신 목적 즉 우리가 예술로써 하나님을 영화롭게 하며 인간 생활을 고상하게 하고 좀더 높은 즐거움의 샘에서 물을 마시며, 심지어 공동의 오락의 샘에서 물을 마실 수 있도록 하는 목적을 바로 이해했으며, 마지막으로 예술을 자연에 대한 단순한 모방으로 결코 보지 않고, 이 죄악되고 부패한 세계가 우리에게 주는 것보

다 높은 실재를 인간에게 열어 보이는 고상한 소명을, 칼빈이 예술에
돌렸다고 말할 수 있다.

그런데 이것이 칼빈의 개인적 해석에 불과하다면, 물론 그의 증거
는 전반적인 칼빈주의에 결론적인 가치를 갖지 못할 것이다. 그러나
칼빈 자신이 예술적으로 계발되지 않았으며 따라서 그가 자신의 원리
에서 이와 같은 간략한 미학[2] 체계를 이끌어내었음에 틀림없다는 것을
우리가 목격할 때, 예술 자체에 대한 칼빈주의적 고찰을 설명했다는
명예를 그에게 돌려도 된다. 이 문제의 핵심으로 곧장 가기 위하여 칼
빈의 마지막 말에서 시작하자: 즉 예술은 이 죄악된 세계가 제공하는
것보다 높은 실재를 우리에게 계시한다.

여러분은 이미 언급한 물음, 즉 예술이 자연을 모방하는가 아니면
자연을 초월하는가 하는 물음을 잘 안다. 그리스에서는 포도나무를 어
찌나 정교하게 그렸던지 새들이 포도나무의 겉모습에 속아 포도를 따
먹으려고 했다. 그리고 이런 자연의 모방은 소크라테스 학파에게 최고
이상이었던 것 같다.

여기에 관념론자들이 너무도 자주 망각하는 진리가 있다. 즉 자연
이 보여 주는 형식과 관계는 모든 현실적 실재의 근본적 형식과 관계
이며 언제까지나 그래야 하며, 자연의 형식과 움직임을 관찰하지 않고
그 소리에 귀기울이지 않고 자의적으로 그 위에 배회하는 예술은 환상
의 미치광이 놀이로 전락한다.

반면에 경험론적 해석이 단순한 모방에 예술의 과제를 국한하는
것만큼 자주 예술에 대한 모든 관념론적 해석은 순전히 경험적인 해석
에 반대하여 정당화되어야 한다. 왜냐하면 그럴 경우 학자들이 단순한

---

2) 미학은 아름다움과 취미에 관한 학문으로 정의할 수 있다. 예술과 예술 비평과
관련된 지식의 분과. 일반적으로 받아들여지는 미학은 없다. 미학에는 세 학파
가 있다: 관능주의 학파(호가르트); 경험론 학파(헬름홀츠); 칸트에서 생긴 관
념론 학파.

관찰과 계산과 정확한 사실 보고에 학문적 과제를 국한할 때 아주 자주 범하는 동일한 실수를 범하기 때문이다. 학문이 현상에서 현상의 내재적 질서에 대한 탐구로, 사람이 이 질서에 대한 지식으로 풍요하게 되어 자연이 혼자서 할 수 있는 것보다 동물과 꽃과 과일의 좀더 고상한 종류를 증식시키는 목적으로 올라가야 하는 것처럼, 예술의 소명은 보이고 들리는 모든 것을 관찰하고 그것을 파악하고 예술적으로 재생산하는 것뿐만 아니라 이 자연적 형식에서 아름다운 것의 질서를 발견하고 이 높은 지식에 의하여 부요롭게 되어 자연의 아름다운 것을 초월하는 아름다운 세계를 만드는 것이다.

그리고 칼빈이 확언한 것이 바로 이 점이다. 즉 예술은 하나님이 우리에게 마음대로 이용하도록 하신 은사를 드러내는데, 이제 죄의 슬픈 결과로서 참으로 아름다운 것이 우리에게서 달아나 버렸다는 것이다. 여기서 여러분의 결정은 세계에 대한 여러분의 해석에 전적으로 달려 있다.

여러분이 세계를 절대적 선의 실현으로 보고 있다면, 더 높은 것은 없으며, 예술은 자연을 베끼는 것말고 달리 소명을 가질 수 없다. 만일 범신론자가 가르치듯, 세계가 느린 과정에 의하여 불완전한 것에서 완전으로 나아간다면, 예술은 장차 올 세상의 한걸음 나아간 국면에 대한 예언이 된다. 그러나 세상이 한때 아름다웠지만 저주로 세계가 못쓰게 되었으며 궁극적 파국에 의하여 낙원의 아름다움을 훨씬 능가하는 완전한 영광으로 이른다고 여러분이 고백하면, 예술은 잃었던 아름다움의 산물로 우리에게 상기시키며 그 완전한 장차의 광채를 기대하게 하는 신비한 과제를 갖고 있다. 그런데 마지막에 언급한 이 내용은 칼빈주의 고백이다.

이는 로마보다 훨씬 분명하게 죄의 끔찍하고 부패하는 영향력을 실현했다. 이리하여 원의(原義)의 아름다움 가운데 있는 낙원의 본질이 좀더 높게 평가받게 되었다. 그리고 칼빈주의는 이처럼 매력적인

기억에 이끌려 외적 자연의 구속이 천상적 영광의 통치에서 실현된다
고 예언했다. 이런 관점에서 칼빈주의는 예술이 우리를 이 죄악된 생
활에서, 그리고 이 생활 뒤에 부요롭고 영광스러운 배경을 발견할 수
있도록 하는 성령의 은사, 현세의 위로라고 존중했다. 예술은 한때 매
우 놀라울 정도로 아름다운 창조의 폐허 옆에 서서, 칼빈주의자에게
원래 계획의 여전히 가시적인 노선과 한 걸음 더 나아가 최고의 예술
가와 장인적 건축가께서 언젠가 원창조의 아름다움을 새롭게 하고 풍
부하게 하실 찬란한 회복을 가리킨다.

　그래서 이런 주된 요점에서 칼빈의 개인적 해석이 칼빈주의적 고
백과 전적으로 일치한다면, 이는 문제가 되는 다음 요점에 적용된다.
하나님의 주권이 칼빈주의에게 변할 수 없는 출발점으로 남아 있다면,
예술은 악한 자에게서 나올 수 없다. 왜냐하면 사탄은 모든 창조력이
결핍되어 있기 때문이다. 사탄이 할 수 있는 것은 하나님의 선한 선물
을 악용하는 것뿐이다. 예술은 사람에게서 나올 수 없다. 왜냐하면 피
조물로서 인간은 하나님이 그에게 마음대로 쓰라고 주신 능력과 은사
를 활용할 수밖에 없기 때문이다. 하나님이 여전히 주권자이시면, 예
술은 하나님이 최고 예술가로서 이 세계를 존재하게 하셨을 때 아름다
운 것으로 정하신 규례를 지키는 일이 없이는 아무런 매력을 갖출 수
없다.

　더 나아가 하나님이 여전히 주권자이시면, 원하시는 자에게 첫째
로 아벨의 후손이 아닌 심지어 가인의 후손에게 이런 예술적 재능을
주신다. 마치 예술이 가인적인 것인 양 주시는 것이 아니라, 칼빈이
아주 아름답게 말하는 것처럼, 범죄하여 최고의 은사를 내버린 자가,
적어도 예술의 낮은 은사에서 하나님의 관대함을 어느 정도 증거하도
록 하기 위하여 주신다. 예술적 능력, 예술적 재능 자체가 인간 본성
에 자리잡을 수 있다는 것은 우리가 하나님의 형상을 따라 지음을 받
았기 때문이다.

실제 세계에서 하나님은 모든 것의 창조자이시다. 참으로 새로운 것을 생산하는 능력은 오직 하나님의 것이며, 따라서 하나님은 언제나 창조적인 예술가이시다. 하나님으로서 그분만이 원래의 예술가이며 우리는 오직 그의 형상을 가진 자일 뿐이다. 하나님을 흉내내어 그리고 하나님이 창조하신 것을 흉내내어 창조하는 우리의 능력은 오직 예술의 비현실적 창조에만 있을 수 있다. 그래서 우리는 우리의 모양으로 하나님의 손으로 만드신 것을 흉내낼 수 있다.

우리는 건축 기념물에서 일종의 우주를 창조한다. 조각에서 자연의 형상을 장식한다. 그림에서 선과 빛깔로 생동감을 얻는 삶을 재생한다. 음악과 시에서 신비적 영역을 불어넣는다. 그리고 이 모든 것은 아름다움이 우리 자신의 환상의 산물이나 우리의 주관적 지각의 산물이 아니라 신적 완전의 표현으로서 객관적 실존을 갖고 있기 때문이다. 하나님은 창조 이후에 모든 것이 좋은 것을 보셨다. 모든 인간의 눈이 닫히고 모든 인간의 귀가 막히더라도 아름다움은 여전히 남고, 하나님이 그것을 보고 들으시는데, 이는 '그의 영원한 능력'뿐만 아니라 그의 '신성'이 창조로부터 영적으로나 신체적으로 자연물에서 파악되었기 때문이라고 생각해 보라.

예술가는 자신에게서 이것을 파악할 수 있다. 자신의 예술 능력이 심미안을 갖고 있는데 달려 있음을 예술가가 깨달으면, 필연적으로 시원적인 심미안이 하나님 안에 있다는 결론에 이르게 된다. 그분의 예술 능력은 모든 것을 산출하고, 그분의 형상을 따라 사람들 가운데 예술가가 만들어졌다.

우리는 이것을 주변의 창조계에서, 우리를 덮는 궁창에서, 자연의 넘치는 화려함에서, 사람과 동물 안에 있는 풍요한 형상에서, 시냇물의 흐르는 소리에서, 나이팅게일의 노래에서 안다. 왜냐하면 이 모든 아름다움이, 자신의 존재에서 아름다운 것을 미리 아신 분에 의하여 창조되고 그분의 신적 완전에서 산출됨이 없이, 어떻게 존재할 수 있는가?

그래서 우리는 하나님의 주권과 우리가 하나님의 모양을 따라 지음 받은 것이 필연적으로 칼빈이 채택하고 우리의 예술적 본능이 여전히 인정하는 예술의 기원과 본성과 소명에 대한 저 높은 해석에 도달한다는 것을 안다. 소리의 세계, 형상의 세계, 빛깔의 세계, 시적 착상의 세계는 하나님 외에 다른 원천이 있을 수 없다. 그리고 하나님의 형상을 가진 자로서 이 아름다운 세계를 파악하고 예술적으로 재생하고 인간답게 그것을 누리는 것은 우리의 특권이다.

그래서 나는 세번째이자 마지막 요점에 도달한다. 우리는 자신의 예술 양식이 없음이 칼빈주의에 대한 반론이 되기는커녕 반대로 칼빈주의의 좀더 높은 발전 단계를 가리킨다는 것을 발견했다. 그 다음에 우리는 예술의 본성에 대한 해석이 칼빈주의적 원리에서 얼마나 고상하게 흘러나오는지 고찰했다. 이제 우리는 칼빈주의가 원리와 실천에서 예술의 진보를 얼마나 고귀하게 권장했는지 보자.

그리고 여기서 먼저 나는 교회의 후견 역할에서 예술을 해방시킴으로써 처음으로 그 대부분을 인정한 것이 칼빈주의였다는 중요한 사실에 여러분의 관심을 촉구한다. 나는 르네상스가 동일한 경향을 갖고 있었음을 부인하지 않지만, 르네상스에서는 이것이 이교적인 것에 대한 매우 편향된 선호와, 기독교적인 이상보다 이교적 이상에 대한 열정에 의하여 손상되었다. 반면에 칼빈은 기독교적 이상을 굳게 고수하고 다른 개혁주의자보다 훨씬 날카롭게 모든 이교적 영향을 반대했다.

하지만 좀더 옛적의 기독교 교회를 정당하게 다루기 위하여 여기서 좀더 충분한 설명이 필요하다. 기독교는 그리스 로마 세계에 모습을 드러내었는데, 이 세계는 철저히 도덕적으로 추하게 되었지만 여전히 높은 문명과 예술적 광채로 호감을 주었다. 그러므로 기독교는 원리에 원리를 대립시키기 위하여, 처음부터 그 당시에 지배적인 예술에 대한 과대 평가를 반대하고, 그래서 이교주의가 마지막 발작으로 아름다운 세계의 매력으로 행사하고 있던 위험스러운 영향을 부수지 않을 수 없었다.

그러므로 이교와의 투쟁이 생사를 건 투쟁이었던 동안, 기독교와 예술의 관계는 적대적인 관계가 될 수밖에 없었다. 이런 처음 시기에 곧 이어서, 훨씬 심하고 거의 야만적인 게르만족이 대단히 문명화된 로마 제국에 유입되었고, 이들이 급속히 세례를 받고 나자, 권력의 중심이 이탈리아에서 북부 알프스를 넘어 점차 옮겨가면서 일찍이 8세기에 교회는 전체 유럽에 대한 거의 독점적인 패권을 가지게 되었다. 이런 배열 덕택에 교회는 수세기 동안 고상한 인간 생활의 후견자가 되었고, 그후 교회가 이 고양된 과제를 고상하게 포기했으므로 종교적 혐오나 당파적 편견이 그 당시 교회가 달성했던 영광스러운 결과를 더 이상 문제 삼지 않게 된다.

말 그대로 그 당시의 모든 인간적 발전은 교회에 전적으로 의존했다. 학문과 예술은 교회의 보호를 받지 않고는 번창할 수 없었다. 그리고 여기서 특별히 기독교적인 예술이 생겼다. 이 예술은 처음의 열정으로 최소한의 형상과 빛깔과 색조로 최대한의 영적 본질을 구현하려고 했다. 그레고리우스의 사슬로 음악을 옥죄고, 펜과 끌로 피조물을 갈망했고, 대성당의 건물에서만 참으로 숭고한 것을 얻고 불멸의 명예를 거두었던 것은 자연에서 베낀 예술이 아니라 하늘의 영역에서 불러온 예술이었다.

반면에 모든 교육적 후견인 역할은 사멸된다. 올바른 정신을 가진 후견인은 할 수 있는 대로 빨리 자신의 후견인 역할을 없애려 한다. 그리고 자신의 통제력을 연장하려고 하는 사람은 심지어 자신의 보호가 다다를 데까지 이른 후에도 자연스럽지 못한 관계를 창출하고 자신의 후견인 역할을 저항의 유인으로 만든다. 그러므로 북 유럽의 맨처음 교육이 완성되고 교회가 여전히 전체 생활 영역에 절대적 홀을 계속 휘둘렀을 때, 네 개의 큰 운동이 많은 다른 측면에서 시작되었다. 즉 예술 영역의 르네상스와 정치 분야의 **이탈리아 공화주의**와 학문의 **인문주의**와 핵심적으로 종교의 **종교개혁**이다.

의심할 나위 없이 이 네 운동은 서로 상이하고 어떤 경우에는 상충하는 원리에서 그 추진력을 얻었지만, 다음 한 가지 요점에서는 모두 일치했다. 즉 그들은 교회의 보호에서 탈출하고 자신의 원리에 일치하게 자신의 생활을 창출하려고 했다. 그래서 16세기에 이 네 가지 힘이 계속 조화를 이루며 활동했던 것은 전혀 놀랍지 않다. 그 어떤 지나친 후견인 역할에도 지쳐서 어떻게 하든지 좀더 자유로운 발전을 향하여 서둘러 나아가고, 따라서 옛 후견인이 강한 힘으로 성숙성의 선언을 철회하려고 했을 때, 이 네 힘이 격렬하게 저항하며 자유를 얻을 때까지 단념하지 말자고 서로 격려했던 것은 자연스러운 일이다.

이 사중적 동맹이 없이는 교회의 보호는 전 유럽에 계속 되었을 뿐만 아니라 일단 반란이 시작되자 그 통치는 이전보다 더욱 극악하고 참을 수 없는 것이 되었다. 이 협력 덕택에 담대한 시도가 영구한 승리를 획득했으며, 연합된 힘으로 전투자들은 정치와 종교뿐만 아니라 예술과 학문을, 성숙성을 전적으로 향유할 수 있는 영구한 영광을 얻었다.

이런 근거에서 칼빈주의가 예술이 아니라 종교를 자유롭게 했고, 예술의 해방이라는 명예는 전적으로 르네상스의 몫이라고 확언하는 것은 공정하겠는가? 나는 르네상스가 승리에 대하여 자신의 몫을 주장할 권리가 있으며 특별히 예술이 그 놀라운 산물로 자신의 자유를 옹호하도록 자극하는 한 그럴 권리가 있음을 즉시로 인정한다. 이런 표현을 써도 된다면, 하나님이 미적인 천재를 그리스인에게 심으셨으며, 큰 즐거움 가운데 그리스의 천재들이 발견한 예술의 근본 법칙을 다시 환호함으로써 예술은 독립적 실존을 내세울 수 있었다. 하지만 이 자체로는 바라던 해방을 성취하지 못했을 것이다. 왜냐하면 그 당시의 교회는 고전 예술 자체를 결코 반대하지 않았기 때문이다. 반대로 교회는 르네상스를 환영했고 기독교 예술은 잠시도 주저하지 않고 르네상스가 제공하는 가장 좋은 것으로 자신을 풍요하게 했다.

소위 킨케켄토(cinquecento), 즉 절정기 르네상스에서 브라만테와 다빈치와 미켈란젤로와 라파엘로는 매우 독특하고 모방할 수 없어 적수가 없는 예술의 보화를 로마교의 대성당에 쌓았다. 그래서 옛적의 끈이 교회와 예술을 계속 연합시켰고, 이 자체는 영구적 후견 관계를 수립했다. 예술의 진정한 해방은 좀더 강력한 힘이 필요했다. 원리적으로 교회는 자신의 영적 영역으로 돌아가지 않으면 안 되었다. 예술은 지금껏 거룩한 영역에 국한되었기 때문에 이제 사회 생활에서 그 모습을 드러내야 했다. 그리고 교회에서 종교는 좀더 높은 영적 수준으로 올라간 다음 생명을 불어넣는 호흡이 온 세상을 활기 있게 하도록 상징적인 옷을 벗어 던져야 했다.

폰 하르트만이 참으로 지적하듯이, "한편 예술가에게 특별히 종교적인 예술을 박탈하지만 다른 한편으로 그에게 대신 종교적으로 생기를 띠게 할 온 세상을 주는 것은 순수히 영적인 종교이다." 그런데 루터가 확실히 그런 순수하고 영적인 종교를 **원했지만**, 그것을 **최초로 파악한 것은 칼빈주의**이다. 처음에 칼빈주의의 고무시키는 추진력 아래서 우리 조상들은 **교회의 광채** 즉 교회의 외적인 광채를 벗어던지고 교회의 막대한 소유물을 내던졌다. 예술은 이 소유물에 의하여 재정적으로 속박되었다.

그리고 인문주의가 이처럼 압제적이고 자연스럽지 못한 사태에 반발했지만, 자신의 자원만으로는 근본적 변화를 일으킬 소망을 결코 가질 수 없었다. 가령 에라스무스만 해도 그렇다. 그 당시의 전투에서 승리는 단순한 비판으로 종교적 자유를 위한 전쟁을 수행한 사람에게 있지 않고, 오직 좀더 높은 종교적 발전 단계에 서서 상징적 종교

자체를 극복한 사람에게 있었다. 그러므로 우리는 승리를 얻도록 영적
으로 불러일으킨 추진력을 진작하고 지치지 않는 인내로 예술을 포함
한 모든 인간 생활에 대한 교회의 부정당한 보호를 끝낸 것은 칼빈주
의였다고 담대하게 확언한다.

　반면에 나는, 칼빈주의가 그때 인간 생활과 인간 예술에 대한 깊
은 해석에 도달하지 않았더라면 이 결과가 순전히 우연이었을 것이라
고 즉시로 인정한다. 빅토르 에마누엘의 통치 시기에 이탈리아가 가리
발디[3]의 도움을 받아 자유롭게 되었을 때, 해방의 날은 중부 이탈리아
와 남부 이탈리아에서 발도파(Waldensians)를 위하여 동텄으나, 레
갈란투오모도 가리발디도 발도파를 생각지 못했다. 그래서 칼빈주의는
인간 자유를 위한 투쟁에서 의도는 없었으나 자신의 원리 덕택에 지금
까지 예술을 포로로 잡아 두었던 끈을 끊을 수 있었다. 그러므로 나는
두번째 요인을 설명하지 않을 수 없다. 이 요인만이 사안을 판단한다.
나는 이미 여러번 칼빈주의의 '일반 은총' 교리의 중요한 의의에 여러
분의 관심을 촉구했는데, 물론 예술에 관한 이 강연에서도 나는 이 교
리를 다시 언급하지 않을 수 없다.

　교회에 속해야 하는 것이 신앙의 직인을 갖고 있음에 틀림없다면,
그러므로 참된 **기독교** 예술은 신자에게서만 나올 수 있다. 반대로 칼
빈주의는 모든 교양 학문(liberal arts)이 하나님이 신자든지 불신자
든지 차별 없이 주시는 선물이며, 역사가 보여 주듯이 이 선물이 거룩
한 영역 바깥에서도 널리 번창했다는 것을 우리에게 가르쳐 주었다.
칼빈은 이렇게 썼다. "하나님의 빛의 광채가 하나님의 성도보다 믿지
않는 백성 가운데 더욱 찬란하게 빛났다." 그리고 이는 물론 제시된
사물의 질서를 완전히 뒤집는다. 만일 당신이 예술의 높은 향유를 중
생에 국한시킨다면, 이 선물은 오직 신자의 몫이며, 교회적 특성을 가

---

3) Garibaldi. 이탈리아의 애국자이며 해방가, 1807-1882.

짐에 틀림없다. 그런 경우에 이는 **특별 은혜**의 산물이다.

　그러나 경험과 역사의 손에서 최고의 예술적 본능이 자연적 은사이며 일반 은총 덕택에 인간 본성에 계속 빛났다는 것을 확신하게 된다면, 예술이 신자와 불신자에게 공히 영감을 줄 수 있으며, 하나님이 주권자로서 선하시고 기뻐하시는 대로 그것들을 이교 나라와 기독교 나라에 나눠주신다는 결론이 분명하게 나온다. 이는 예술에만 적용될 뿐만 아니라 인간 생활의 모든 자연적 표현에도 적용되며, 초기에 이스라엘과 다른 나라를 비교해 보면 설명된다.

　거룩한 것에 관한 한 이스라엘은 선택받았다. 그리고 이스라엘은 모든 나라보다 복을 받았을 뿐만 아니라 모든 나라 가운데 홀로 서 있다. 종교의 문제에서 이스라엘은 큰 몫을 받았을 뿐만 아니라 오직 이스라엘만 진리를 갖고 있었고, 다른 모든 민족 심지어 그리스인과 로마인도 거짓의 굴레 아래 매여 있었다. 그리스도는 부분적으로 이스라엘에 속하고 부분적으로 열방에 속하지 않으신다. 그리스도는 오직 이스라엘에 속하신다. 구원은 유대인에게 속한다.

　그러나 이스라엘이 종교의 영역에서 빛을 내는 만큼, 예술과 정치와 상업과 무역의 발달을 주변 나라의 경우와 비교할 때는 그만큼 뒤처졌다. 성전의 건물은 이교 나라에서 이스라엘로 히람이 와야 했다. 그리고 결국 하나님의 지혜가 보인 솔로몬은 이스라엘이 건축에서 뒤처졌고 바깥에서 도움을 받아야 한다는 것을 알았을 뿐만 아니라 친히 유대인의 왕으로서 히람이 오는 것을 부끄러워하지 않았다. 그는 이를 하나님의 자연적 규례로 인식한다.

　그래서 칼빈주의는 성경과 역사의 근거에서, 성소가 모습을 보이는 곳마다 모든 불신의 열방이 바깥에 서 있지만, 그래도 그들의 세속 역사에서 그들이 하나님에 의하여 특별한 소망을 하도록 부르심을 받고, 자신의 존재에 의하여 현상의 긴 연쇄에서 필요 불가결한 고리를 형성한다는 고백에 도달했다. 인간 생활의 모든 표현은 피와 유전에서

특별한 성향을 요구하며, 자연적 환경과 기후적 영향뿐만 아니라 운명
과 우연에 대한 적절한 적응이 그 발전에 이바지할 수 있다. 이스라엘
에서는 이 모든 것이 하나님의 계시로 받아야 할 거룩한 유업에 맞춰
졌다.

그러나 이스라엘이 종교를 위하여 택함을 받았다면, 이는 그리스
도인이 철학의 영역을 위하여 예술의 계시를 위하여 똑같이 선택받은
것과 로마인이 법률과 국가의 영역에서 고전적인 발전을 위하여 선택
받은 것을 결코 막지 못했다. 예술 생활도 잠정적인 발전과 이후의 전
개를 거치지만, 좀더 활기찬 발전을 확보하기 위하여 무엇보다도 이상
적 존재의 변할 수 없는 근거가 드러나도록 중심에 분명한 자기 의식
이 필요했다.

예술로서 그런 현상이 오직 한번에 이런 자기 계시에 도달하며,
한때 그리스인에게 허용된 그 계시는 여전히 고전적이며 색채를 주며
영구적으로 잠들어 있다. 그리고 좀더 나아간 예술 발전은 좀더 새로
운 형식과 좀더 풍부한 재료를 추구할 것이지만, 원래 예술의 본성은
그대로 남는다. 그래서 칼빈주의는, 하나님의 은혜로 그리스인이 예술
의 시원적 민족이며 이 고전적인 발전 덕택에 예술이 독립적 실존에
대한 권리를 획득했으며, 예술이 종교의 영역에서도 빛을 확실히 내어
야만 하지만, 교회의 나무에 의존적 의미에서 접붙임을 받아서는 결코
안 된다는 것을 고백할 수 있을 뿐만 아니라 그렇게 고백하지 않을 수
없었다.

그래서 예술이 다시 발견된 근본적 노선으로 돌아가므로, 르네상
스는 칼빈주의에 죄악된 영향으로 제시되지 않고 하나님이 정하신 운
동으로 제시되었다. 그리고 칼빈주의 자체는 순전히 우연으로 르네상
스를 격려하지 않았고, 자신의 가장 깊은 원리에 따라 분명한 의식과
명확한 목적을 가지고 격려했다.

그래서 단순히 칼빈주의가 로마의 교직제에 반대한 데서 본의 아니게 생긴 결과로서 동시에 예술의 해방을 장려하지 않을 수 없었다는 것은 의문의 여지가 없다. 반대로 칼빈주의는 이 해방을 요구했으며, 자신의 영역 안에서 자신의 세계관 및 인생관의 결과로서 그 해방을 실현하지 않을 수 없었다. 타락 이후의 세계는 이제 교회에게 전투를 계속할 수 있는 위치를 허용할 운명에 처할 수밖에 없는 잃어버린 행성이 아니다. 그리고 인류는 선민을 낳는 목적에만 이바지할 뿐 달리는 목적 없는 사람들의 무더기가 아니다.

반대로 이제 세계는 처음 때와 마찬가지로 하나님의 강력한 활동을 위한 무대이며, 인간은 여전히 그 손의 창조물이다. 이 창조물은 구원과 상관없이 여기 땅에서 이 현재 경륜 아래서 강력한 과정을 완성하며, 그 역사적 발전에서 전능하신 하나님의 이름을 영화롭게 해야 한다.

이 목적을 위해 하나님은 이 인간을 위하여 온갖 삶의 표현을 정하셨으며, 그 가운데서 예술은 아주 독립적인 위치를 차지한다. 예술은 학문이나 정치나 종교 생활이나 심지어 계시가 비출 수 없는 창조의 규례를 드러낸다. 예술은 자신의 뿌리로 자라고 꽃피우는 나무이다. 그리고 이 나무가 잠정적인 도움을 요구했을 것이며 처음에 교회가 아주 탁월하게 이런 도움을 제공했던 것을 부인하지 않고서, 칼빈주의적 원리는 땅의 이 나무가 결국 혼자 서서 온갖 방면으로 그 가지를 활기차게 뻗을 힘을 얻어야 한다고 주장했다.

그래서 칼빈주의는, 그리스인이 처음에 예술이라는 나무의 성장을 지배하는 법칙을 발견한 만큼 예술의 모든 진보된 성장과 새로운 추진력을 자신들의 맨처음 고전적인 발전에 결합시킬 자격이 있었는데 이는 그리스에서 멈추거나 비판없이 이교적 형식을 채택하기 위함이 아니라고 고백했다.

학문처럼 예술은 자신의 기원에서 꾸물댈 수 없으며, 더욱 풍부하게 발전하고 동시에 좀더 이전의 나무에 그릇되게 얽혀 있던 것을 모두. 자신에게서 제거해야 한다. 오직 자신의 성장 및 생명의 법칙은 일단 발견되었다면 영원히 예술의 기본 법칙으로 남아 있어야 한다. 바깥에서 부가되는 법칙이 아니라 자신의 본성에서 솟아나오는 법칙이다. 그래서 예술은 온갖 부자연스런 끈을 풀고 자연스런 모든 끝에 결합됨으로써 해방의 유지를 위하여 필요한 내적인 힘을 발견해야 한다. 그러므로 칼빈은 예술과 학문과 종교를 서로 나누지 않는다.

반대로 칼빈이 원하는 것은 이 세 가지 핵심적 세력 모두가 모든 인간 생활에 침투해야 한다는 것이다. 전체 우주를 샅샅이 생각하기 전에는 쉬지 않는 학문이 있어야 한다. 인간 생활의 모든 영역에 침투하기 전에는 가만히 앉아 있을 수 없는 종교가 있어야 한다. 또한 인생의 단일 부분을 무시하지 않고서 자신의 찬란한 세계로 종교를 포함한 인간 생활의 전체를 받아들이는 예술이 있어야 한다.

예술 영역의 광범위한 확장을 이처럼 제안함으로써 나의 마지막 요점 즉 칼빈주의가 실제로 구체적인 의미에서 예술 발전을 진전시켰다는 점을 소개하도록 하겠다. 예술 영역에서 칼빈주의가 마술사의 역할을 할 수 없었고 자연적 자료만 가지고 활동할 수 있었던 것은 상기할 필요가 거의 없다. 이탈리아인은 스코틀랜드인보다 음악적으로 더 나은 음성을 갖고 있으며, 독일인은 네덜란드인보다 노래에 대하여 좀더 열정적인 충동에 이끌린다는 사실은, 예술이 칼빈주의의 지배권뿐만 아니라 로마의 지배권 아래서도 판단해야 할 자료이다. 이는 왜 단순히 민족적 특성의 차이 때문인 것을 가지고 칼빈주의를 비난하는 것이 논리적이거나 솔직하지 못한지를 설명하는 부인할 수 없는 사실이다.

사실, 유럽 북부의 나라들에서 칼빈주의가 ― 마술을 부리거나, 공기돌이나 아무 돌이면 몰라도 ― 땅에서 산출할 수 없었고, 그러므로 풍부한 자연석을 필요로 하는 조각과 건축이, 찰흙과 진흙으로 이루어진 네덜란드와 같은 나라보다 채석을 얼마든지 하는 나라에서 좀 더 신속하게 발전되었던 것은 아주 명백하다.

그러므로 전자의 나라에서는 시와 음악과 그림이 모든 자연적 자료와 가장 독립된 세 가지 자유 예술이다. 그렇다고 해서 플랑드르와 화란의 시청이 건축 장착물 가운데 자신의 건물을 명예로운 자리에 두지 못한다는 뜻은 아니다. 루뱅과 미델부르크와 안트위프와 암스테르담이 화란 예술이 돌로 이룬 업적을 여전히 증거한다. 그리고 안트위프와 침묵공 윌리엄의 무덤에서 쿠엘리누스(Queliuns)와 데 케이제르스(De Keyzers)가 새긴 조상(彫像)들을 본 사람은 우리의 조각 예술가들의 능력을 의심하지 못한다. 그러나 이는 우리의 시청 스타일이 칼빈주의가 네덜란드에 등장하기 오래 전에 발견된 것이며 그 스타일이 후대에 발전될 때 칼빈주의의 것으로 상기시킬 수 있는 단일 특징을 전혀 드러내지 못한다는 반론에 빠진다. 칼빈주의는 그 원리 덕택에 대성당과 궁정과 원형 극장을 세우지 않았으며 조각된 장식물로 이 거대한 건물의 빈 벽감을 채울 수 없었다.

실로 예술에 관한 칼빈주의의 공로는 다른 데서 발견할 수 있다. 객관적인 예술이 아니라 재정적 후견에 의존하지 않고 대리석 채석장이 필요없이 인간 마음에서 자발적으로 일어나는 좀더 주관적인 예술에서만 그 공로를 발견할 수 있다. 이 문맥에서 나는 시에 관하여 더 이상 언급할 수 없다. 그 목적을 위해서는 화란 문학의 보화를 여러분에게 보여 주어야 하지만, 우리 화란어가 좁은 경계에 갇혀 있어서 화란의 시가 넓은 세계에 소개되지 못했다. 자신의 시를 세계적인 것으로 만들 수 있는 이런 특권은 수많은 사람이 사용하는 그 언어가 국제적 교류의 수단이 되는 좀더 큰 나라에게만 있다.

그러나 작은 나라에게는 언어의 영역이 협소하지만, 눈은 국제적이며, 귀로 듣는 음악은 모든 사람의 마음에서 이해된다. 그러므로 우리가 예술의 발전과 번영에 미친 칼빈주의의 영향을 추적하기 위하여, 국제적인 의미에서 두 가지 주관적이며 독립적인 예술 즉 **그림**과 **음악**에 국한하도록 하자.

이제 이 두 예술에 대하여, 칼빈주의 시대 이전에 이 두 예술이 민족들의 공동 생활 위로 높이 솟아올랐고 오직 칼빈주의의 영향을 받아 국민의 훨씬 풍부한 생활로 내려갔다고 말할 수 있다.

그림에 관해서는, 16-17세기에 솔과 조각침으로 만든 화란의 작품들을 상기하면 된다. 여기서는 렘브란트의 이름만 들어도 여러분의 마음의 눈앞에 예술 보화의 온세계를 펼쳐 놓기에 충분하다. 모든 나라와 대륙의 박물관은 그의 작품 몇 점을 획득하려고 온갖 노력을 다해서 서로 경쟁하고 있다.

여러분 나라의 거래 중개인이라도 엄청난 수입을 버는 미술 학교에 경의를 표한다. 그리고 오늘날에도 전세계의 대가들은 가장 효과적인 모티브와 최고의 예술 경향을 그 당시 전혀 새로운 미술파로서 세계의 찬탄을 요구했던 것에서 빌려 오고 있다. 물론 이 말은 모든 화가가 개인적으로 충실한 칼빈주의자였다는 뜻이 아니다. 로마의 영향을 받아 번성했던 초기 미술 학교에서 '보편적 선'은 매우 드물었다.

그런 영향력은 개인적으로 작용하지 않고 주변과 사회에, 지각과 표상과 사유의 세계에 인상을 남겼다. 그리고 이런 다양한 인상의 결과, 미술 학교가 모습을 나타낸다. 그리고 이런 의미에서 화란 미술 학교에서 과거와 현재의 대립은 명백하다. 이 시기 이전에는 국민은 고려하지 않았다. 보통 사람보다 우월한 사람만 주목할 만한 사람으로 간주되었다. 즉 교회와 사제, 기사와 군주의 높은 세계만 그러했다.

그러나 그 이후 국민이 성숙해졌고, 칼빈주의의 보호를 받아 후대 민주주의 생활을 예언하는 그림 예술은 맨 처음으로 국민의 성숙성을 선언했다. 가족은 교회에 부가물로 끝나지 않았으며 독립적 의미에서 그 지위를 확언했다. 일반 은총의 빛에 의하여 교회 외적 생활이 높은 중요성과 다면적인 예술 모티브를 소유했다. 사람들의 일반 생활은 계급 구분에 의하여 수세기 동안 가려졌다가 숨어 있던 곳에서 신세계처럼 온갖 진실한 실재성을 갖고 나타났다.

이는 우리의 통상적인 지상 생활의 광범위한 해방과 자유를 위한 본능이었으며, 이리하여 이 해방과 자유는 민족들의 마음을 사로잡고 오랫동안 맹목적으로 무시되었던 보화를 향유하는 즐거움을 그들에게 불러일으켰다. 테인(Taine)조차도 자유에 대한 칼빈주의의 사랑에서 예술 영역으로 나아갔던 축복의 찬양을 울렸다. 그리고 역시 칼빈주의에 동조의 뜻을 전혀 밝히지 않았던 카리에르(Carriere)는 칼빈주의만이 자유로운 예술이 번성할 수 있는 들을 갈 수 있었다고 큰 소리로 선언한다.

게다가 거저 주시는 은혜에 의한 선택이라는 개념이 겉보기에 작고 사소한 것에 숨어 있는 중요성에서 흥미로운 예술을 향하여 적지 않게 기여했다는 점이 자주 지적되어 왔다. 세상이 별로 관심을 기울이지 않는 평범한 사람이 하나님에 의하여 선민 가운데 하나로 가치 있게 되고 택함을 받는다면, 이리하여 예술가는 일반적인 일상 사건에서 자신의 예술적 연구를 위한 동기를 발견하고, 그 안에서 인간 마음의 정서와 사안에 관심을 기울이며 자신의 예술적 본능으로 그들의 이상적 충동을 파악하며, 마지막으로 널리 세상을 위하여 펜으로 자신이 발견한 소중한 것을 해석하기에 이르지 않을 수 없다.

심지어 어리석고 심각한 사치도 단순히 혁명으로서 그리고 인간 생활의 현현으로서 예술 작품을 위한 인간 마음의 동기가 되었다. 사람은 악에서 벗어나려고 또한 자신의 어리석음의 형상을 보일 수 있었다. 지금까지 예술가는 선지자와 사도의, 성인과 사제의 이상화된 형상을 캔버스 위에서만 추적해 왔다.

그러나 이제 하나님이 자신을 위한 짐꾼과 노동자를 어떻게 택하셨는지 보면서 예술가는 세상 사람의 머리와 모습과 전체 개성에 관심을 가질 뿐만 아니라 모든 계급과 지위에 대한 인간적 표현을 재생하기 시작했다. 그리고 지금까지 모든 사람의 눈이 '슬픔의 사람'(예수)의 고통에만 지속적으로 고정되었을 때, 이제 어떤 사람은 지금까지 인간 마음의 측량할 길 없는 깊음을 드러내고, 그리하여 골고다의 신비스러운 고뇌의 훨씬 심오한 깊이를 더욱 잘 헤아릴 수 있게 하여, 사람의 전반적인 비애에서 신비스러운 고통이 있음을 이해하기 시작했다. 교회 권력은 더 이상 예술가를 속박하지 못했으며 왕의 황금이 예술가를 더 이상 족쇄에 채우지 못했다.

  예술가도 사람으로서 사람들 가운데 자유롭게 섞여 지내며 그들의 인간 생활 속과 그 배후에서 궁궐과 성이 지금까지 자신에게 주었던 것과 다른 것, 즉 가장 날카로운 눈이 추측했던 것보다 훨씬 더 고귀한 것을 발견했다. 테인이 아주 중요하게 말하는 것처럼, 렘브란트에게 인간 생활은 어두컴컴한 색조 뒤에 자신의 얼굴을 숨기지만 그런 명암 배합[4]에서도 인생에 대한 그의 파악 능력은 매우 사실적이며 의미 심장했다.

  그러므로 칼빈주의가 열방의 마음에 일깨웠던 사람들의 성숙성과 자유 사랑에 대한 선언으로 말미암아, 일반적이지만 풍부한 생활이 예술에 전혀 새로운 세계를 열었으며, 화란의 미술파는 작고 사소한 것을 알아보는 눈을 열고 인간의 슬픔에 대하여 마음을 열므로 이 새로 발견된 세계의 풍부한 내용에서 여전히 그 불멸의 명성을 지니며 모든 나라에 새로운 정복으로 나아가는 길을 보여 준 이 놀라운 예술 작품을 캔버스에서 일구어 냈다.

  마지막으로, 칼빈주의가 음악에 대하여 갖는 의의에 관하여, 우리

---

4) Chiaroscuro. 라틴어 'clarus'(분명한)와 'oscuro'(모호한)에서 나온 말. 이는 그림에서 빛과 그늘의 혼합을 뜻한다.

는 그다지 널리 알려지지 않았지만 매우 중요한 탁월한 음악 하나를 우리는 접한다. 두엔(Douen) 씨가 10년 전에 마로(Marot)에 대한 2권의 두꺼운 저서로 이를 우리에게 가르쳐 주었다. 여기서 음악과 그림은 나란히 달린다. 교회적 귀족적 시대에서 문필의 대가의 관심을 끈 것이 고상하고 거룩한 것이었듯이, 음악에서도 그레고리우스의 평범한 성가가 지배적이었다. 이 성가는 리듬을 버리고 화음을 무시했으며, 한 전문 비평가에 따르면 일시적으로 보수적인 특성에 의하여 음악의 좀더 깊은 예술적 발전을 가로막았다. 이 거만한 성가의 저 아래, 백성들의 자유로운 노래가 흘렀다.

애석하게도 이 백성들의 노래는 소위 '당나귀 축제'의 시대에 교회 직분자를 크게 분하게 만들었지만, 교회의 벽도 침투해 들어갔고, 트렌트 공의회가 처음으로 금지하기에 이를 만큼 혐오감을 일으키는 장면도 가끔 있는 비너스 숭배에서 영감을 받은 경우가 많았다. 교회만이 음악을 만들 수 있는 특권을 가졌으며, 반면에 백성들이 만든 것은 예술의 위엄에 끼지 못하는 것으로 무시되었다.

소예배당에서도 백성들은 거룩한 음악을 듣기만 했지 찬송에 참여하지 못했다. 그래서 예술로서 음악은 독립된 위치를 거의 갖추지 못했다. 오직 음악이 교회에 봉사할 수 있는 한, 예술적으로 번성할 수 있었다. 음악이 스스로 책임을 지고 떠맡은 일은 무엇이든지 일반인의 용도를 넘어서지 못했다. 그리고 인생의 모든 부문에서 일반적으로 개신교가 교회의 보호를 억제시켰으며 특별히 칼빈주의가 더욱 일관되게 그렇게 했던 것처럼, 개신교는 음악을 해방시키고 음악이 현대에 찬란하게 발전하도록 문을 열었다.

처음으로 칼빈주의 찬송을 위하여 시편 음악을 작곡한 사람들은 교회의 전통 성악에 사람들을 얽어 매었던 줄을 끊고 음악의 자유로운 세계에서 선율을 선택한 용감한 영웅이었다. 확실히 그들은 이런 일을 함으로써 백성들의 선율을 택했지만, 두엔이 올바르게 지적하듯이, 그렇게 한 것은 이 선율들을 기독교적으로 진지하게 순화하여 백성들에게 다시 돌려 주려 함이었다.

또한 이제부터 음악은 특별 은혜의 좁은 한계 안이 아니라 일반 은총의 넓고 비옥한 밭에서 번창할 것이었다. 찬양대가 거부되었다. 성전에서 사람들이 노래를 부르고, 그러므로 부르주아[5]와 그를 따르던 칼빈주의의 대가들은 대중의 선율을 뽑아 쓰지 않을 수 없지만, 그러나 이런 목적을 염두에 두고서 그렇게 했다. 즉 이제 사람들이 살롱이나 거리에서 노래하지 않고 성전에서 노래하고, 그래서 그들의 선율로 마음의 진지함이 저급한 열정의 열기를 이기도록 하려는 목적을 염두에 두었다.

이것이 칼빈주의의 일반적 공로, 좀더 정확하게 말해서 칼빈주의가 평신도의 개념을 밀어내고 신자 일반의 제사장됨의 개념을 끌어들임으로써 음악의 영역에서 일으킨 변화라면, 역사적 정확성을 위해서 훨씬 구체적인 설명이 요구된다. 부르주아가 개신교의 유럽에서 가장 저명한 작곡가 가운데서 으뜸의 자리를 계속 차지하도록 하는 작품을 쓴 위대한 대가라면, 부르주아가 칼빈이 보는 앞에서 심지어 부분적으로 그의 지도를 받으면서 제네바에서 살고 일했던 것 역시 주목할 가치가 있다.

대중의 음악에서 리듬을 택하여 그레고리우스의 여덟 음계를 장조와 단조의 두 음계로 바꾸고, 거룩한 찬송시로 음악의 예술을 거룩하게 하여 그런 장단의 음악적 배열에 명예를 안겨다 준 것도 다름 아닌

5) Loys Bourgeois. 1510년 파리에서 태어나 1541년 칼빈을 따라 제네바에서 가서 교회의 'chartre'(문서)가 되었다. 그는 맨 처음 '시편 작업자'의 한 사람이었다. 그러나 '대위법' 시편을 더욱 많이 소개하기를 바랐기 때문에 칼빈과 그의 교회 재판소와 갈등을 빚었고 1557년 파리로 돌아왔다. 그는 리용(1547)과 파리(1554)에서 '사성부' 시편을 출판했다. 또한 「음악의 정당한 길」(Le droit chemin de musique)(1550)을 썼다.

부르주아였다.

이 음악적 배열에서 모든 현대 음악이 나왔다. 그처럼 부르주아는 화음이나 몇 가지 성부의 노래를 채택했다. 그는 표현(expression)이라는 것으로 선율과 구절을 결부시켰던 인물이었다. 음악의 지식을 지극히 단순화시킨 솔페지오(solfeggio), 즉 도레미파 연습, 화음수의 축소, 몇몇 전음계의 좀더 분명한 구분은 이 칼빈주의 작곡가의 인내 덕분이다. 그리고 그의 칼빈주의자 동료인 구디멜(Goudimel)[6]이 로마에서 위대한 팔레스트리나의 선생으로, 교회에서 사람들의 찬송을 듣고, 아이들의 높은 소리가 지금까지 주도하던 테너를 압도하는 것을 발견했을 때, 처음으로 소프라노에 주도 성부를 할당했다. 이는 지금까지 유지되어 왔던 막대한 영향력의 변화였다.

잠시동안 이처럼 세세한 것을 지적하느라 시간이 가서 미안하다. 그러나 음악에 나타난 개신교의 공로, 좀더 구체적으로는 칼빈주의의 공로는 너무 높아서 오랫동안 아무런 반대 없이 존중을 받았다. 칼빈주의가 성숙성의 선언에 의하여, 그리고 몇몇 예술에게 각각 독립하여 번성할 수 있는 자유를 허용함으로써 몇몇 예술에 영향력을 행사했지만, 음악에서는 하나님께 대한 신령한 경배 덕분에 칼빈주의의 영향이 매우 긍정적이었다는 점을 나는 충분히 인정한다.

이 신령한 예배는 좀더 감각적인 예술의 여지를 허용하지 않고 사람들을 위한 선율과 노래의 창작에 의하여 노래와 음악에 새로운 역할을 할당했다. 옛 학교가 음악의 좀더 새로운 발전에 합류하기 위하여 어떤 일을 했든지, 현대 음악은 교회의 전통적 성악에 부자연스러운

---

6) Claude Goudimel. 1505년 혹은 1510년에 프랑스 베상콩에서 태어남. 1540년 경에 그는 음악학교를 열었다. 팔레스트리나가 한때 그의 학생이었다는 것은 사실이 아니었다. 그는 종교개혁의 종교를 받아들이고 리용에서 정착해 살다가 1572년 성 바돌로뮤 대학살의 밤에 죽임을 당했다. 그는 시편에 음악을 붙였으며(1562) 지금도 사용되는 곡을 발표했다.

것으로 남아 있었다. 왜냐하면 현대 음악은 전혀 다른 뿌리에서 나왔기 때문이다. 반면 칼빈주의는 좀더 새로운 음악의 발전에 합류했을 뿐만 아니라 부르주아와 구디멜의 지도력 아래서 이 음악 발전에 맨처음 추진력을 부여했다. 그래서 로마 가톨릭 저자조차도 지난 세기와 금세기에 우리의 아름다운 음악 발전이 대체로 이단적 교회 찬송 덕택에 생겼다는 점을 시인하지 않을 수 없었다.

후대에 칼빈주의가 이 영역에서 거의 모든 영향력을 잃었던 것은 부인할 수 없다. 오랫동안 재세례파가 이원론적 편견으로 우리를 압도했으며, 불건전한 영성주의가 편만했다. 그러나 그런 이유로 우리의 위대한 음악 역사를 전혀 무시하고, 로마가 칼빈주의를 미적으로 둔감하다고 비난할 때, 성 바돌로뮤의 대학살에서 로마교의 환상주의가 위대한 구디멜을 학살했던 것을 상기하는 것이 좋다. 이 사실은 시사하는 바가 많다. 왜냐하면 우리는 자연스럽게 두엔과 함께 질문하게 되기 때문이다: 자기 손으로 나이팅게일을 잡아 죽인 사람이 숲이 고요하다고 불평할 권리가 도대체 있는가?

여섯번째 강연

칼빈주의와 미래

미국에서 강연을 하는 주된 목적은, 칼빈주의가 배타적으로 교리적이며 교회적인 운동을 표상한다는 그릇된 개념을 불식시키기 위함이었다.

칼빈주의는 분명 교회 질서에서 멈추지 않았고 삶의 체계로 확장되었으며, 교의적 형성에 그 힘을 소진하지 않았고, 인생관 및 세계관을 창출했다. 그리고 그런 세계관은 인생의 모든 부문에서 인간 발전의 각 단계의 필요에 부응할 수 있었고 지금도 부응할 수 있다. 칼빈주의는 우리의 기독교를 최고의 영적 탁월함으로 격상시켰다.

칼빈주의는 국가 연합의 예조가 된 교회 질서를 창출했다. 학문의 수호 천사였다. 예술을 해방시켰다. 유럽과 미국에서 입헌 정부를 탄생시킨 정치 구도를 보급했다. 농업과 산업, 상업과 항해를 진작시켰다. 철저히 기독교의 인(印)을 가정 생활과 가족 유대에 찍었다. 높은 도덕 표준을 통하여 사회 집단에 순수성을 장려했다. 그리고 이런 여러 가지 결과를 위해 자신의 지배적 원리에서 엄밀하게 도출되어 전적으로 자신의 것이 된 근본적인 철학적 개념을 교회와 국가, 사회와 가정 영역 아래 두었다.

본래 이는 모방적 복고(repristination)의 개념을 배제한다. 그리고 필그림 파더즈의 후손뿐만 아니라 옛 화란 칼빈주의의 후손들이 해야 할 일은, 칼빈주의가 화석인 양 여기고 과거를 베끼는 것이 아니라 칼빈주의라는 식물의 살아 있는 뿌리로 돌아가 그 뿌리를 깨끗하게 하고 물을 주어 그 뿌리에 움이 돋게 하고, 이제 이 현대에서 벌어지는 우리의 현실 생활에 충분히 일치하며 다가올 시대의 요구에 부응하여 다시 한번 꽃을 피우도록 하는 것이다.

이리하여 나의 마지막 강연의 주제는 바로 이것이다. 미래의 필요에 의하여 요구되는 새로운 칼빈주의적 발전.

사회학 학도라면 누구나 시인하겠지만, 이 미래에 대한 전망은 밝은 색채로 우리에게 펼쳐지지 않는다. 나는 보편적 사회 붕괴의 전야에 있다고까지 말하지 않으려 한다. 시대의 징조가 불길하다는 것은 부인할 여지가 없다. 확실히 인류는 자연과 그 세력을 통제하여 막대한 수익을 매년 얻는 중이며, 아무리 대담하게 상상해도 이런 전망으로 다음 반세기에 인류가 획득하게 될 힘이 얼마나 될지 예언할 수 없을 정도이다. 이 결과, 삶의 안락함이 점증하고 있다. 세계의 교류와 통신은 점점 빠르고 광범위해지고 있다.

최근에 잠자고 있던 아시아와 아프리카는 점차 동요하는 삶의 좀 더 큰 영역으로 이끌려 들어가고 있다고 느낀다. 위생학 원리는 스포츠의 도움을 받아 점점 영향력을 크게 행사한다. 따라서 우리는 신체적으로 이전 세대보다 더 강하다. 우리는 더 오래 산다. 그리고 외과학은 우리의 신체 생활을 위협하고 괴롭히는 결함과 불구와 싸우면서 이룬 업적으로 우리를 놀라게 한다. 간략하게 말해서 삶의 물질적 가시적 측면은 미래에 가장 그럴듯한 약속을 내보인다.

그러나 불만의 소리가 들리며, 생각하는 사람은 불안을 억누를 수 없다. 왜냐하면 물질적 사물을 아무리 높이 친다고 해도 그것들이 인

간으로서 우리의 실존을 완전히 채우지 못하기 때문이다. 인간과 시민
으로서 우리의 개인 생활은 우리를 둘러싸는 안락함이나 우리를 외부
세계와 연결시키는 신체에 있지 않고 내적으로 우리를 움직이는 영혼
에 있다. 그리고 이 내면적 의식에서 우리는 외부 생활의 이상한 발달
이 어떻게 해서 결국 영적인 것의 심각한 위축에 도달하는가를 더욱더
고통스럽게 의식하고 있다. 시와 문필의 예술은 사유와 반성의 능력이
아닌 듯이 정지 상태였다.

　반대로 경험 과학은 그 어느 때보다 찬란한 업적을 이루고 보편적
지식은 계속 범위를 크게 하며 퍼지며, 가령 일본의 문명은 너무 급속
한 업적에 의하여 눈이 현란할 지경이다. 그러나 지능이 지성을 구성
하지 않는다. 인격성은 우리 내면 존재의 숨은 은신처에 더욱 깊이 자
리잡고 있다. 그곳에서 성격이 형성되며, 열정의 불꽃이 피며, 도덕의
기초가 놓이고, 사랑의 꽃이 움트며, 거기서부터 헌신과 영웅적 태도
가 생기며, 무한자를 위한 느낌에서 시간에 매인 우리의 실존이 영원
의 문으로 뻗는다. 이와 같은 인격성의 자리에 관하여 우리는 궁핍과
퇴보와 화석화에 대한 불평을 도처에서 듣는다. 이런 질병 상태가 퍼
지는 것은 아르투르 쇼펜하우어와 같은 정신의 발흥을 설명한다.

　그리고 그의 비관주의적 교설의 광범위한 수용은 이 치명적인 열
풍이 이미 삶의 영역을 얼마나 한탄스러울 정도로 태웠는지를 보여 준
다. 참으로 톨스토이의 노력은 인격의 힘을 보여 주지만, 그의 종교적
사회적 이론은 인류의 영적 퇴보에 저항하는 전체 노선을 따르는 항거
이다. 프리드리히 빌헬름 니체[1]는 신성모독적인 비웃음으로 우리를 화
나게 할 것이며, 그밖에도 '초인'에 대한 그의 요구가 있다. 그러나
그것은 인간의 마음이 영적으로 수척해지고 있다는 비통한 의식에 의

---

1) F. W. Nietzsche, 1844-1900. 독일 철학자로 미친 상태로 죽었다. 「차라투
　스트라는 이렇게 말했다」의 저자.

하여 인류의 마음에서 쥐어 짜어 나오는 절망의 외침이 아닌가? 사회 민주주의는 현존하는 사물의 질서가 불충분하다는 것에 대한 하나의 거대한 항거가 아니고 무엇인가?

심지어 무정부주의와 허무주의는 현존 조건의 부담을 계속 지기보다 모든 것을 허물고 전멸시키고자 하는 사람이 수천이나 있다는 것을 너무도 분명하게 입증한다. 「민족의 타락」(*Decadenz der Völker*)의 독일인 저자는 미래에 부패와 사회적 파멸말고 아무것도 기록하지 않는다. 심지어 건전한 생각을 가진 솔즈베리 경도 최근에 격식을 갖추지 못한 장례 준비가 이미 이루어지고 있는 민족과 국가에 관하여 말했다.

사회적 진단이 '핵심까지 썩었다'는 판단만 내릴 수밖에 없는데도 불구하고, 삶의 외적 찬란함이 그처럼 눈을 현란하게 했을 때 우리의 시대와 로마 제국의 황금 시대가 얼마나 자주 비교되지 못했던가. 그리고 아메리카 대륙의 좀더 젊은 세계에서 비교적 건전한 삶의 경향이 늘어가는 유럽보다 편만하긴 하지만, 이는 잠시라도 사유하는 지성을 오도하지 못할 것이다. 여러분이 독립하여 어떤 인류를 형성하지 못하고 인류라는 큰 몸의 지체이듯이, 여러분이 밀폐되어 옛 세계와 단절하는 것은 불가능하다. 그리고 독약이 일단 한 점에서 체계에 들어갔으면, 적당한 시간이 흐르면 필연적으로 온 몸에 퍼진다.

이제 우리가 직면하는 심각한 질문은 사회 생활의 높은 국면이 자연적 진화에 의하여 현재의 영적 퇴락에서부터 발전할 것이라고 기대할 수 있는가 하는 것이다. 역사가 이 물음에 제공하는 질문은 전혀 힘이 되지 못한다. 인도와 바벨론과 이집트와 페르시아와 중국과 그 밖의 곳에서 활기찬 성장의 시대 다음에 영적 쇠락의 시대가 이어졌다. 그러나 이 지역 가운데 한 곳에서도 하락의 과정이 결국 좀더 높은 사물을 향한 운동으로 끝난 경우는 없다. 지금까지 이 모든 나라는 영적 침체를 계속 겪어 오고 있다.

오직 로마 제국에서만 끝간데 없는 풍기 문란의 어두운 밤이 좀더 높은 생활의 여명에 의하여 무너졌다. 그러나 이 빛은 진화를 통하여 생기지 않았다. 그것은 갈보리의 십자가에서 비쳤다. 하나님의 그리스도가 나타나셨고, 오직 그의 복음에 의해서 그 시대의 사회는 어떤 파멸에서 구원받았다.

그리고 또한 중세가 끝날 무렵 유럽은 사회적 붕괴의 위협을 받았으며, 죽음으로부터의 두번째 부활과 새로운 활력의 현현은 이제 종교개혁의 사람들 가운데서 증거되었다. 그러나 이 시대는 진화의 방법이 아니라 마음이 갈급해하고 이전과 달리 그 진리가 거저로 선포된 복음으로 말미암아 생겼다. 그러므로 해체의 징후가 무덤의 비통함을 이미 제시하는데, 역사는 현재의 경우 죽음으로부터 삶의 진화를 우리가 기대하도록 하는 무슨 선례를 제공하는가? 참으로 7세기에 마호메트는 그리스도보다 더 위대한 두번째 메시야로서 열방에 그 모습을 드러냄으로써 레반트 도처에 죽은 뼈 가운데서 동요를 일으키는 데 성공했다.

그리고 확실히 베들레헴의 그리스도보다 뛰어난 영광을 가진 다른 그리스도의 출현이 가능하다면, 도덕적 부패를 치유하는 약이 있다. 그래서 실로 어떤 사람들은 다시금 자신의 생기의 힘을 열방의 심장 혈관에 주입할 어떤 영광스러운 '보편적 영'의 출현을 간절히 고대하고 있었다. 그러나 그런 어리석은 환상에 더 오래 머물 이유가 무엇인가? 하나님이 주신 그리스도를 능가하는 것이 있을 가능성은 없다.

그리고 우리가 고대하는 것은 둘째 메시야가 아니라 갈보리의 그리스도의 재림이다. 이때 심판을 위하여 그 손에 채를 들고 계시며, 이는 우리의 죄로 저주 받은 삶에 새로운 진화의 길을 여시는 게 아니고 삶의 종착점에서 세계사를 받고 엄숙하게 종결지으시기 위함이다. 그러므로 이 재림은 가까우며, 우리가 증거하고 있는 것은 인류의 죽음의 고통이다. 혹은 회춘은 여전히 우리를 위하여 남아 있다. 그러나 그렇다면 그 회춘은 이전의 것이지만 계속 새로운 복음으로 말미암아

올 수 있다. 이 복음은 우리 시대의 초기에, 그리고 또 종교개혁 시대에 인류의 위협 당한 삶을 구원했던 복음이다.

하지만 현 상황의 가장 놀라운 특색은 우리의 병든 몸에 한탄스럽게도 감수성이 없다는 것이다. 이 병든 몸은 필연적으로 저주를 일으킨다. 그리스 로마 세계에는 그런 감수성이 존재했다. 마음은 자발적으로 진리를 받아들이려고 열렸다. 종교개혁 때는 이 감수성이 훨씬 강했다. 그 시대에는 많은 사람들이 복음을 갈구했다. 지금처럼 그때는 몸이 빈혈로 시달렸고 심지어 혈관 중독이 시작되었다. 그러나 유일하게 효과적인 해독제를 싫어하지 않았다.

그런데 우리의 퇴락을 앞의 두 퇴락과 구별짓는 것은, 대중에게서 복음에 대한 감수성이 쇠퇴하는 반면에 과학자에게서 그 복음에 대한 적극적인 혐오가 증가한다는 바로 그 점이다. 하나님이신 그리스도 앞에 무릎을 꿇으라는 초대는 빈정대는 답변이 아니라면 종종 어깨를 으쓱하는 몸짓을 만난다. "어린이와 늙은 여자에게는 맞지만 우리 남자들에게는 맞지 않아." 이 시대를 장악한 현대 철학은 스스로 기독교를 벗어났다고 생각한다.

그러므로 무엇보다도 이런 과정에서 우리에게 어떤 것이 왔는지에 대하여 답해야 한다. 이 물음은 오직 올바른 진단을 내려야 효과적인 처리를 할 수 있다는 사실에서 최고의 중요성을 얻는다. 이제 역사적으로 악의 원인은 다름 아닌 앞 세기의 말엽을 특징지었던 영적 타락에 있다. 이 타락의 책임은 의심할 나위 없이 부분적으로 종교개혁의 교회를 포함하여 기독교 교회에 있다. 이 종교개혁의 교회는 로마와의 투쟁에서 지쳐 잠들어 버리고, 잎과 꽃이 가지에서 마르도록 하고, 인류와 인간 생활의 전 영역에 관하여 자신의 의무를 현저히 망각하게 되었다.

이를 좀더 풍부히 다룰 필요는 없다. 지난 세기의 말엽에 갈수록 삶의 전반적인 경향은 근본적으로 생기 없고 뻔하고 저열하고 비천하게 되었다. 그 시대의 탐독 문학이 그 증거를 보여 준다. 이에 대한 반발로, 이신론과 무신론의 철학자들이 처음에는 영국에서, 그러나 후에는 주로 프랑스의 백과사전 학파에서, 새로운 기초에 전체 생활을 두고, 현존하는 사물의 질서를 뒤집고, 인간 본성이 부패하지 않은 상태에서 시작한다는 가정에서 새로운 세계를 정리하자는 제안을 냈다. 이 개념은 영웅적이며 각성된 반응이었다. 이는 인간 마음의 몇몇 가장 고상한 심금을 울렸다.

그러나 1789년 대혁명에서 이는 가장 위험한 형태로 실행되었다. 왜냐하면 이 강력한 혁명에서 정치적 조건뿐만 아니라 심지어 확신과 이념과 관례의 이 대격변에서 두 가지 요소를 구별해야 하기 때문이다. 첫번째 측면에서 이는 칼빈주의의 모방이었으며, 다른 측면에서 이는 칼빈주의의 원리와 정면으로 대립했다. 대혁명이 로마 가톨릭 국가에서 일어났다는 것을 잊어서는 안 된다. 이 나라에서는 처음에 성 바돌로뮤의 밤에, 그 다음에 낭트 칙령의 폐지에 의거하여 위그노들이 학살당하고 추방당했다. 프랑스와 로마 가톨릭 나라에서의 이 격렬한 개신교 압제 이후, 고대 독재주의가 상승했고, 이 나라들에서 종교개혁의 모든 열매가 사라졌다.

이는 칼빈주의의 회화화를 통하여 외적인 폭력으로 자유를 위해 투쟁하고 유사 민주주의적 사태를 수립하려는 시도를 불러일으키고 강요했다. 이런 유사 민주주의적 사태는 독재 체제로의 복귀를 막으려는 것이었다. 그래서 프랑스 혁명은 폭력으로 폭력을, 범죄로 범죄를 맞섬으로써 칼빈주의가 나라들 가운데 순전히 영적 운동의 과정에서 선언하고 시도한 동일한 사회적 자유를 실현하려고 했다. 이리하여 프랑스 혁명은 어떤 의미에서 하나님의 심판을 수행했으며, 그 결과 칼빈주의자에게도 즐거워할 이유를 준다. 드 콜리니의 망령은 마자스

(Mazas)의 9월의 살인으로 복수를 했다.

　　그러나 이는 동전의 한면에 불과하다. 이면은 건전한 칼빈주의적 자유 이념과 정면으로 대립하는 목적을 드러낸다. 칼빈주의는 삶에 대한 매우 진지한 개념 덕택에 사회적 윤리적 유대를 강화하고 신성화했다. 프랑스 혁명은 그 유대를 느슨하게 하고 완전히 풀어 버려, 삶을 단지 교회뿐만 아니라 하나님의 규례와 심지어 하나님 자신에게서 격리시켰다. 그후로 개인으로서 사람은 자신의 자유 의지와 선한 즐거움에 이끌려 자신의 주와 주인이 될 것이었다. 삶의 과정은 지금까지보다 더욱 빠르게 매진하게 되겠지만, 더 이상 하나님의 계명의 노선을 따르지 않게 되었다. 난파와 폐허말고 무슨 결과가 있을 수 있었겠는가? 오늘날 프랑스에서 대혁명의 근본 이념이 공포에 절어 자유로운 지배의 첫세기 후에 내놓은 것이 무엇인지 탐구해 보라. 그러면 국가적 부패와 사회 문란에 관한 아주 가엾은 이야기가 대답으로 나온다.

　　프랑스는 라인 저편의 적에게 굴욕을 당하고, 내부적으로 파당적 맹위에 의하여 분열되고, 파나마 운하와 더욱이 드레퓌스 사건으로 불명예를 입고, 포르노그라피와 경제 퇴조의 희생으로 망신을 당하고, 인구가 정체 아닌 감소하는 가운데, 이 분야의 의학 권위자인 가르니에르(Garnier) 박사가 잘 말했듯이, 이기주의에 의하여 혼인의 가치를 추락시키고 욕망으로 가정 생활을 파멸시키게 되었고, 오늘날처럼 남녀가 자연스럽지 못한 성 범죄에 빠져서 메스꺼운 정경을 광범위하게 드러낸다.

　　나는 프랑스에 수십만 가정이 질책을 당하지 않을 만큼 잘살고 있으며 자기 나라의 도덕적 파멸을 심히 근심하고 있음을 안다. 그러나 이들은 혁명의 거짓된 구실을 저항했던 집단이다. 반면에 거의 짐승처럼 된 집단은 볼테르주의의 첫번째 공격에 굴복했던 자들이다.

　　프랑스에서 이 해산의 정신, 이 광기어린 해방의 열정은 특별히 악명높게도 외설적인 문학을 매개로 하여 다른 나라로 퍼졌고 그들의 삶을 전염시켰다. 그 당시 특별히 독일의 고상한 사람들은 프랑스에서 얼마나 심각한 불의가 확대되었는지 파악하고 '하나님으로부터의 해방'이라는 이 매혹적이고 강제적인 이념을 좀더 높은 형식으로 실현하면서도 그 본질은 유지하는 대담한 시도를 감행했다. 일급 철학자들은 거만한 행렬을 이으며, 각각 사회적 윤리적 관계에 군건한 토대를 회복시키기 위하여 노력하는 우주론을 구축했다. 어떤 이는 자연법의 기초에 그 관계를 둠으로써, 어떤 이는 자신의 사색에서 발전된 이상적 기층(基層)을 그 관계에 줌으로써 그리했다.

잠시 이 시도는 꽤 성공할 기회를 잡은 듯했다. 왜냐하면 이 철학자들은 자신의 체계에서 무신론적으로 하나님을 추방하기보다 범신론에서 피신처를 찾았고, 그래서 프랑스와 달리 자연 상태나 개인의 원자론적 의지가 아니라 무의식적으로 최고의 목적으로 향하는 경향이 있는 역사의 과정과 종족의 집단적 의지에 사회 구조를 구축하는 것을 그럴 듯하게 만들었다. 그리고 사실상 반세기 이상 이 철학은 삶에 어떤 안정성을 부여했다. 그 체계 안에 참된 안정성이 내재했던 것이 아니라 독일의 수립된 법질서와 강력한 정치 제도가 다른 경우라면 즉시로 붕괴했을 건물의 벽에 전통이라는 간접적인 버팀목을 제공했기 때문이다.

하지만 그렇더라도 이는 독일에서 붕괴를 막을 수 없었으며, 도덕 원칙은 점점 개연적인 것이 되었고, 도덕적 기초는 더욱 불안전하게 되어 실증법의 권리말고는 인정을 받지 못했다. 그리고 독일과 프랑스의 발전이 서로 아주 다르다 해도, 둘은 전통적 기독교에 대한 혐오와 거부에서 일치했다. 볼테르의 "악당을 제거하라"는 이미 그리스도에 대한 니체의 독신적 발언에 의하여 멀리 밀려났으며, 니체는 우리 시대의 젊은 현대 독일인이 가장 탐독하는 저서를 쓴 저자이다.

그러므로 이런 방식을 따라 적어도 유럽에서 우리는 과거 유럽의 기독교적 전통과 근본적으로 단절하는 소위 **현대** 생활에 도달했다. 이 현대 생활의 정신은 인간의 기원을 하나님의 형상으로 된 창조에서 찾지 아니하고 동물로부터의 진화에서 찾는 사실에서 가장 뚜렷한 특징을 드러낸다. 두 가지 근본 개념이 이 속에 분명히 함축되어 있다. (1) 출발점은 더 이상 이상적인 혹은 신적인 것이 아니라 물질적이고 저급한 것이다. (2) 마땅히 최고여야 할 하나님의 주권은 부인되고, 인간은 무한한 과정 즉 **무한한 퇴보**와 **진보**의 신비적 흐름에 자신을 내맡긴다.

이 두 가지 상상력 풍부한 이념의 뿌리에서 이중적 생활 유형이 이제 발전되고 있다. 한편 좀더 세련된 지성에 의해서만 도달할 수 있는 대학 집단의 흥미롭고 부요롭고 아주 유기적인 생활과, 그 이면에 좀더 정확하게 말하면, 그 아주 아래 쾌락을 추구하지만 자신의 방식대로 물질에서 출발점을 취하며 자신의 냉소적인 방식을 따라 모든 고정된 규례에서 스스로 해방되는 대중의 물질주의적 생활이 그것이다. 특별히 점점 팽창하는 우리의 대도시에서 두번째 유형의 생활은 우위를 차지하고 있으며 국가 행정 구역의 발언권을 무시하며 후속하는 각 세대마다 좀더 노골적으로 불경건한 성품을 인정하는 여론을 형성하고 있다. 돈과 쾌락과 사회 권력만이 추구 대상이다. 그리고 사람들은 계속 자신을 안정하게 만드는 수단에 관하여 점점 관대해지고 있다.

그래서 양심의 소리는 더욱 들리지 않으며, 프랑스 혁명 전야에조차 이상의 광채를 비쳤던 안목의 정욕이 무디어지고 있다. 모든 고상한 열정의 불꽃은 꺼졌고, 사그라든 모닥불만 남았다. 지루한 생활 가운데서 낙담한 사람들이 자살로 피신처를 찾지 못하게 할 수 있는 것이 무엇인가? 휴식의 건강한 영향을 받지 못하는 뇌는 너무 자극을 많이 받고 과도하게 사용되어, 요양소는 정신 이상자를 수용할 공간이 부족하기에 이르렀다. 재산이 도둑질과 동의어가 아닌지 점점 심각하게 논의되는 물음이 된다. 삶이 더욱 자유롭게 되고 혼인이 점점 더 구속력을 잃게 되어야 한다는 것은 확립된 명제 위에 더욱 더 수용되고 있다. 일부 일처제라는 대의는 더 이상 위하여 투쟁할 가치가 없다. 왜냐하면 일부 다처제와 일처 다부제가 사실주의적 예술파 및 문학파의 모든 작품에서 체계적으로 미화되고 있기 때문이다.

물론 종교는 이와 조화를 이루면서, 삶을 우울하게 만들므로 필요 없는 것이라고 치부된다. 그러나 무엇보다도 예술은 그 이상적 가치를 위해서가 아니라 감각을 즐겁게 하고 중독시키기 때문에 요구된다. 그래서 사람들은 시간 속에서 그리고 현세적인 것을 위하여 살며, 영원의 종소리에 귀를 닫는다. 전체 인생관을 구체적이고 집중되고 실제적인 것으로 만들려는 억누를 수 없는 경향이 있다. 그리고 이 현대화된 개인 생활에서 의회주의의 퇴락과 독재자에 대한 점점 강해지는 욕구와 빈곤 상태와 자본주의의 첨예한 대립으로 특징지워지는 사회 및 정치 생활이 등장한다.

반면에 재정적 파탄을 감수하고서라도 땅과 바다에서 중무장하는 것이 영토 확장을 위한 열망으로 약소국을 위협하는 이 강대국의 이상이 되고 있다. 강한 자와 약한 자의 갈등이 점차로 삶의 지배적 특징으로 발전해 오고 있다. 이 특징은 **생존 투쟁**이라는 핵심적 이념을 가지고 이와 같은 대립의 주요 동기가 되는 다윈주의에서 생겼다. 비스마르크가 이 이념을 좀더 높은 정치학에 도입했기 때문에 강자의 권리라는 준칙이 거의 보편적으로 수용되었다. 우리 시대의 학자와 전문가는 점점 대담하게 일반 사람이 권위에 복종해야 한다고 요구한다.

그리고 결국, 다시 한번 건전한 민주주의 원리가 추방되면 이제 좀더 고상한 이상을 가지고 탄생하는 새로운 귀족주의가 아니라 잔인한 돈의 권력이라는 조잡하고 거만한 강자 통치의 시대가 자리잡을 여지가 있을 뿐이다. 니체는 결코 예외가 아니며, 그 전령으로서 현대 생활의 미래를 선언한다. 그리고 그리스도께서는 하나님의 긍휼로 약한 자에게 동정심을 드러내어 마음을 얻으셨지만, 이런 측면에서 현대 생활은 약자 대신 강자가 자리를 차지해야 한다는 정반대의 근거를 택한다. 그들은, 그것이 우리를 존재하게 하는 선택의 과정이었고 그런 것이 우리 안에 그리고 우리 이후에 궁극적 결과를 틀림없이 이루는 과정이라고 말한다.

반면에[2] 위에서 지적했듯이, 현대 생활에는 좀더 고상한 기원에서 나오는 곁가지 물결이 흐른다는 것을 잊지 말아야 한다. 도덕적 분위기의 불편한 한기에 몸을 움츠리고, 널리 퍼진 이기주의의 잔인함을 경고하면서, 부분적으로는 이타주의로, 부분적으로는 감정의 신비한 의식으로, 부분적으로는 심지어 기독교의 이름으로 삶에 새로운 온기를 넣으려고 노력했던 고결한 사람들이 생겼다. 그러나 프랑스 혁명의 학파를 따라 기독교 전통과 결별하려 하면서, 경험론과 합리론의 출발점 외에 다른 아무 출발점을 시인하지 않으려는 태도에서 이 사람들은 칸트처럼 형편없는 이원론을 받아들임으로써 그들의 원리의 치명적 결과에서 도피하려고 했다.

그들이 자신의 이론으로 상세히 설명하고, 시(詩)로 구체화하고, 감동적인 소설로 우리의 상상력에 나타나게 하고, 윤리학 논문으로 우리의 의식에 추천하고, (우리가 잊지 말아야 하듯이) 진지한 삶의 추구 가운데서 자주 실현된 많은 고귀한 이념을 위한 영감을 바로 이 이원론에서 끌어들였던 것이 분명하다. 그들에게는 지성과 나란히 양심이 그 권위를 유지했으며, 그 인간의 양심은 하나님에 의하여 매우 부요로운 것을 받았다(geïnstrumenteerd). 이 사람들의 활기찬 주도권 덕택에 수많은 사회학적 탐구와 실천적 척도가 생겼다.

이 탐구와 척도는 아주 많은 고통을 진정시키고 완화시켰으며, 이상적인 이타주의에 의하여 많은 사람의 마음에 이기심을 부끄럽게 한

---

2) 이 문단은 원래 화란어를 따라 고친 것이다.

다. 그 가운데 어떤 사람은 신비주의에 대한 개인적인 성향을 갖고 있기에 영혼의 내면 생활을 비판의 모든 제한에서 해방시킬 권리를 주장했다. 그들에게 무한자 안에서 자신의 자아를 상실하고 내면 생활의 가장 깊은 곳을 통하여 무한자의 시내가 굽이치는 것을 느낀다는 것은 바람직한 경건을 뜻했다.

다른 사람들은 ― 특별히 신학자들은 ― 그들의 선례나 직위나 학자적 지위 때문에 기독교에서 덜 벗어났지만, 그리스도가 현대화된 인간 마음의 최고 이상으로서 인류의 보좌에서 계속 빛나도록 하려고 이런 이타주의와 신비주의에 빠져 그리스도를 심각하게 변형시키는 데 전념했다. 이런 노력은 진지함에 영감을 받고 자신의 의도에 의하여 고무되어 슐라이어마허로부터 리츨[3]까지 추적할 수 있다.

그러므로 그런 사람을 멸시하는 사람은 부끄럽게 될 뿐이다. 오히려 우리는 그들이 구원하려고 노력했던 것을 감사해야 한다. 또한 비슷하게 기독교적 정신으로 쓴 인물 소설로 비천한 많은 것을 반박하고 아주 많은 고귀한 보석을 보살핀 고상한 열망을 가진 여성들에게도 감사해야 한다. 심지어 심령술도 오류로 가득 차 있지만 비판에 의하여 파멸된 영원한 세계와의 접촉이 이상(異像)을 통하여 다시 수립될 수 있다는 매혹적인 소망에서 추진력을 종종 얻었다. 불행하게도 이 윤리적 이원론이 대담하게 구상되고 이 신비주의가 아무리 대담한 변형에 몰두했지만, 언제나 그 뒤에는 지성이 구상한 자연주의적 합리주의적 사유 체계가 숨어 있었다.

그들은 우리 신앙의 비정상주의에 맞서 자신의 우주론의 정상적 특징을 극구 칭찬했다. 그리고 기독교는 원리와 현현 양태에서 비정상론적이지만 필연적으로, 우리의 최고 인물들이 옛 복음주의 신앙보다 심령술뿐만 아니라 회교와 쇼펜하우어나 심지어 불교를 더 좋아한다고

3) Albrecht Ritschl, 1822-1889. 독일 신학자.

고백하기를 포기하지 않을 정도로 기반을 잃었다. 실제로 슐라이어마 허에서 플라이더러(Pfleiderer)까지 전체 신학자 집단은 그리스도의 이름에 높은 명예를 계속 돌렸다. 그러나 이것이 그리스도와 기독교 고백을 더욱 대담해지는 변질에 복속시킴으로써만 남을 수 있음은 부인할 수 없다. 여러분이 이 집단 가운데 퍼져 있는 신조와 우리 순교자들이 위하여 죽은 것을 비교하면 이는 고통스러운 사실이지만 절대적으로 분명해지는 사실이다.

거의 2천 년 동안 실질적으로 모든 그리스도의 공통된 표준이었던 사도신경에 국한하더라도, 우리는 '천지의 창조주'로서 하나님을 믿는 신앙이 폐지되었음을 발견한다. 왜냐하면 창조는 진화로 대체되었기 때문이다. 성령으로 말미암아 잉태하사 동정녀 마리아에게 나신 성자 하나님을 믿는 신앙도 폐지되었다. 더욱이 많은 사람에게는 성자의 부활과 승천과 심판하러 다시 오심을 믿는 신앙도 폐지되었다. 마지막으로 죽은 자의 부활 혹은 적어도 몸의 부활에 대한 교회의 신앙도 폐지되었다.

기독교의 이름이 여전히 남아 있지만, 본질적으로 이는 원리에서 다른 종교이며, 심지어 정반대로 대립적인 성격을 가진 종교이다. 그리고 전통적인 교회의 그리스도께서 사실과 참된 예수의 완전한 변형과 관련되시며, 반면에 현대의 해석이 역사적 나사렛 예수의 참된 성품을 제거했다는 비난이 쉴새없이 우리에게 쏟아질 때, 우리는 결국 역사적으로 나사렛 예수에 대한 이런 현대적 개념이 아니라 그리스도에 대한 교회의 고백이 세계를 정복한 것이며 세기가 지나면서 인류의 가장 훌륭한 경건한 사람들이 전통의 그리스도께 경의를 표하시고 사망의 그늘에서도 구주로서 그리스도를 즐거워한다고 대답할 수밖에 없다.

그러므로 나는 그런 시도에서 고귀한 것을 진지하게 평가하는 일에 둘째 가라면 서러워할 하지만, 그런 측면에서는 아무런 도움을 기대할 수 없다는 신념을 확고하게 갖고 있다. 실제로 거룩한 책으로서 성경의 권위를 파괴하고 죄에서 발전의 결여밖에 보지 않는 신학은, 핵심적으로 중요한 종교적 천재로밖에 그리스도를 시인하지 않으며, 구속을 주관적 사유 양태에 대한 단순한 반전으로 보며, 지성 세계와 이원론적으로 대립하는 신비주의에 몰입한다. 그런 신학은 몰려드는 조류의 첫 공격 앞에 무너지는 댐과 같다. 이는 대중을 사로잡지 못하는 신학, 일시적인 기초에조차 우리의 서글프게 흔들리는 도덕 생활을 회복할 능력이 전혀 없는 유사 종교이다.

금세기 후반기에 로마가 보여 준 놀라운 힘에서 무엇을 더 바랄 것인가? 이 물음을 성급하게 그만두지 말자. 종교개혁의 역사는 로마와 우리 사이를 근본적인 대립의 관계로 수립했지만, 그래도 지금도 무신론과 범신론에 대한 로마의 전쟁에서 명백한 진정한 힘을 과소 평가하는 것은 편협한 마음이며 단견일 것이다. 오직 로마교의 철학과 사회 생활에서 얻은 로마의 성공적인 노력에 대한 철저한 연구를 무시하는 것은 그런 피상적 결론을 설명할 뿐 수 있을 뿐이다. 칼빈은 그의 시대에, 큰 깊음에서 나오는 영에 대적하는 자로서 로마교의 신자를 자신의 동맹자로 본다는 것을 이미 시인했다.

소위 정통 개신교도는 우리가 로마와 공통으로 갖고 있는 것이 현대 정신이 지금 매우 사납게 공격하는 기독교 신조의 이런 기본적인 것과 바로 관련된다는 것을 즉시로 파악하기 위하여, 자신의 고백과 교리 문답에서 종교와 도덕의 교리를 로마와 우리 사이의 논쟁에 속하지 않는 것으로 지적하면 그만이었다. 의심할 나위 없이 타락 이전과 이후의 인간 본성, 칭의, 미사, 성도와 천사에 대한 기도, 우상 숭배, 연옥 그리고 다른 많은 것에 대한 교회 교직제의 요점에 대해서 우리는 단호하게 우리 조상처럼 로마와 대립한다. 그러나 최근의 문헌은 이것이 시대의 투쟁이 집중하는 요점이 아님을 보여 주지 않는가? 전선은 다음과 같이 펼쳐져 있지 않는가?

유신론과 범신론, 죄와 불완전, 하나님의 신적 그리스도와 단순한 인간 예수, 화목의 희생인 십자가와 순교의 상징인 십자가, 하나님의 영감으로 주신 성경과 순전히 인간 작품, 하나님이 명하신 십계명과 단순한 고고학적 문서, 절대적으로 수립된 하나님의 규례와 인간의 주관적 의식에서 지어져 나온 계속 변하는 법률과 도덕.

그런데 이 갈등에서 로마는 적수가 아니라 삼위일체와 그리스도의 신성과 대속 제사로서 십자가와 하나님의 말씀으로서 성경과 하나님이 부가하신 삶의 준칙으로서 십계명을 시인하고 주장하는 한 우리 편이다. 그러므로 로마교의 신학자가 우리가 죽기까지 맞서 싸우고자 하는 동일한 경향에 대하여 용감하고 솜씨 좋게 싸우려고 칼을 드는지 내게 질문하라. 그들의 설명이 고귀한 도움이 된다는 것을 알고 받아들이는 것은 지혜가 아닌가? 적어도 칼빈은 토마스 아퀴나스에게 호소하곤 했다. 그리고 나도 많은 점에서 나의 견해가 로마교 신학자에 대한 나의 연구에서 분명하게 되었다는 것을 고백하는 데 부끄럽지 않다.

하지만 이는 미래에 대한 우리의 소망이 로마의 노력에 있을 것이며 우리가 게으르지만 로마의 승리를 기다릴 것이라는 사실과 전혀 상관없다. 상황을 재빨리 살펴 보면, 정반대임을 확신하기에 충분하다. 먼저 여러분의 대륙을 보면, 남 아메리카는 잠시 북 아메리카와 비교될 수 있지 않는가? 지금 중남미에서는 로마 가톨릭 교회가 최고이다. 이 교회는 이 영토에서 배타적인 통제권을 갖고 있으며, 개신교주의는 하나의 요소로서 칠 가치도 없다. 그런데 이곳에는 로마가 인류의 중생에 영향을 끼치기 위하여 가지고 올 수 있는 사회적 정치적 권력이 자유롭게 발휘될 수 있는 넓은 들, 게다가 로마가 최근에 도착한 게 아니라 거의 삼세기 동안 차지했던 들이 있다. 이 나라들의 사회적 유기체의 젊은 발달은 가톨릭의 영향을 받았다. 가톨릭은 스페인과 포르투갈에서 이 나라들이 해방된 이후로 그들의 지적 영적 생활을 여전히 통제했다.

게다가 이 나라의 사람들은 로마의 분명한 지배 아래 있었던 유럽 나라에서 왔다. 그러므로 이 테스트는 더할 나위 없이 완전하고 공평하다. 그러나 이 아메리카의 로마교 국가에서 외부적으로 힘을 일으켜 발전시키고 건전한 영향력을 발휘하는 생활을 찾는 것은 헛수고이다. 재정적으로 이 나라는 취약하며 경제적 조건이 비교적 발전되지 못한 상태이다. 이 나라들은 정치 생활에서 무한한 내적 갈등이라는 슬픈 정경만을 보인다.

그리고 우리가 세계의 미래에 대하여 이상적인 그림을 형성하려고 하면, 남미에서 실제 상황과 정반대의 것을 상상함으로써 그렇게 할 가능성이 크다. 이것이 예외적 상황 때문이라고 하는 것을 로마의 변명으로 주장할 수 없다. 왜냐하면 처음으로 이 정치적 후진성은 베네주엘라 공화국에서는 물론이고 칠레뿐만 아니라 페루와 브라질에서도 봉착한 것이기 때문이다.

반면에 신세계에서 구세계로 갈 때 우리는 자신도 모르게 동일한 결론에 도달한다. 유럽에서도 모든 개신교 국가의 평판은 높으며, 로마 가톨릭의 남쪽 나라의 평판은 괴롭지만 형편없다. 스페인과 포르투갈, 그리고 이탈리아의 경제적 행정적 문제는 지속적인 불평의 원인을 제공한다. 이 나라들의 외적인 권력과 외적인 영향력은 눈에 띄게 줄어들고 있다. 그리고 훨씬 낙담스러운 것은 무신앙과 혁명적 정신이 이 나라들에 깊숙이 파고 들어가서, 인구의 절반이 여전히 명목상으로는 로마교인이지만 실제로는 모든 참된 종교를 그만 두었다. 이는 거의 모든 사람이 로마 가톨릭 교도이지만 때때로 압도적 다수가 종교의 옹호자를 반대했던 프랑스에서도 볼 수 있다.

사실 우리는 로마주의자들의 고상하고 정력적인 자질을 올바로 이해하기 위하여 이 자질이 쇠퇴하고 있는 그들 나라가 아니라 개신교

북부 독일과 개신교 네덜란드와 영국과 여러분의 개신교 미국에서 그들을 관찰해야 한다고 말할 수 있다. 로마주의자들이 지배적인 영향력을 잃고 다른 사람의 정치 조직에 적응하고 마닝(Manning)과 와이즈만(Weisman), 폰 케틀러(Von Ketteler)와 빈트토르스트(Windthorst)와 같은 지도자의 지도를 받아 야당으로서 그 힘을 집약시키는 지역에서 열정적으로 자신의 대의를 주장하여 우리로 감탄하지 않을 수 없도록 한다.

그러나 로마가 전적으로 지배하는 남부 유럽과 남미에 나타나는 형편없는 관리로 인한 궁핍의 증거와 무관하게, 로마의 권력과 영향력은 나라들의 다툼에서도 눈에 띄게 줄어들고 있다. 유럽에서 권력 균형은 이제 점차로 러시아와 독일과 영국의 손으로 들어가고 있다. 이들 나라는 로마교 나라가 아니다. 그리고 여러분의 대륙에서는 개신교의 북미가 주도권을 쥐고 있다. 1866년 이래로 오스트리아는 계속해서 퇴조하고 있으며, 현재의 황제가 죽을 때는 해체의 위협을 심각하게 받을 것이다. 이탈리아는 자신의 능력 이상으로 살아 남으려고 시도했다. 위대한 식민지 해상 권력이 되려고 힘썼고, 그 결과 이탈리아는 경제적 파멸의 지경에 이르게 되었다. 아두아 전투는 비단 이탈리아의 식민지 열망에만 심각한 타격을 준 것이 아니었다. 스페인과 포르투갈은 유럽의 사회적 지적 정치적 발전에 모든 영향력을 절대적으로 상실했다.

그리고 50년 전만 해도 칼을 뽑아 온 유럽을 떨게 했던 프랑스도 이제 걱정하며 미래에 대한 예언서를 훑고 있다. 심지어 통계적 관점에서도, 로마의 권력은 내내 줄어들고 있다. 경제적 도덕적 침체는 여러 로마교 나라에 상당한 출생률 하락을 가져왔다. 러시아와 독일과 영국과 미국에서는 인구가 늘어가고 있지만, 몇몇 로마교 나라에서는 거의 정체 상태가 되었다. 심지어 통계 수치를 보면, 로마 가톨릭 교회는 기독교의 절반 미만이 되었으며, 다음 반 세기 내로 가톨릭 교회의 몫이 40퍼센트가 되지 못한다고 예측하는 것이 안전하다. 그러므로 우리가 거룩한 것으로 여기는 많은 것을 보호하기 위하여 로마 가톨릭의 통일성과 학문이 갖는 내재적 권력을 내가 아무리 높이 평가하고, 우리가 연합적 노력이 아니고서 어떻게 모더니즘의 공격을 격퇴할 수 있었는지 내가 알지 못해도, 정치적 주도권이 로마의 손으로 다시 들어갈 전망은 전혀 없다. 그리고 예상과 정반대로 이런 일이 일어난다 해도, 남부 유럽과 북미에서 조건들이 편만하여 있는 것을 본다면 다른 곳에서 자신의 이상이 다시 실현될 때 누가 즐거워할 수 있겠는가?

사실상 우리는 이를 좀더 강력하게 표현해도 된다: 그것은 역사의 과정에서 일보 후퇴가 될 것이다. 로마의 세계관 및 인생관은 인류 역사에서 오래되고 낮은 발전 단계를 대표한다. 개신교주의가 그 발전을 승계하여 영적으로 높은 입장을 차지한다. 그러므로 후퇴하지 않고 좀더 높은 것에 다다르고자 하는 사람은 개신교주의가 한때 발전시킨 세계관을 가지고 서든지 아니면 달리 가능하다면 훨씬 높은 입장을 지적해야 한다.

그런데 후대의 현대 철학이 루터를 그 시대의 위대한 인물로 시인하지만 칸트와 다윈을 훨씬 풍부한 복음의 사도로 환영하며 감히 하려고 하는 일이 바로 이것이다. 그러나 우리는 이런 점을 굳이 살필 필요가 없다. 왜냐하면 우리 시대는 발명과 지성과 에너지의 능력의 발휘에서 아무리 위대하다고 해도, 원리의 수립에서 우리를 한 걸음도 진보하게 하지 못했으며, 더 높은 인생관을 우리에게 주지 못했으며, 종교적 윤리적 실존 즉 참으로 인간적인 실존에서 우리에게 더 큰 안전이나 건전함을 주지 못했기 때문이다. 우리 시대는 종교개혁의 굳건한 신앙을 변하는 가설과 바꾸어 버렸다.

그리고 우리 시대가 체계적이고 엄밀하게 논리적인 인생관을 과감하게 시도했지만 앞으로 나아가지 못하고 기독교 이전의 이교적 지혜로 후퇴했다. 바울은 이 이교적 지혜에 대하여 하나님이 십자가의 미런한 것으로 부끄럽게 하셨다고 증거했다. 그러므로 이렇게 말하지 말라: "역사가 후퇴하지 않기 때문에 로마로의 복귀를 항거하는 여러분은 개신교주의에 서 있을 권리가 없으니 이는 개신교주의 이후에 현대주의가 왔기 때문이다."

　우리 세기의 물질적 진보가 윤리적 원리의 문제에서 이룬 업적과 아무런 관계가 없고, 현대주의가 우리에게 제공하는 것이 현대적인 것이 아니라 오히려 아주 옛날 것이라는 나의 주장을 반증하지 않는 한, 그런 반론은 단연코 적절하지 못하다. 그것은 개신교 이후가 아니라 스토아와 에피쿠로스로 돌아가는 개신교 이전의 것이다.

───────────────

　그러므로 오직 개신교주의의 노선과 나란히 성공적인 진보를 시도할 수 있으며, 참으로 이 노선에서 두 경향이 현재 구원을 추구한다. 하지만 둘은 비통한 실망에 이르고 말 것이다. 그 가운데 하나는 성격상 **실천적인** 것이며 다른 하나는 **신비적인** 것이다. 현대 비평에 대한 더욱이 교의의 비평에 대한 방어의 소망이 없이, 전자 즉 실천적 경향은 그리스도인이 기독교 활동의 모든 방식을 의지하는 것보다 더 나은 일이 없다고 주장한다. 이 경향의 헌신자들은 성경에 대하여 어떤 태도를 취할지 난감하다. 그들은 교의에서 스스로 멀어지게 되었다. 그러나 박애주의와 복음 전도와 선교의 대의 때문에 그처럼 주저하는 신자가 자신의 인격과 황금을 희생시키지 못하게 막는 것은 대체 무엇인가! 이는 삼중적 이점을 제공한다.

　이는 온갖 견해의 그리스도인을 통일시키며 많은 비참을 완화하며 비기독교 세계를 회유하는 힘을 갖고 있다. 물론 행동을 통한 이 선전은 감사하고 동감하며 환영해야 한다. 지난 세기에 기독교 활동은 참으로 제한되어 있었다. 현실에서 그 가치를 입증하지 못하는 기독교는 메마른 스콜라주의와 어리석은 이야기로 타락한다. 하지만 기독교가 그와 같은 실천적 현현의 한계에 갇힐 수 있다고 가정하는 것은 실수일 것이다.

우리의 구주는 병자를 건강하게 하시고 배고픈 자를 먹이셨지만, 그분의 사역에서 가장 중요한 것은 무엇보다도 옛 언약의 성경에 엄격하게 전념하여 자신의 신성과 중보직, 자신의 피를 통한 속죄, 심판하러 오실 것을 공개적으로 선언하신 것이다. 사실상 그리스도의 교회가 고백해 온 핵심 교의 가운데 그리스도께서 자신의 사역에 관하여 세상에 선언하시고 자신이 보냄을 받은 세상에 관하여 선언하신 것의 지적인 정의가 아닌 것이 없었다. 그분은 병든 몸을 고치셨지만, 그보다 우리의 영적 상처를 싸매 주셨다. 그분은 우리를 이교와 유대교에서 건지사 하나님이 정하신 메시야로서 친히 중심을 형성하신 전혀 새로운 확신의 세계에 우리를 이끄셨다.

게다가 우리와 로마의 논쟁에 관련하여 우리는 기독교적 활동과 헌신에서 로마가 여전히 우리를 능가한다는 사실을 놓쳐서는 안 된다. 우리는 불신 세계조차 우리와 겨루기 시작하고 있으며 박애의 행동으로 불신 세상이 우리를 따라잡으려고 더욱 노력한다는 사실을 주저없이 시인하자. 확실히 선교에서 불신은 우리의 발자취를 따르지 않는다.

그러나 우리가 전파할 분명한 복음을 갖고 있지 않다면 어떻게 우리가 선교를 계속 수행할 수 있을지 기도하라. 혹은 인간성과 무미건조한 경건만을 설교하고, 이교 현인들에게 자신의 개명된 영역에서 이 현대적 인본주의 외에 가르치거나 믿은 적이 없다는 대답을 듣는 소위 자유주의 선교사보다 더욱 괴이한 것을 상상할 수 있는가?

아마 다른 경향 즉 신비적 경향은 더 강력한 방어력을 갖고 있겠는가? 어떤 사상가나 역사 학도가 이를 확언하는가? 의심할 나위 없이 신비주의는 마음을 따뜻하게 하는 열기를 제거한다. 그리고 깊이와 온유함에 대해서는 거리가 먼 교의의 거인과 행동의 영웅에게 화가 있을 진저. 하나님은 손과 머리와 마음을 창조하셨는데, 손은 행동을 위하여, 머리는 세계를 위하여, 마음은 신비주의를 위하여 창조하셨다. 행동에서는 왕, 고백에서는 선지자, 마음에서는 제사장, 이 삼중직으로 사람은 하나님 앞에서 서야 하며, 신비적 요소를 무시하는 기독교는 냉랭하게 되고 얼어버린다. 그러므로 우리는 신비한 분위기가 우리를 감싸며 봄의 향기로운 공기를 호흡하게 할 때마다 행복하다 할 수 있다. 삶은 신비적 분위기를 통하여 더 참되고 깊고 부요롭게 된다.

그러나 신비주의 자체가 시대의 정신을 뒤집을 수 있다고 가정하는 것은 서글픈 실수일 것이다. 클레르보의 베르나르가 아니라 토마스 아퀴나스가, 토마스 아 켐피스가 아니라 루터가 사람의 영혼을 지배했다. 신비주의는 본질상 은둔적이며 외부 세계와 접촉하기를 피하려 한다. 그 힘은 영혼의 무차별적 생활에 놓여 있으며, 이런 이유로 이는 적극적인 태도를 취할 수 없다. 이는 지하 하상(河床)과 나란히 흐르며 땅 위에 분명한 모습을 보이지 않는다. 설상가상으로 역사는 모든 편협한 신비주의가 언제나 병적인 것이 되었으며, 궁극적으로 도덕적 악명으로 세상을 놀라게 하며 육신의 신비주의로 타락했다는 것을 입증한다.

따라서 나는 실천적 경향과 신비적 경향의 부흥을 즐거워하지만, 둘은 구원의 진리를 거부한 보상으로 결국 소득이 아니라 손해가 될 것이다. 신비주의는 달콤하고 기독교적 행위는 고귀하지만, 기독교의 탄생 때와 종교개혁 시대에 교회의 씨는 순교자의 피였다. 그리고 우리의 거룩한 순교자들은 신비주의나 박애적 계획을 위하여 피를 흘린 것이 아니라 진리의 수용과 오류의 거부와 관련된 확신을 위하여 피를 흘렸다. 의식을 가지고 사는 것은 인간의 거의 신적인 특권이며, 의식의 분명하고 흐릿하지 않은 이상에서만 시대의 흐름을 뒤집을 수 있으며, 세상의 정신에 혁명을 일으킬 수 있는 강력한 세계가 나온다.

그러므로 이 실천적 신비적 그리스도인들이 기독교적 인생관 및 세계관이 없이 할 수 있다고 믿을 때 이는 자기 기만일 뿐이다. 기독교 진리를 버릴 수 있으며 종교개혁의 교리 문답을 없앨 수 있다고 믿는 사람이라면 누구든지 자기도 모르게 현대의 세계관의 가설에 귀기울이며, 자신이 이미 얼마나 멀리 떠내려갔는지도 모르고, 루소와 다윈의 교리 문답으로 맹세한다.

────────────

그러므로 중도에서 멈추지 말자. 모든 식물이 뿌리를 갖고 있듯이, 하나의 원리는 삶의 모든 현현 아래 숨어 있다. 이 원리들은 서로 연관되어 있으며 하나의 근본 원리라는 공동의 뿌리를 갖고 있다. 이 근본 원리에서 우리의 인생관 및 세계관을 형성하게 되는 지배적 이념과 개념 전체가 논리적이며 체계적으로 전개된다. 원리에 굳게 의지하며 찬란한 구조로 모순이 없는 그런 일관된 세계관 및 인생관을 가진 현대주의는 이제 기독교와 대면한다. 그리고 이 치명적 위험에 맞서서 여러분 그리스도인들은 달리 성공적으로 성전을 방어할 수 없고, 이 모든 것에 여러분 자신의 원리의 기초에 굳게 서 있고 동일한 명료함을 가지고 만들어지고 역시 논리적인 일관성을 가지고 빛나는 여러분의 인생관 및 세계관을 대립시킴으로써 방어할 수 있다.

그런데 이는 기독교 활동이나 신비주의로 획득되지 아니하고 신비적 온기로 가득 찬 우리의 마음과 풍부한 열매로, 역사의 전환점으로, 종교개혁에서 도달했던 인류의 발전으로 나타나는 우리 개인의 신앙을 회복함으로써만 획득된다. 그리고 이것은 다름아닌 칼빈주의로의 복귀이다. 여기에는 선택이 없다. 소키누스주의는 부끄럽게 죽었다. 재세례파는 광기어린 혁명적 잔치에서 사멸했다. 루터는 자신의 근본 사상을 결코 실현시키지 못했다. 그리고 일반적인 의미에서 볼 때 개신교주의는 더 이상 구분이 없이 내용 없는 순전히 부정적 개념이거나 신인(神人)을 부인하는 자들이 자신의 방패로 삼기를 좋아하는 카멜레온 같은 이름이다. 오직 칼빈주의에 대해서는, 일관적이며 논리적으로 종교개혁의 노선을 따랐고, 교회뿐만 아니라 국가를 세웠고 사회 및 공중 생활에 그 영향을 남겼고 그래서 말 그대로 인간 전체 생활을 위하여 전적으로 자신의 사유 세계를 창출했다고 말할 수 있다.

나는 첫 강연에서 말했던 것을 두고 아무도 내가 루터주의를 평가절하한다고 비난하지 않을 것임을 확신한다. 하지만 독일의 현재 황제는 루터의 명백한 사소한 실수로 인한 나쁜 후유증의 한 가지 예를 세 번이나 보여 주었다. 루터는 영토의 주권자를 기존 교회의 머리로서 인정하는 잘못을 범했다. 그리고 우리는 이 결과로 독일의 별난 황제에게서 무엇을 증거하도록 요구를 받았는가? 무엇보다 기독교 민주주의의 옹호자 슈퇴커(Stöker)가 법원에서 쫓겨났는데, 그 이유는 단지 교회의 자유를 담대히 옹호하는 이 사람이 황제가 자신의 대감독직을 포기해야 한다는 소원을 너무 많이 표현했기 때문이다.

그 다음으로 러시아의 헨리 왕은 중국을 향하여 떠나는 독일 소함대의 출항을 보고 '기독교적 복음'이 아니라 '황제의 복음'을 멀리 동양에 가져가겠다는 통고를 받았다. 좀더 최근에 그는, 사후에 하나님과 … 그의 그리스도가 아니라 … 하나님과 … 그의 위대한 황제 앞에 서게 될 것이라는 동기를 역설하며 충신들을 불러 의무를 신실하게 수행하라고 촉구했다.

그리고 마지막으로, 포르타 베스팔리아의 잔치에서 독일인들은 그가 결론을 내렸듯이, 여기 우리 위에 서 있는 위대한 황제의 펼친 손에 의하여 명령을 받아서, 평화의 복 아래 동요하지 말고 일을 해야 했다.

독재 군주제가 기독교의 본질을 점점 대담하게 침략하게 될 것이다. 아시다시피 이는 단지 사소한 것이 아니다. 오히려 이것은 범세계적으로 적용되는 원리에 관한 것이다. 종교개혁 시대에 우리의 조상들은 이를 위하여 큰 전쟁을 치렀다. 나는 복고를 누구보다 싫어한다.

그러나 기독교의 변호를 위하여 원리를 원리에, 세계관을 세계관에 대립시키기 위하여, 철저한 개신교도에게는 건축할 믿음직한 유일한 기초로서 오직 칼빈주의적 원리가 가까이에 있다.

———————————

그러면 칼빈주의로의 이 복귀를 어떻게 이해해야 하는가? 내 말은 모든 믿는 개신교도가 종교개혁의 상징에 서명하고(빠를수록 좋다) 그래서 모든 교회적 다양성이 종교개혁의 교회 조직의 통일성에 흡수되어야 한다는 뜻인가? 나는 그처럼 조잡하고 무식하고 비역사적인 소망을 전혀 품지 않는다. 당연히 모든 확신에는 모든 고백에는 절대적이며 무조건적인 선전을 위한 동기가 있으며, "말이 적으나 많으나 당신뿐 아니라 오늘 내 말을 듣는 모든 사람도 다 이렇게 결박한 것 외에는 나와 같이 되기를 하나님께 원하노이다" 하고 바울이 아그립바에게 한 말은 모든 선한 칼빈주의자뿐만 아니라 굳건하여 흔들릴 수 없는 확신을 자랑할 모든 사람의 진심에서 우러난 소원임에 틀림없다.

그러나 인간 마음의 그처럼 이상적인 소원은 우리의 이 경륜에서 결코 실현될 수 없다. 무엇보다 개혁주의의 표준 가운데 심지어 가장 순수한 것이라도 바울의 말처럼 오류가 없는 것은 없다. 그러므로 또한 칼빈주의적 고백은 지극히 깊이 종교적이며 지극히 영적이라서 심한 종교적 동요의 시기를 언제나 제외하면 대중이 결코 실현하지 못하고 오직 비교적 작은 집단에 그 필연성의 느낌을 들게 할 것이다. 더욱이 우리의 타고난 편향성은 언제나 필연적으로 많은 형태의 그리스도 교회의 현현에 귀착한다. 그리고 마지막으로 중요하게 지적하는 것은, 한 교회가 다른 교회의 지체를 대거 흡수하는 일은 역사에서 결정적인 시기에서만 일어날 수 있다는 것이다.

사물의 일상적인 과정에서 그리스도인 수의 80퍼센트는 자신이 태어나서 세례를 받은 교회에서 죽는다. 게다가 나의 프로그램을, 한 교회가 다른 교회를 흡수하는 것과 그처럼 동일시하는 것은 나의 주장의 전체 경향과 모순될 것이다. 교회적으로 협소한 집단에 국한된 것이 아니라 보편적 의의를 갖는 현상으로서, 나는 여러분에게 역사의 칼빈주의를 권했다. 그러므로 내가 중요하게 질문하는 것은 다음의 네 가지 요점으로 요약할 수 있다.

(1) 칼빈주의는 더 이상 현재 존재하는 곳에서 무시되어서는 안 되고 그 영향력이 계속되는 곳에서 강해져야 한다.

(2) 칼빈주의는 외부 세계가 알게 되도록 다시금 연구 주제가 되어야 한다.

(3) 칼빈주의의 원리는 우리 시대의 요구와 일치하여 발전되어야 하며 삶의 다양한 영역에 계속 적용되어야 한다.

(4) 여전히 칼빈주의를 고백한다고 주장하는 교회는 자신의 고백을 부끄러워하기를 그쳐야 한다.

그러면 첫째로, 칼빈주의는 현재 존재하는 곳에서 더 이상 무시되어서는 안 되고 그 역사적 영향력이 여전히 나타나는 곳에서 강해져야 한다. 상당히 완벽하게 칼빈주의가 사회와 정치 생활, 학문과 예술 생활에서 도처에 남긴 흔적을 상세히 지적하는 일은 빠른 강연 속도로 생각할 수 있는 것보다 포괄적인 연구를 요구한다. 그러므로 여러분 미국 청중들에게 여러분의 정치 생활에 나타난 한 가지 특징을 지적하도록 하겠다.

나는 이미 세번째 강연에서 여러분의 헌법 전문의 여러 곳에서 단호히 민주주의적 견해를 택하면서도 프랑스 혁명의 무신론적 입장이 아니라 하나님의 최고 주권이라는 칼빈주의적 고백이 어떻게 해서 토대를 이루었으며, 내가 지적했듯이 때때로 용어에서도 칼빈의 말과 문자적으로 일치하는지를 언급했다. 여러분 가운데에는 프랑스와 다른 곳에서 혁명적인 민주주의의 본질과 동일시된 냉소적인 반(反)사제주의에 대한 흔적이 나타날 수 없다.

그리고 여러분의 대통령이 국가적인 감사의 날을 선포하거나 워싱턴에 모인 의회가 기도로 개회될 때, 필그림 파더즈에게서 생겨서 오늘날 여전히 그 힘을 발휘하는 맥이 미국 민주주의를 통하여 흐르고 있다는 새로운 증거가 항상 있다. 심지어 여러분의 공립 학교 제도는 성경 읽기와 시작 기도로 복 받은 한, 점점 흐릿해지긴 해도 칼빈주의적 기원을 가리키고 있다.

그처럼, 많은 부분이 개인적 주도권에서부터 생긴 여러분의 대학 교육의 발흥에서, 여러분의 지방 정부의 탈중앙집권적이며 자율적인 특성에서, 여러분의 엄격하지만 비율법주의적 안식일 준수에서, 여러분들이 파리처럼 여성을 신성화하지 않으면서 여인에게 돌리는 존경에서, 여러분이 가정적인 것을 위하는 정서에서, 여러분의 친밀한 가족 유대에서, 여러분이 옹호하는 자유로운 언론에서, 그리고 양심의 자유를 위한 무한한 경의에서, 이 모든 것에서 여러분의 기독교적 민주주의는 프랑스 혁명의 민주주의와 정면으로 대립한다.

그리고 여러분이 오직 칼빈주의 덕분에 이런 민주주의를 갖게 되었다는 것은 역사적으로 입증 가능하다. 그러나 보라. 여러분이 그렇게 해서 칼빈주의의 열매를 즐기고 있고 여러분의 국경 바깥에서도 입헌주의 정부 체제가 칼빈주의 전쟁의 결과로서 국가적 명예를 떠받치지만, 이 모든 것이 인본주의의 복으로 간주되어야 한다는 생각이 해외에 널리 퍼져 있으며, 그 결과들에서 칼빈주의의 여파로 공로를 돌릴 생각을 하는 사람이 거의 없으며, 또한 사람들은 칼빈주의가 몇몇 교리적으로 화석화된 집단에서만 우물쭈물하는 생활을 꾸려가고 있다고 믿는다.

그러므로 내가 요구하고, 역사적 권리를 가지고 요구하는 것은, 이처럼 칼빈주의를 배은 망덕하게 무시하는 일이 끝나야 하며, 칼빈주의가 오늘날 실제 생활에 영향을 끼치는 곳에서 그 영향력이 다시금 관심을 받아야 하며, 전체적으로 다른 정신을 가진 사람들이 주의하지 않고서, 삶의 흐름을 프랑스 혁명의 수로나 독일 범신론의 수로로 바꾸려 하는 곳에서, 대서양 이편의 여러분과 저편의 우리가 우리 생활의 역사적 원리에 대한 그런 곡해를 힘차게 반대해야 한다는 점이다.

우리가 그렇게 할 수 있기 위하여 **두번째로** 나는 우리가 칼빈주의의 원리에 대한 역사적 연구를 위하여 싸운다. 지식 없이 사랑은 없다. 그리고 칼빈주의는 사람들의 마음에서 그 자리를 잃었다. 칼빈주의는 신학적 관점에서만 옹호되고 있으며, 그래서 매우 편협적이며 단순히 부차적 사안으로만 옹호되고 있다. 나는 앞 강연에서 그 이유를 지적했다. 칼빈주의는 추상적 체계에서 생긴 것이 아니라 삶 자체에서 생겼기 때문에 최고의 시절에 체계적 전체로서 결코 제시되지 않았다. 나무가 꽃을 피우고 열매를 맺었지만, 나무의 본성과 성장에 대한 식물학적 연구가 전혀 이루어지지 않았다.

칼빈주의는 등장할 때 논증되기보다 먼저 실천되었다. 그러나 이제 이 연구는 더 이상 지체될 수 없다. 칼빈주의의 전기와 생물학이 이제 철저히 탐구되고 사유되어야 한다. 그렇지 않으면 우리는 자기 지식 결여 때문에 우리의 기독교 민주주의 생활과 조화를 이루기보다 알력을 빚는 이념의 세계로 이탈하여, 한때 그처럼 활기차게 꽃피웠던 뿌리에서 단절되지 않을 수 없다.

오직 그런 연구를 통해서, 내가 세번째로 거론하는 것이 가능해질 수 있을 것이다. 그것은 우리의 현대적 의식의 필요에 일치하는 칼빈주의 원리의 발전과 삶의 모든 부문에 대한 적용이다. 나는 여기서 신학을 배제하지 않는다. 왜냐하면 신학도 삶의 모든 분야에 영향을 미치기 때문이다. 그러므로 종교개혁의 교회의 신학이 어떻게 해서 아주 많은 나라에서 전혀 낯선 체계의 지배를 받게 된 것을 알면 서글프다. 그러나 어쨌든 신학은 칼빈주의적 연구를 요구하는 많은 학문 가운데 하나의 학문일 뿐이다. 철학과 심리학과 미학과 법률학과 사회과학과 문학과 심지어 의학 및 자연과학조차도 각각 모두 철학적으로 고찰할 때 원리로 돌아가며, 여태까지보다 훨씬 폐부를 찌르는 진지함을 갖고 필연적으로 다음의 물음이 제기되어야 한다: 이 학문의 현재 방법에서 최고로 지배하는 존재론적 인간학적 원리가 칼빈주의의 원리와 일치하는가, 아니면 그 본질과 상충하는가?

마지막으로 나는 이 세 가지 요구에 ― 내가 보기에 역사적으로 정당한 것이다 ― 네번째 요구를 덧붙이고자 한다. 그것은 종교개혁의 신앙을 고백한다고 주장하는 교회들이 이 고백을 부끄러워하기를 그쳐야 한다는 것이다. 여러분은 나의 개념이 얼마나 광범위하며 나의 견해가 심지어 교회 생활에서도 얼마나 넓은지 들었다. 오직 자유로운 발전에서 나는 이 교회 생활의 구원을 본다. 나는 다양성을 찬양하며 그것에서 발전의 높은 단계를 환영한다. 심지어 가장 순수한 고백을 가진 교회에 대해서도 나는 그 교회의 필연적인 편향성이 보충되도록 하려고 다른 교회의 도움을 뿌리치지 않을 것이다.

그러나 언제나 나에게 의분을 가득 채웠던 것은, 깃발의 찬란한 색채를 미풍에 드러내기 위하여 담대하게 던지지 않고, 한 교회 혹은 한 교회의 직분자가 그 깃발을 감아 두거나 직분자의 옷에 감춰 두는 것을 목격하고 만나는 것이었다.

진리로 고백하는 것은 말과 행동과 삶의 모든 방식에서 감연히 실천되어야 한다. 칼빈주의에서 생겼으며 칼빈주의적 고백에 의하여 여전히 식별 가능하지만 용기가 없는 교회는 더 이상 세상 모든 사람에 맞서서 그 고백을 담대하고 용기있게 옹호하려는 충동을 느끼지 않는다면, 칼빈주의가 아닌 자신을 추하게 만든다. 철저히 종교개혁의 교회가 작고 수가 적지만, 그 교회들은 교회로서 칼빈주의에 없어서는 안 되는 것을 언제나 입증할 것이다. 그리고 여기서 또한 씨가 작다고 해도 그 씨가 탈없고 온전하고 생산과 불굴의 생명으로 가득 차면 우리는 동요할 필요가 없다.

―――――――――――

그래서 나의 마지막 강연은 빠르게 결말로 나아가고 있다. 그러나 강연을 마치기 전에 나는 그래도 한 가지 물음이 계속 대답을 요구하고 있음을 느낀다. 따라서 이 물음을 나는 감연히 맞설 것인데, 이 물음은 내가 마지막에 목적으로 삼고 있는 것에 대한 물음이다. 선택 교리를 폐기하는가 아니면 유지하는가 하는 물음이다. 그러므로 이 선택 (election)이라는 낱말을 한 글자만 다른 다른 낱말과 대조하도록 하겠다. 우리 세대는 선택에 귀를 닫지만, 도태(selection)에 대해서는 미친 듯이 광적이게 된다. 그러면 이 두 낱말 뒤에 숨어 있는 엄청난 문제를 어떻게 정식화할 수 있으며, 어떤 구체적인 점에서 이 두 낱말이 표현하는 이 문제의 해결책들은 거의 동일한 공식인가 아니면 서로 다른가?

이 문제는 다음의 근본 물음과 관계있다: 차이점이 어디서 나오는가? 왜 모두 같지 않는가? 어디서 하나는 이런 상태로 존재하고 다른 하나는 저런 상태로 존재하는가? 구별되지 않는 삶은 없으며 불평등하지 않은 구별은 없다. 차이의 인식은 인간 의식의 원천이며, 존재하고 성장하고 발전하는 모든 것의 인과적 원리, 간략하게 말하면, 모든 삶과 사유의 원천이다.

그러므로 나는 결국 다른 모든 문제가 이 한 가지 문제로 환원될 수 있다고 확언하는 점에서 정당하다: 이 차이점들이 어디서 나오는가? 실존과 발생과 의식의 상이성, 이질성은 어디서 나오는가?

이를 구체적으로 표현하면, 여러분이 식물이라면 버섯보다 장미이려고 할 것이다. 곤충이라면 거미보다는 나비이려고 할 것이며, 새라면 부엉이보다 독수리이려고 할 것이며, 척추 동물이라면 하이에나보다 사자이려고 할 것이며, 또 사람이라면 가난한 자가 아니라 부자이려고 할 것이며, 둔한 머리를 가졌다기보다 재능을 받은 사람이려고 할 것이고, 호텐토트나 카피르족이 아니라 아리안족이려고 할 것이다. 이 모든 것 사이에는 구별, 광범위한 구별이 있다.

그러므로 모든 곳에는 하나와 다른 것의 차이가 있다. 게다가 그런 차이는 거의 모든 경우에 편애와 관련된다. 매가 비둘기를 비틀어 찢을 때, 이 두 피조물이 그렇게 대립하고 서로 다른 것은 어디서 연유하는가? 이는 식물계와 동물계에서, 사람들 가운데서, 모든 사회 생활에서 최고의 물음이다. 그리고 바로 도태의 이론에 의하여 우리의 현 시대는 문제 가운데 이 문제를 풀려고 한다. 현 시대는 심지어 하나의 세포에도 차이점을 가정하여 더 약한 요소와 더 강한 요소로 나눈다. 강한 것이 약한 것을 정복하며, 존재의 높은 잠재력에 이득이 저장된다. 혹시 약한 것이 생존을 여전히 유지한다 해도 그 차이는 투쟁의 심화된 과정에서 명백하게 나타날 것이다.

그런데 풀잎사귀는 이런 것을 의식하지 못하며, 거미는 파리를 계속 거미줄에 빠뜨리려고 하고, 호랑이는 수사슴을 죽인다. 그리고 그런 경우에 약한 존재는 자신의 비참함을 스스로 설명하지 않는다. 그러나 우리 사람은 이 차이를 분명히 의식하며, 그러므로 우리는 도태의 이론이 약하고 능력이 덜 구비된 피조물을 그 실존과 화해시키려고 계산된 해결책이 되는가 하는 이 물음을 회피할 수 없다. 이 이론 자체는 자신이 바라는 소망을 허용한다는 원칙(lasciate ogni speranza, voi che'ntrate)에 따라 약한 존재를 위하여 좀더 격렬한 투쟁을 일어나게 할 수밖에 없다는 것을 시인할 것이다.

선택 교리가 말하는 것처럼 약한 자가 강한 자에 굴복할 것이라는 신앙의 규례와 맞서는 투쟁은 그 어떤 것이라도 무익하다. 그러므로 사실에서 나오지 않은 이 화해는 관념에서 나올 수밖에 없었을 것이다. 그러나 여기서 이 관념은 무엇인가? 이것은 이런 차이가 일단 확립되고 매우 구별된 존재가 나타나는 곳에서 이것이 우연의 결과이거나 아니면 맹목적인 자연력의 필연적 결과가 아닌가? 그런데 우리는 고통하는 인간이 그런 해결책에 의하여 자신의 고난을 납득하게 될 것이라고 믿을 수 있는가?

그런데도 나는 이 도태 이론의 진보를 환영한다. 그리고 나는 우리에게 이 이론을 추천하는 사람들의 사유의 통찰과 능력을 찬탄한다. 참으로 이 이론이 진리로서 우리에게 주장하는 것 때문이 아니라 이 이론이 다시 한 번 모든 문제 가운데 가장 근본적인 문제를 공격하고, 그래서 깊은 지점에서 칼빈이 담대하게 내려갔던 사유의 깊은 곳에 도달하도록 용기를 북돋우었기 때문이다.

왜냐하면 바로 이것이 선택 교리의 중요한 의의이기 때문이다. 칼빈주의는 삼세기나 전에 이 교리로 동일한 전포괄적 문제를 대면하여 그것을 해결하되, 무의식적 세포에서 움직이는 맹목적 도태의 의미가 아니라 가시적 불가시적 모든 사물을 창조하신 그분의 주권적인 선택을 존중하여 해결했다. 창조되는 모든 사물의 실존에 대한 결정, 무엇이 동백나무가 될지 미나리아재비가 될지, 나이팅게일이 될지 까마귀가 될지, 수사슴이 될지 돼지가 될지의 결정, 그처럼 사람 가운데서도 한 사람이 여자로 태어날지 남자로 태어날지, 부자로 태어날지 가난한 자로 태어날지, 둔한 사람으로 태어날지 총명한 사람으로 태어날지, 백인종으로 태어날지 유색인종으로 태어날지, 심지어 아벨로 태어날지 가인으로 태어날지, 우리 자신의 인격에 대한 결정은 하늘이나 땅에서 식별할 수 있는 최고로 엄청난 예정이다.

그리고 여전히 우리는 이것이 매일 우리 눈앞에서 일어나고 있음을 본다. 그리고 우리는 전체 인격에서 그것에 종속된다. 우리의 전체 실존, 본질, 인생에서 차지하는 지위는 전적으로 그것에 의존한다. 이와 같은 전포괄적 예정을 칼빈주의자는 인간의 손이나 하물며 맹목적 자연력의 손에 두지 아니하고 전능하신 하나님, 주권적 창조주, 하늘과 땅의 소유자의 손에 둔다. 그리고 성경이 선지자의 시대부터 이 전포괄적 선택을 우리에게 설명할 때 바로 도자기와 진흙의 표상으로 설명했다.

창조에서의 선택, 섭리에서의 선택, 그리고 영생에 이르는 선택,

자연의 영역에서 뿐만 아니라 은혜의 영역에서의 선택도 그러하다. 이제 우리가 두 가지 **선택**과 **도태**의 체계를 비교할 때, 역사는 선택 교리가 수세기에 걸쳐 믿어 고난 당하는 자의 마음에 평화와 화목을 회복하였으며, 모든 그리스도인이 우리처럼 창조와 섭리에서 선택을 존중하며, 칼빈주의가 이런 측면에서만 다른 기독교 신앙고백에서 벗어나며, 통일을 구하고 모든 것보다 하나님의 영광을 앞에 두면서 칼빈주의가 선택의 신비를 영적 생활과 내세에 대한 소망에 확장시킨다는 것을 보여 주지 않는가?

그러므로 칼빈주의 교리의 면밀함은 바로 여기에 도달한다. 좀더 정확하게 말하면, 시대가 반어법이나 농담을 너무 곧이 곧대로 받아들이므로, 자신의 반론을 아직 버릴 수 없는 모든 그리스도인에게 적어도 가장 중요한 이 물음을 스스로 생각하게 하라: "나는 이 근본적인 세계적 문제에 대하여 이처럼 격렬한 싸움이 이는 시절에 날마다 그 세력을 모으고 전쟁을 이기고 있는 새로운 이교에 맞서서 나의 기독교 신앙을 더욱 잘 옹호할 수 있게 하는 다른 해결책을 알고 있는가?"

기독교와 이교, 우상과 살아 계시는 하나님의 근본적 대립이 언제나 있었고 지금 있고 종국까지 있을 것이라는 것을 잊지 말라. 불교를 장차의 원수로 표현하는 독일 황제의 과격한 그림에 절실한 진리가 있다. 단단히 쳐 놓은 커튼이 미래를 가린다.

그러나 그리스도는 밧모섬에서 마지막 피비린내 나는 전쟁이 다가오는 것을 우리에게 계시하셨으며, 심지어 지금 40년이 안 되는 동안 일본의 거대한 발전을 보고, 유럽은 인류의 상당 부분을 차지하는 영리한 '황인종'으로부터 어떤 재난이 우리를 기다리며 쌓일 것이라는 두려움에 사로잡혔다. 그리고 고든(Gordon)은, 함께 태평천국 농민혁명 참가자를 쳤던 중국 군인이 훈련을 제대로 받고 지휘를 잘 받기만 하면, 자신이 지휘했던 가장 찬란한 군대가 된다고 증거하지 않았는가? 아시아의 문제는 사실상 가장 심각한 뜻을 담고 있다. 세계의 문제는 아시아에서 일어났으며, 아시아에서 이 문제는 최종적 해결책을 발견하게 될 것이다. 그리고 기술과 물질의 발전에서 이 사안은 이교 나라들이 각성하는 순간 무감각한 상태에서 일어나 곧바로 우리를 따라잡을 것임을 보여 주었다.

물론 기독교 세계가 구세계나 신세계에서 십자가를 중심으로 연합하고 자신의 왕에게 찬송의 노래를 크게 부르며 십자군의 시대처럼 마지막 싸움에 나갈 준비가 되어 있다면 이 위험은 훨씬 위협적이지 않을 것이다. 그러나 이교적 사상과 이교적 열망과 이교적 이상이 우리 가운데서도 점점 기반을 석권하고 있고, 다음 세대의 마음을 뚫고 들어가고 있을 때 어떻게 하겠는가?

아르메니아인은 기독교적 연대의 개념이 너무도 애석하게 약화되었기 때문에 암살의 운명에 비천하고도 비겁하게 내던져진 것이 아닌가? 그리스인은 터키인에게 궤멸되었으며, 반면에 기독교 정치가이며 정치적으로 철저한 칼빈주의로서 술탄을 '대 암살자' 라고 낙인찍을 용기를 가진 글래드스톤은 우리 가운데서 떠나지 않았는가?

따라서 근본적 결정을 강력하게 주장해야 한다. 어정쩡한 기준은 바람직한 결과를 보장해 줄 수 없다. 피상성으로는 우리가 전투에 대비하지 못할 것이다. 원리는 원리에 맞서서 세계관은 세계관에 맞서서 영은 영에 맞서서 증거해야 한다. 그리고 여기서 더 잘 아는 사람이 말하라. 그러나 나로서는 칼빈주의를 건전하고 활기찬 구조로 볼 경우 칼빈주의보다 더 강하고 굳건한 성채를 알지 못한다.

그리고 여러분이 반쯤 조롱조로 응수한다 해도, 나는 칼빈주의 연구로부터 기독교 세계관의 반전을 기대할 정도로 순진하다. 그런 다음 나는 이렇게 대답할 것이다. 삶을 소생시키는 것은 사람에게서 나오지 않는다. 그것은 하나님의 대권에 속한다. 그리고 종교 생활의 조류가 한 세기에 높아지고 그 다음 세기에 낮아지는지는 오직 하나님의 주권적 뜻에 달려 있다. 도덕적 세계에서도 우리는 모든 것이 생명을 가지고 움트고 움직이는 봄과 모든 생명의 시내가 얼어붙고 모든 종교적 힘이 화석화하는 겨울의 냉기를 동시에 갖는다.

이제 우리가 현재 살아가고 있는 시대는 확실히 종교적으로 썰물 때이다.

하나님이 그 영을 보내시지 않으면, 방향 전환은 없을 것이며 물들의 떨어짐이 두려울 정도로 빠를 것이다. 여러분은 아이올리스의 하프(Aeolian Harp)를 기억하라. 사람들은 미풍이 하프의 음악에 생명을 일깨워 주도록 이 하프를 자신의 창문 바깥에 두곤 했다. 바람이 불 때까지 하프는 조용하게 있으며, 다시금 바람이 일어날지라도 하프가 준비되어 있지 않으면, 미풍의 살랑거림이 들릴지라도 천상의 음악이 한 가락도 귀를 즐겁게 하지 못한다.

이제 칼빈주의는 그런 아이올리스의 하프에 다름 아니다. 이는 생기를 주시는 하나님의 영이 없이는 절대적으로 무력하다. 우리는 여전히 하프의 줄을 바로 조율하고, 하나님의 거룩한 시온의 창에 두어, 성령의 호흡을 기다리며 지키는 것을 하나님이 주신 의무로 느낀다.

● 독자 여러분들께 알립니다!

'CH북스'는 기존 '크리스천다이제스트'의 영문명 앞 2글자와
도서를 의미하는 '북스'를 결합한 출판사의 새로운 이름입니다.

칼빈주의 강연

2판 1쇄 발행 2017년 9월 11일
2판 4쇄 발행 2022년 3월 18일

발행인 박명곤 CEO 박지성 CFO 김영은
기획편집 채대광, 김준원, 박일귀, 이은빈, 김수연
디자인 구경표, 한승주
마케팅 임우열, 유진선, 이호, 김수연
펴낸곳 CH북스
출판등록 제406-1999-000038호
대표전화 070-4917-2074 팩스 0303-3444-2136
주소 서울시 강서구 마곡중앙6로 40, 장흥빌딩 10층
홈페이지 www.hdjisung.com 이메일 main@hdjisung.com
제작처 영신사 월드페이퍼

"크리스천의 영적 성장을 돕는 고전"
세계기독교고전 목록

1 데이비드 브레이너드 생애와 일기
   조나단 에드워즈 편집
2 그리스도를 본받아 | 토마스 아 켐피스
3 존 웨슬리의 일기 | 존 웨슬리
4 존 뉴턴 서한집 - 영적 도움을 위하여 | 존 뉴턴
5 성 프란체스코의 작은 꽃들
6 경건한 삶을 위한 부르심 | 윌리엄 로
7 기도의 삶 | 성 테레사
8 고백록 | 성 아우구스티누스
9 하나님의 사랑 | 성 버나드
10 회개하지 않은 자에게 보내는 경고
   조셉 얼라인
11 하이델베르크 요리문답 해설 | 우르시누스
12 죄인의 괴수에게 넘치는 은혜 | 존 번연
13 하나님께 가까이 | 아브라함 카이퍼
14 기독교 강요(초판) | 존 칼빈
15 천로역정 | 존 번연
16 거룩한 전쟁 | 존 번연
17 하나님의 임재 연습 | 로렌스 형제
18 악인 씨의 삶과 죽음 | 존 번연
19 참된 목자(참 목자상) | 리처드 백스터
20 예수님이라면 어떻게 하실까 | 찰스 쉘던
21 거룩한 죽음 | 제레미 테일러
22 웨이크필드의 목사 | 올리버 골드스미스
23 그리스도인의 완전 | 프랑소아 페넬롱
24 경건한 열망 | 필립 슈페너
25 그리스도인의 행복한 삶의 비결 | 한나 스미스
26 하나님의 도성(신국론) | 성 아우구스티누스
27 겸손 | 앤드류 머레이
28 예수님처럼 | 앤드류 머레이
29 예수의 보혈의 능력 | 앤드류 머레이
30 그리스도의 영 | 앤드류 머레이
31 신학의 정수 | 윌리엄 에임스
32 실낙원 | 존 밀턴

33 기독교 교양 | 성 아우구스티누스
34 삼위일체론 | 성 아우구스티누스
35 루터 선집 | 마르틴 루터
36 성령, 위로부터 오는 능력 | 앨버트 심프슨
37 성도의 영원한 안식 | 리처드 백스터
38 웨스트민스터 소요리문답 해설 | 토마스 왓슨
39 신학총론(최종판) | 필립 멜란히톤
40 믿음의 확신 | 헤르만 바빙크
41 루터의 로마서 주석 | 마르틴 루터
42 놀라운 회심의 이야기 | 조나단 에드워즈
43 새뮤얼 러더퍼드의 편지 | 새뮤얼 러더퍼드
44-46 기독교 강요(최종판) 상·중·하 | 존 칼빈
47 인간의 영혼 안에 있는 하나님의 생명
   헨리 스쿠걸
48 완전의 계단 | 월터 힐턴
49 루터의 탁상담화 | 마르틴 루터
50-51 그리스도인의 전신갑주 I, II | 윌리엄 거널
52 섭리의 신비 | 존 플라벨
53 회심으로의 초대 | 리처드 백스터
54 무릎으로 사는 그리스도인 | 무명의 그리스도인
55 할레스비의 기도 | 오 할레스비
56 스펄전의 전도 | 찰스 H. 스펄전
57 개혁교의학 개요(하나님의 큰 일)
   헤르만 바빙크
58 순종의 학교 | 앤드류 머레이
59 완전한 순종 | 앤드류 머레이
60 그리스도의 기도학교 | 앤드류 머레이
61 기도의 능력 | E. M. 바운즈
62 스펄전 구약설교노트 | 찰스 스펄전
63 스펄전 신약설교노트 | 찰스 스펄전
64 죄 죽이기 | 존 오웬